육효점 정론

지은이 최인영(崔仁榮)

1956년 경북 안강 출생
1985년 역학 입문
현재   한국전통과학아카데미 전임강사
          동방대학원 대학교 문화교육원 명리학최고지도자과정 교수

전화   02-929-4646
휴대폰 011-3908-7150
팩스   02-926-0460

육효점 정론

1판 1쇄 인쇄일 | 2007년 10월 26일
1판 1쇄 발행일 | 2007년 11월 6일

발행처 | 삼한출판사
발행인 | 김충호
지은이 | 최인영

신고 연월일 | 1975년 10월 18일
신고 번호 | 제305-1975-000001호

411-776 경기도 고양시 일산서구 일산동 1654번지
산들마을 304동 2001호

대표전화 (031) 921-0441
팩시밀리 (031) 925-2647

값 29,000원
ISBN 978-89-7460-118-8   03180

신비한 동양철학 · 80

육효점 정론

최인영 편저

　우리네 인생을 먼 길을 혼자 걷는 나그네에 비유한다. 비록 혈육과 벗이 있어도 혼자서 가는 것이지 그 누구도 같이 갈 수 없다. 부모 형제나 처자인들 어찌 나의 배역을 할 수 있으랴. 뿐 아니라 각자 타고난 삶은 처음 가는 길이어서 가는 길에 몇 개의 태산과 강물과 가시덤불이 가로막고 있는지 알 수 없다. 장해물을 피할 수만 있다면 순탄한 인생이 되겠지만 그것을 알 수 없다.

　먼 길을 떠나는 사람이 일기와 어떤 장해물이 있을지를 안다면 장비를 준비하여 어려움을 이겨낼 것이다. 사람마다 타고난 지혜와 능력, 복분이 다르기 때문에 삶에 대한 지혜를 물을 수도 없다. 다시 말해 나의 선악과 타고난 복주머니의 크기를 모른다. 아무리 에베레스트 산이 높아도 등반할 수 있는 체력과 인내가 있고, 에베레스트 산에 대한 정확한 정보가 있으면 정상을 정복할 수 있다.

　같은 운명을 타고났어도 지혜와 노력에 따라 전혀 다른 삶이 된다. 때문에 자신의 슬기에 자만하지 말고 미래의 정보를 알아 순응하면서 살아야 한다. 앞으로 진수성찬이 차려질 것을 모르고 미리 음식을 먹어 배가 불러 있거나, 장대비가 쏟아질 것을 모르고 우장을 준비하지 않는다면 아쉬움과 낭패가 이만저만이 아닐 것이다.

현대사회는 발달의 극치이다. 인공위성이 토성까지 탐사하고, 로봇이 뱃속에 들어가 병을 치료하는 수준이다. 앞으로 세월이 더 가면 병으로 죽는 사람은 없을 것 같다. 그러나 과연 병없이 백 년 이백 년을 살 수 있을까. 아무리 미래에 대한 운명의 정보를 알고자 해도 과학의 한계는 물리(物理)에 준하는 것이지 아무것도 없는 곳에서 합리성을 찾을 수 없다. 혹자는 추명학을 미신이라 하지만 미신은 아니다. 그렇다고 과학도 아니다. 추명학은 보이지도 잡히지도 않는 기의 왕쇠로, 합리성을 취한 학문으로 불가사의한 신비학이니 굳이 과학적인 논리로 가부를 논할 필요는 없다.

이 책의 저자 최인영 교수는 면식이 있은 지 오래되었지만 요즘은 같은 곳에서 강의하느라 자주 만난다. 본시 총명한데다 여러 방면의 지식을 늘리기에 몰두한다. 그러면서도 모자란다고 연구를 게을리 하지 않는 학구적인 겸손을 잃지 않는다. 특히 육효학과 관상학에 능하여 동방대학원 대학교에서 이 두 가지를 강의하는데 인기가 높다. 그리고 원래 글쓰는 재주가 있어 이 책도 이해하기 쉽게 잘 썼으니 취미를 가지신 분들에게 많은 도움이 될 것이다.

韓 重 洙

■ 머리말

　저는 현대인들을 전사라고 부르고 싶습니다. 전사들이여! 분명한 것은 살아 돌아온 사람에게는 영웅이라는 칭호가 그를 명예롭게 하지만, 죽은 사람은 변명도 할 수 없을 뿐 아니라 정말 중요한 이유도 외면한다는 사실을 잊으시면 안됩니다.

　누구를 따라야 살 수 있을까? 어디로 가야 살 수 있을까? 해야 하나 말아야 하나? 우리는 늘 이런 의문과 갈등 속에서 망설일 때가 많습니다. 이럴 때 대인을 만난다면 우리네 삶도 확연히 달라지겠지만 대인인지 아닌지 구분할 줄 모릅니다. 그렇다고 우매하게 태어나 우매하게 가야만 할까요? 다른 방도는 없을까요? 그래서 저는 육효를 배우게 되었고, 저와 같은 의문을 가진 사람들을 위하여 이 책을 쓰게 되었습니다.

　맹자는 일찍이 『공손축(公孫丑)』에서 '천시는 지리만 못하고, 지리는 인화만 못하다(天時不如地利 地理不如人和)'고 했습니다. 삼국지를 읽은 사람들은 조조는 천시(天時)를 얻었고, 손권은 지리(地利)를 얻었으며, 유비는 인화(人和)를 얻었다고 합니다. 저는 독자들이 이 책을 통하여 '인화'라는 큰 화두 안에서 사람의 마음을 얻는데 도움이 되었으면 합니다. 산다는 것 자체가 정말 고귀하다면 인연법이 안고 있는 무거운 침묵을 읽어내고 싶을 따름입니다.

　이 『육효점 정론』은 주역의 원전소개와 상수역법의 꽃으로 발전한 경방학을 같이 실어 독자들의 호기심을 충족시키는데 중점을 두었습니다. 주역의 원전으로 인화의 처세술을 터득하고, 어떤 사안의 답은 육효법을 탐독하여 찾으시기 바랍니다. 끝으로 우둔한 저를 가르쳐 주신 한중수 교수님과 유방현 교수님, 그리고 신성수 박사님께 감사드리고, 이 책을 내는데 힘써 주신 삼한출판사 여러분들께 감사드립니다.

효명 최 인 영

제1장. 육효(六爻)는 상수역(象數易)

1. 역(易)과 점(占)

1. 무극(無極)과 음양(陰陽)

신화의 전설이 시작되는 카오스, 즉 혼돈의 시대를 우리는 태극(太極) 또는 무극(無極)이라는 문자로 대변하지만 실상은 하나이고, 전체를 나타내는 의미로 용도에 따라 쓰일 뿐이지 명확하게 제시해주는 자료는 아직까지 없다고 생각한다.

서울대 천문학과 박창범 교수는 『인간과 우주』에서 우주의 기원은 크게 두 가지로 나뉜다고 하였다. 하나는 우주의 영원설이고, 또 하나는 우주의 창생설이다. 우주의 창생론은 '무엇에서 우주가 생겨 났는가' 하는 관점에서 볼 때, 태초의 혼돈과 같은 원초적 상태에 질서가 주어지는 천지개벽형과 무(無)에서 우주가 시작하는 천지창조형으로 나누어진다고 하였다.

우주영원설은 우주가 주기적으로 생성과 소멸을 거듭하지만 결국 하나의 우주가 끊임없이 존재한다는 생각과 무한한 시간 동안 우주는 조금도 변하지 않는다는 생각으로 나누어진다고 하였다.

이렇게 우주의 기원에 대해서는 의문에 의문을 거듭하면서 끝없는 미궁 속으로 빠져들어가는 본질적인 난해함을 벗어나지 못하는 가운데 금세기에 들어와 우주 즉 시간과 공간과 물질과 물리법칙의 기원에 대한 궁극적 질문을 한 문장으로 요약하면 '우주는 무엇에서 어떻게 그리고 왜 생겨났는가?' 하는 문제이다.

여기에 대해 과학자들은 '우주는 무(無)에서 저절로 그리고 필연적으로 생겨났다'고 보면서 이렇게 생긴 우주는 태어나면서 팽창운동을 시작하였고, 우주가 식어감에 따라 물질이 만들어졌고, 급팽창하는 과정에 물질 분포에 극미한 양자역학적 요동이 생겼다고 한다.

이러한 우주의 작용을 읽어가면서 한 가닥 틀을 잡아보면 우주의 대폭발(빅뱅시대) 무극(無極)의 시대가 있었고, 그러한 혼돈의 상태에서 팽창작용과 승강작용이 이어지면서 우주 속의 지구가 혹성의 한 부분으로 남은 것이 아닌가 짐작해본다.

그러면 지구 내부에서도 끊임없는 팽창과 승강작용이 거듭되었다고 할 수 있으므로 이러한 작용의 주체적인 힘을 음양이라 말하고 싶다. 음양이 하나로 섞여 각 제자리를 찾아가는 과정이 얼마나 오래 지속되었는지는 모르지만 가볍고 밝은 공기는 위로, 무겁고 어두운 공기는 아래로 위치하면서 공간을 형성하고 흐르는 시간을 남겼을 것이다.

 사실 음양의 이치를 논한다는 것은 대자연의 이치를 논하는 것이나 다름이 없어 음양의 이론으로부터 전개되는 역(易) 역시 대자연의 원리를 그대로 담고 있다. 이 책에서 다루고자 하는 상수역(象數易) 역시 음양의 신비로운 조화를 물상(物象)과 수(數)로 나타내어 우리 인간이 유익하게 활용할 수 있도록 옛 선인들께서는 논리적이고도 합리적인 해법을 제시해 놓으셨던 것이다.

 인간이 이 땅에 존재한 이래 끝없는 생멸의 관계를 벗어나지 못하고 있는 이상 언제나 풀지 못할 수수께끼의 영역은 그대로 남아 있다. 수수께끼의 영역이 그대로 남아 있는 이상 미래에 대한 탐구 역시 그대로 이어질 것이니 모르는 그 답은 언제나 음양이 갖고 있음이 분명하다. 그래서 현대에 와서 과학이라고 하는 분야에서 해결하지 못하는 부문이 있으면 그 역시 음양의 부문이고 열쇠도 음양이 쥐고 있다고 할 수 있다. 기실 음과 양은 따로 존재하는 것이 아니라 공존하는 것으로 해석되기도 한다.

 강렬하게 내려 쏘는 태양의 열기가 있기에 그늘이 만들어지고 구름이 만들어지고 그 가운데에서 새싹은 비를 기다리고 있는 것이다. 생물이든 무생물이든 어느 것 하나 음양을 떠나서는 존재할 수도 설명될 수도 없다. 따라서 이 학문을 탐구하는 학도들은 모든 분야를 뛰어넘어 훨씬 우승한 사람들이므로 그대들의 막중한 책임이 한결 돋보이기도 하는 것이다.

2. 역(易)이란 무엇인가

 지금 우주의 나이는 150억 년으로 보고 있다고 하였다. 너무도 광범위하여 사람들은 어느 것 하나 제대로 가늠하지 못하니 구체적으로 시간과 공간이 교차되어 나타나는 실상을 보고 잡힐 것 같으면서도 잡히지 않는 광활한 우주공간을 향한 대답없는 질문을 관찰로 확인했던 것으로 천지를 기준으로 나타나는 끊임없는 변화의 이치를 말하는 것이다. 끊임없는 변화의 이치는 어디에서 오는지 역을 분류해보면 삼역(三易)에서 온다고 할 수 있다. 삼역(三易)은 변역(變易)·불역(不易)·간역(簡易)을 말한다.

 변역(變易)이란 세상에 존재하는 만물이란 변하지 않는 것이 없고, 불역(不易)이란 세상에 존재하는 만물이 모두 변한다 해도 그 변화를 주체하는 것은 변하지 않고, 간역(簡易)이란 변하는 모든 만물은 아주 간단한 원리에 따라 변한다는 것이다.

 중요한 것은 삼역(三易)이 각각 운행하는 것이 아니라 바로 그 역이라는 테두리 속에서 함께 공존하므로 실상은 하나로 보이는 것이다. 하나로 보이는 실상은 뚜렷한 3가지 법칙이 내재되어 있다.

 첫번째는 변화하는 원리이고(理), 두번째는 변화하는 원리에 의해 뚜렷한 현상이 나타나고(象), 세번째는 원리에 의해서 나타나는 모든 현상은 규칙이 있다는 것이다(數). 앞으로 우리가 육효(六爻)의 기초를 배워 활용하는 과정에서 응답의 원리는 바로 이(理)·상(象)·수(數)의 조합에서 얻어지는 산술이라고 하겠다.

예를 들면 1년은 왜 365일인가? 독일의 고대 사학자 만프레드 클리우스는 『도시 알레산드리아의 탄생과 몰락』에서 이렇게 밝혔다. 기원전 3000년경 이집트의 농부들은 첫눈이 오는 시기와 나일강이 불어나는 시기, 그리고 나일강의 침수기와 물이 없는 시기 등의 자연현상을 10년 넘게 관찰하였다.

그 중에서도 가장 중요한 나일강이 불어나는 시기에서 다음 나일강이 불어나는 날들을 센 결과 365일이라는 평균 수치를 산출할 수 있었고, 30일씩 4달로 묶어 3계절로 나누었다. 남는 5일은 한 해의 사이클이 다시 시작되기 전의 정지의 날들로 남겨 놓았다. 이렇게 농부들은 천문학적인 어려운 계산없이 아주 간단한 방법으로 1년을 365일로 채택하게 되었고, 천문학적 해(年)의 시작을 발견하게 된 것이다.

1년 365일 3계절이 도입된 시기를 기원전 2624~2605년 사이 조세르왕조 시대로 추정하고 있다. 학자나 농부들의 관찰에 의하면 자연은 1년 뒤에도 같은 현상이 생기며, 그 외에도 우주의 사건들은 거의 주기적으로 반복된다는 현상을 포착한 것이다.

학자들은 여기서 그치지 않고 끊임없이 연구 관찰한 결과 1년은 365일이 아니라 365와 1/4이며, 이집트인들이 3계절로 나눈 것을 4계절로 나누게 되었다. 이러한 내용은 바로 동양 역학의 이(理)·상(象)·수(數)의 원리와 같다고 할 수 있으므로 간략하게 소개하였다.

3. 상수역(象數易)이 생긴 과정

　상수역(象數易)이 생긴 과정을 알려면 역(易)의 역사를 자세히 살펴보아야 하나 여기서는 상수역(象數易)이 지금의 학문으로 자리를 굳히기까지의 과정을 간단하게 살펴보기로 한다.

　지금까지 문헌에 나타난 부분은 어림잡아 기원전 5000년경부터이다. 그때 복희(伏犧)씨가 다스리던 황하유역에서 머리는 용, 몸은 말의 모습을 한 괴이한 동물이 몸에 이상한 그림을 지니고 나타났는데, 복희(伏犧)씨가 그것을 보고 연구한 것이 복희팔괘(伏犧八卦)라고 알려져 있다. 복희선천팔괘(伏犧先天八卦)에서 설명할 선천팔괘(先天八卦)와 같은 내용이므로 여기서는 넘어가고, 복희팔괘(伏犧八卦) 이후의 변천과정과 발전단계를 간략하게 요약해보면 다음과 같다.

1) 삼황(三皇)시대

　사마천(司馬遷)의 『사기(史記)』에 따라 삼황시대를 복희·여와·신농의 시대로 나누어 본다. 복희는 역(易)을 만들고 인류에게 문자와 불을 주었으며, 여와는 인류를 만들고 혼인제도를 가르쳤으며, 신농은 농업을 가르치며 쟁기를 만드는 방법을 가르쳤고 가축을 길들였다고 한다.

2) 오제(五帝)시대

　오제는 일반적으로 황제·전욱·제곡·요·순으로 전해진다. 소호·전욱·제곡에 대해서는 잘 알려져 있지 않고, 요와 순 임금은 덕치국가를 확립하여 태평성대를 이루었다고 한다.

3) 하(夏)왕조 시대

하(夏)왕조는 약 기원전 2000년~기원전 1600년경 시대이다. 순(舜)임금의 뒤를 이은 우(禹)임금이 황하의 홍수를 다스릴 때(약 기원전 2200여 년경) 황화유역에서 신령한 거북이가 낙서(洛書)를 등에 지고 출현했다고 전해진다. 그리고 하(夏)왕조 시대에는 연산역(連山易)이 있었다고 하지만 경전 전체가 기술된 문서는 전해지지 않는다. 하(夏)왕조는 4700여 년간 이어오다 17대의 폭군 걸왕(桀王)에 이르러 은(殷)왕조에 의해 멸망하였다.

4) 은(殷)왕조 시대

은(殷)왕조는 약 기원전 1600년~기원전 1066여 년경으로 상(商)나라라고도 한다. 서기 1899년에 은허(殷墟), 즉 은(殷)나라 수도의 유적으로 알려진 장소에서 귀갑(龜甲)과 우골(牛骨)이 다량 나왔는데 간지(干支)가 적힌 것이 발견되었다. 이를 갑골문자(甲骨文字)라고 하는데 고대역사 연구에 아주 중요한 자료이다. 은(殷)나라에는 귀장역(歸藏易)이 있었는데 하(夏)의 연산역(連山易)과 마찬가지로 경전 전체가 기술된 문서는 전해지지 않는다.

5) 주(周)왕조 시대

주(周)나라는 기원전 1066~기원전 221년경으로 은(殷)나라 변방의 속국이었으나 문왕(文王:昌)대에 태공망(太公望:呂尙) 등의 도움으로 서쪽지방의 패자가 되었다. 그의 아들 무왕(武王:發)은 서쪽지방의 제후들을 규합하여 은(殷)나라의 폭군 주왕(紂王)을 멸하고 주(周)나라를 통일하였다. 이를 은주혁명(殷周革命)이라 한다.

주역(周易)은 주(周)나라 때 지은 역(易)에 관한 경전이다. 하(夏)나라 우왕(禹王)시대에 출현한 낙서(洛書)의 이치를 문왕(文王)이 폭군 주왕(周王)에 의해 유리지방의 옥에 갇혀 있을 때 문왕(文王) 후천팔괘(後天八卦)를 짓고 64괘(卦)로 연역(演繹)했으며 각 괘에 괘사(卦辭)를 붙였다고 전해진다.

또한 문왕(文王)의 아들 주공(周公)이 384효(爻)에 효사(爻辭)를 지었다고 전해진다. 그래서 복희(伏羲) 선천팔괘(先天八卦)가 전설시대인 복희(伏羲)시대에 만들어지고, 문왕(文王) 후천팔괘(後天八卦)와 64괘 그리고 각 괘에 붙인 괘사(卦辭)가 주(周)나라 때 만들어졌다.

6) 그 이후 춘추전국시대~동한(東漢) 말까지

그 후 춘추전국시대에 대 성인인 공자가 십익(十翼)이라는 해설전을 붙여 오늘날 주역(周易)으로 전해지게 된 것이다. 즉 유가(儒家)의 조종(祖宗)인 공자가 역(易)을 도입하여 유가역(儒家易)으로 자리매김되어 통치자들의 수행과정에 필요한 덕목으로 의리역(義理易)적인 사상체계가 만들어진 것이다. 혼란스럽던 춘추전국시대를 진시황이 통일했지만 10여 년밖에 지탱하지 못하고, 한(漢)나라의 유방과 초(楚)나라의 항우가 대결하여 유방이 중국을 통일하고 장안을 수도로 삼았다.

그 후 서한시대에서 동한시대에 걸쳐 약 300년간 상수역(象數易)

의 전성기가 이어진다. 상수역(象數易)의 시조는 춘추전국시대의 귀곡자로 세상에 나오지 않고 숨어서 후학들에게 상수역(象數易)을 가르쳤다고 전한다. 의리역(義理易)은 괘사(卦辭)와 효사(爻辭)에 대해 철학적으로 접근하려고 했던 반면에 상수역(象數易)은 오행의 이론을 접목시켜 물상적이며 수리적인 법칙으로 주역의 괘와 효가 분석되었으며 비밀스럽게 암암리에 전해져 내려오게 되었다.

육효학(六爻學)은 춘추전국시대의 귀곡자에서 맹희, 서한(西漢)시대 초연수의 제자 경방에 이른다. 특히 경방학은 주역의 64괘 384효에 오행과 십천간(十天干)·십간지지(十干地支)를 접목시킨 것으로 최고로 발전된 경방이 이루어 놓은 상수역(象數易)의 꽃이다.

한(漢)말시대의 관로는 상수역(象數易)의 대가로 귀신도 따라올 수 없는 예측을 함으로써 많은 전설을 남겼다. 그 후 왕필이 등장하면서 상수역(象數易)은 강호로 떠돌게 되었고, 의리역(義理易)은 유가(儒家)와 도가(道家)에 흡수되어 유가역(儒家易)과 도가역(道家易)으로 학자와 통치자들의 전용물로 흡수된 것이다.

4. 점(占)과 역(易)의 분류

현재의 상황을 바탕으로 과거와 미래, 나아가 어떤 사안의 결과를 미리 알아보는 행위를 우리는 점을 친다고 한다. 제정일치시대에는 제사장이 왕으로 왕이 점을 치는 자였으니 왕은 바로 현자로 모든 사람의 숭앙을 받았다. 그처럼 점을 친다는 것은 신과 통하는 행위로 신성한 믿음이었다.

점(占)을 하는 이유는 예나 지금이나 취길피흉(就吉避凶)에 있고, 방법은 복(卜)으로 하는 것과 서(筮)로 하는 것이 있다. 먼저 복(卜)은 상고시대부터 행해진 점법으로 격물치지(格物致知)로 비롯되는 동식물의 특이한 변화를 보고 알아내거나, 거북이 등껍질이나 동물의 뼈를 태워 갈라지는 모양을 보고 예측하였다.

서(筮)는 역(易)이라는 이치를 바탕으로 미래를 예측하는 방법이다. 많은 사람이 비과학적으로 생각하여 외면하는 면도 있지만 대자연에 바탕을 둔 역의 원리에서 나오는 것 또한 엄연한 사실이다. 1년 365일을 4계절로 나누고 12달을 24절기로 나누다보면 하루하루의 기운이 다르게 변화하고 있다는 자명한 이치에 천지의 기운을 받고 태어난 본인의 기운이 어우러져 삶의 다양한 변화가 연출된다. 이 책에서 다루는 분야가 바로 서법(筮法)에 해당한다.

이러한 서법(筮法)에 의한 점은 상(象)과 수(數)로 역(易)의 수리를 일컫는 점법(占法)으로 서양에서도 철학자가 곧 수학자이고, 수학자가 곧 과학자 또는 문학자로 서로 연관성이 있는 것과 다름없다. 결론적으로 말해서 역(易)을 분류해보면 공자 이전 단순하게 점치는 행위를 위한 복술역(卜術易), 공자 이후 철학적 사상적으로 접근하는 의리역(義理易), 귀곡자 이후 물상과 수리로 접근하는 상수역(象數易)의 출현으로 분류된다.

2. 용마하도(龍馬河圖)와 선천팔괘(先天八卦)

1. 하도(河圖)와 십간(十干)

　용마하도(龍馬河圖)는 자연이 변화하는 원리를 수상(數象)으로 표현한 것이다. 십간(十干)의 위치도 자연의 변화원리가 수상(數象)으로 표현됨에 따라 정해졌다고 본다.

용마하도(龍馬河圖)

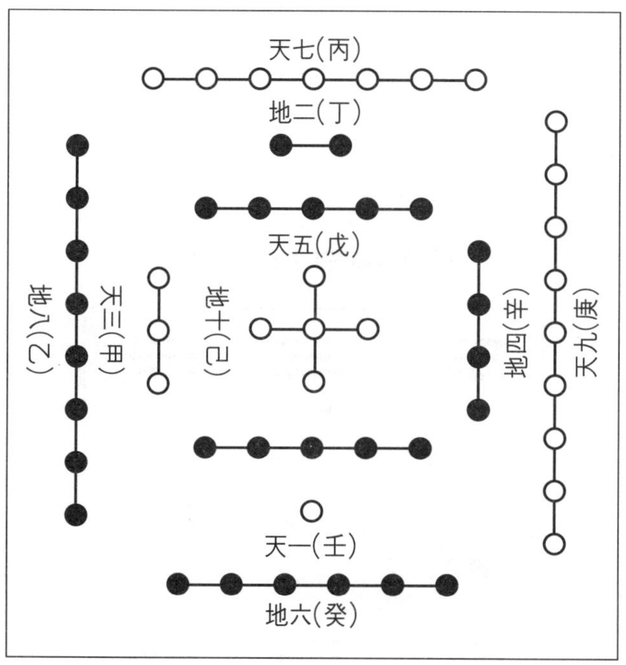

2. 선천팔괘(先天八卦)

선천팔괘(先天八卦)는 용마하도(龍馬河圖)를 보고 복희(伏犧)씨가 지었다 하여 복희선천팔괘(伏犧先天八卦)라 한다. 그러나 복희(伏犧)씨가 지었다는 설에 대해 부정적인 측면이 많이 제기되고 있다. 팔괘(八卦)가 주역의 주체가 되기 때문에 유가에서 주역을 접목시킬 때 유가의 조종인 복희(伏犧)씨의 이름을 빌려 복희팔괘(伏犧八卦)라고 한 것이지, 실제로 복희(伏犧)씨와는 아무 관계가 없다고 추론하는 학자도 있다. 그러나 지금까지는 복희(伏犧)씨가 만들었다는 설이 널리 알려져 있다.

그리고 선천팔괘(先天八卦)는 선천시대를 나타낸다고 주장하는 이도 있지만, 여기서는 공간적 양상을 표현한 원리라는 이론에 비

선천팔괘도(先天八卦圖)

兌澤	乾天	巽風
離日		坎月
震雷	坤地	艮山

중을 두었다. 이것은 필자 개인의 이론이 아니라 선천팔괘(先天八卦)의 구조적인 특징과 전체적인 상황을 고려한 바 공간적 양상의 원리에 더 큰 의미를 주장하는 사람들이 많기 때문이다.

■ 괘(卦)의 공간적 위치

— 하늘은 위에 있고, 땅은 아래에 있다.

— 태양은 왼쪽에 위치하고, 달은 오른쪽에 위치한다. 달이 오른쪽에 위치하는 것은 태양이 지면 달이 뜨기 때문이다.

— 우뢰를 상징하는 진(震)은 동북 방향의 땅 가까이 있고, 바람을 상징하는 손(巽)은 남서 방향의 하늘 가까이 있다.

— 산을 상징하는 간(艮)은 지리적으로 산이 많은 서북 방향의 땅 가까이 있고, 못을 상징하는 태(兌)는 산 위의 못으로 동남 방향의 하늘 가까이 있다.

3. 신구낙서(神龜洛書)와 후천팔괘(後天八卦)

1. 신구낙서(神龜洛書)

신구낙서(神龜洛書)는 용마하도(龍馬河圖)가 나타난 복희(伏犧) 시대에서 800여 년이 지난 뒤 하(夏)나라 우왕(禹王) 시대에 황하 유역에서 신령스런 거북이가 출현할 때 등에 나타난 그림을 1000여 년이 지나 폭군 은나라의 주왕(紂王)을 물리치고 주(周)나라의 문왕(文王)이 일어설 당시 문왕(文王)이 은나라 유리지방의 옥에 갇혀 있을 때 선천팔괘(先天八卦)를 바탕으로 달리 배열한 팔괘(八卦)를 문왕후천팔괘(文王後天八卦)라 한다.

— 용마하도(龍馬河圖)가 나타난 복희(伏犧)시대: 약 5000여년 전
— 신구낙서(神龜洛書)가 나타난 하(夏)나라의 우왕(禹王)시대: 약 4200여년 전
— 후천팔괘(後天八卦)를 만든 주(周)나라 문왕(文王)시대: 약 3100여년 전

신구낙서(神龜洛書)

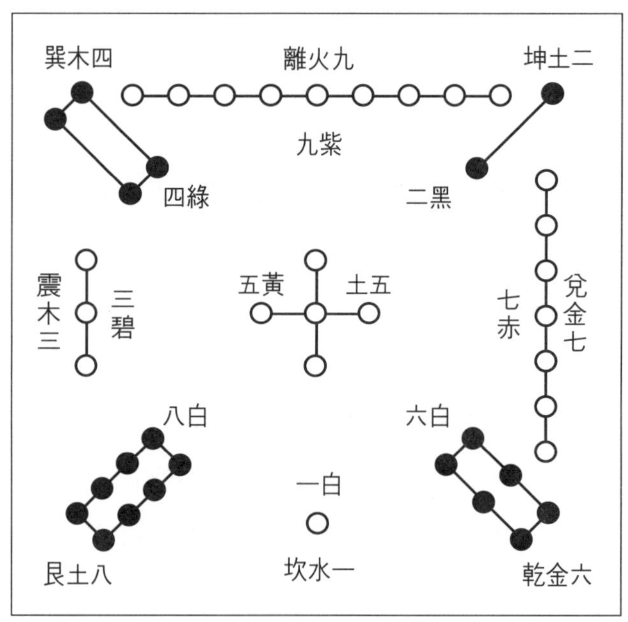

<table>
<tr><td>4</td><td>9</td><td>2</td></tr>
<tr><td>3</td><td>5</td><td>7</td></tr>
<tr><td>8</td><td>1</td><td>6</td></tr>
</table>

마방진(魔方陣) 구궁수(九宮數)에 입각하여 수리를 펼친 도상으로, 어느 곳으로 더해도 15가 되는 오묘한 법칙이 있다.

2. 후천팔괘(後天八卦)

문왕(文王)이 유리지방에서 옥중생활을 하면서 하(夏)나라 우왕(禹王)이 다스릴 때(약 4200년 전) 출현한 신구낙서(神龜洛書, 신령스런 거북이가 등에 이상한 그림을 짊어지고 나타남)의 이치를 깨달아 복희선천팔괘(伏犧先天八卦)의 배열을 바탕으로 다른 팔괘(八卦)를 지었는데, 이를 문왕후천팔괘(文王後天八卦)라 한다.

후천팔괘도(後天八卦圖)

巽風	離火	坤地
震雷		兌澤
艮山	坎水	乾天

후천팔괘(後天八卦)는 후천시대를 가리킨다는 학자도 있다. 그러나 공간을 나타낸 선천팔괘(先天八卦)에 시간개념을 접목시켜 변화하는 봄·여름·가을·겨울 4계절 기운의 양상을 나타냈다고 생각하는 것이 가장 합리적이라고 여기고, 선천의 공간개념과 후천의 시간개념이 조화를 이루어 천변만화를 나타낸다고 본다.

— 선천팔괘 건궁(乾宮)↔후천팔괘 이궁(離宮)

　화취조(火就燥): 불은 마른 하늘을 향하여 나아간다.

　방향은 남방에 처한다.

— 선천팔괘 곤궁(坤宮)↔후천팔괘 감궁(坎宮)

　수류습(水流濕): 물은 습한 땅으로 흐른다.

　방향은 북방에 처한다.

— 선천팔괘 태궁(兌宮)↔후천팔괘 손궁(巽宮)

　풍종호(風從虎): 호랑이가 뛰면 바람이 일어난다.

　방향은 동남방에 처한다.

— 선천팔괘 이궁(離宮)↔후천팔괘 진궁(震宮)

　동성상응(同聲相應): 번개가 치면 우뢰소리가 뒤따른다.

　방향은 동방에 처한다.

— 선천팔괘 진궁(震宮)↔후천팔괘 간궁(艮宮)

　운종룡(雲從龍): 용이 승천할 때 산 위 구름이 따라 일어난다.

　방향은 동북방에 처한다.

— 선천팔괘 손궁(巽宮)↔후천팔괘 곤궁(坤宮)

　본호지자친하(本乎地者親下): 땅에 근본한 것은 아래를 친한다.

방향은 서남방에 처한다.

— 선천팔괘 감궁(坎宮)↔후천팔괘 태궁(兌宮)

동기상구(同氣相求): 물이 흘러 못을 이룬다.

방향은 서방에 처한다.

— 선천팔괘 간궁(艮宮)↔후천팔괘 건궁(乾宮)

본호천자친상(本呼天者親上): 하늘에 근본한 것은 위를 친한다.

방향은 서북방에 처한다.

3. 사상(四象)과 팔괘(八卦)

무극(無極) : 기(氣)도 없는 허무 공간의 시대

일기(一氣) : 무극(無極)에서 진화된 일기의 시대

양의(兩儀) : 오직 음양과 오행의 기만 함축되어 있음

팔괘(八卦)가 이루어지는 과정

兩儀	陰		陽	
四象	太陰	少陽	少陰	太陽
八卦	坤　艮	坎　巽	震　離	兌　乾

— 최초의 한 점 무극(無極)에서 거대한 운동이 일어나기 시작하여 상반된 두 가지의 기운(음양)이 나누어지기 시작한다(兩儀).

— 나누어진 음양의 기운이 고정되어 있는 것이 아니라 또 다시 음에서 음양이 나누어지고 양에서 음양이 나누어지는데 이를 사상(四象)이라 한다.

— 사상(四象)의 과정에 있는 기운은 불완전한 기운으로, 아직까지 음이나 양기운을 나타내기에는 미약한 상태로 본체계와 현상계의 중간 단계에 있는 것을 말한다.

— 사상(四象) 중 태음(太陰)에서 음기운이 나타난 괘를 곤괘(坤卦)라 하고, 양기운이 나타난 괘를 간괘(艮卦)라 한다.

— 사상(四象) 중 소양(小陽)에서 음기운이 나타난 괘를 감괘(坎卦)라 하고, 양기운이 나타난 괘를 손괘(巽卦)라 한다.

— 사상(四象) 중 소음(少陰)에서 음기운이 나타난 괘를 진괘(震卦)라 하고, 양기운이 나타난 괘를 이괘(離卦)라 한다.

— 사상(四象) 중 태양(太陽)에서 음기운이 나타난 괘를 태괘(兌卦)라 하고, 양기운이 나타난 괘를 건괘(乾卦)라 한다.

이렇게 팔괘(八卦)가 생성되었다. 3개의 효로 이루어진 1개의 괘를 소성괘(小成卦)라 하고, 8가지의 물상(物象)으로 나타난 팔괘(八卦)는 각 괘마다 형이하학적인 물상으로 표현되고, 형이상학적인 기운의 양상으로도 표현된다. 팔괘(八卦)의 각 명칭과 물상 그리고 음양의 기운을 살펴보면 다음과 같다.

팔괘(八卦)의 이름과 물상(物象)

괘상	괘명	물상	순서에 의한 이름	괘상에 의한 음양
☰	乾	天	一乾天	乾三連 → 陽卦
☱	兌	澤	二兌澤	兌上絶 → 陰卦
☲	離	火	三離火	離中絶 → 陰卦
☳	震	雷	四震雷	震下連 → 陽卦
☴	巽	風	五巽風	巽下絶 → 陰卦
☵	坎	水	六坎水	坎中連 → 陽卦
☶	艮	山	七艮山	艮上連 → 陽卦
☷	坤	地	八坤地	坤三絶 → 陰卦

팔괘(八卦)는 현상적인 면과 발생적인 면으로 나누어서 보아야 한다. 위에 기재된 순서 수(數)는 현상적인 측면에서 보았다. 팔괘(八卦)의 현상적인 측면은 사상(四象)에서 분화된 순서의 수이고, 발생적 측면은 사상(四象)에서 분화된 기운의 양상으로 본 수이다. 발생적인 측면에서 살펴보면 다음과 같다.

― 天一 : 하늘의 수 1은 태극수(太極數)로 남겨둔다.
― 地二 : 땅의 수 2는 음의 기본수이다(⚋ → 2).
― 天三 : 하늘의 수 3은 양의 기본수이다(⚊ → 3).

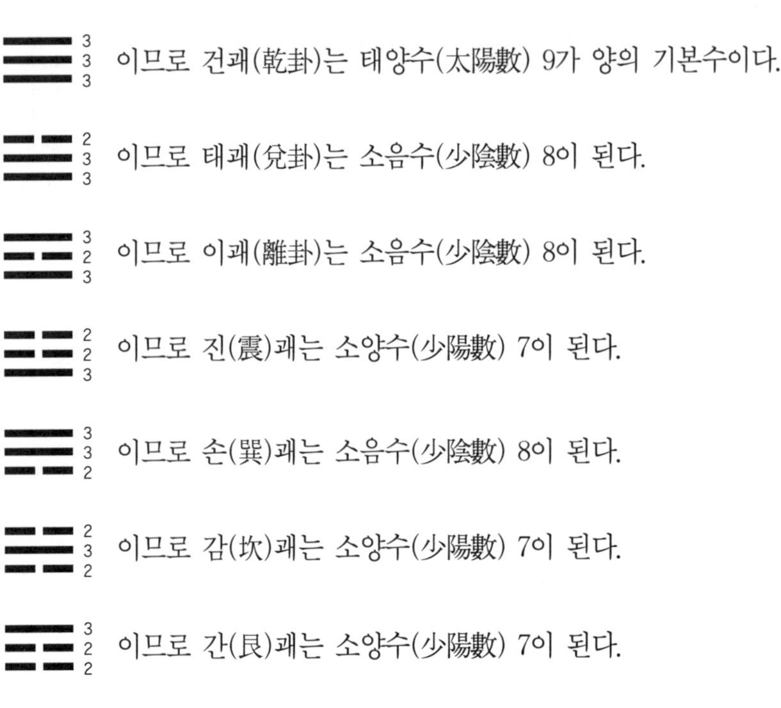

이므로 건괘(乾卦)는 태양수(太陽數) 9가 양의 기본수이다.

이므로 태괘(兌卦)는 소음수(少陰數) 8이 된다.

이므로 이괘(離卦)는 소음수(少陰數) 8이 된다.

이므로 진(震)괘는 소양수(少陽數) 7이 된다.

이므로 손(巽)괘는 소음수(少陰數) 8이 된다.

이므로 감(坎)괘는 소양수(少陽數) 7이 된다.

이므로 간(艮)괘는 소양수(少陽數) 7이 된다.

이므로 곤괘(坤卦)는 태음수(太陰數) 6이 음의 기본수이다.

지금까지의 내용을 도표로 정리하면 다음과 같다.

팔괘(八卦)의 형상과 의미

	太極數(1)							
양의	陰(2) ▬ ▬				陽(3) ▬▬▬			
사상	太陰		少陽		少陰		太陽	
팔괘	☷	☶	☵	☴	☳	☲	☱	☰
순서	8	7	6	5	4	3	2	1
괘명	坤	艮	坎	巽	震	離	兌	乾
자연	地	山	水	風	雷	火	澤	天
괘상	坤三絶	艮上連	坎中連	巽下絶	震下連	離中絶	兌上絶	乾三連
오행	土(-)	土(+)	水(+)	木(-)	木(+)	火(-)	金(-)	金(+)
사람	老母	小男	中男	長女	長男	中女	小女	老父
성질	順, 藏	止	陷, 潤	入, 散	動	麗, 煊	說	健, 君
신체	배	손	귀	다리	발	눈	입	머리
동물	소	개	돼지	닭	용	꿩	양	말
사상수	6	7	7	8	7	8	8	9

지금까지 3개의 효로 이루어진 소성괘(小成卦)를 설명하였다. 3개의 효로 이루어진 1개의 소성괘(小成卦)로는 시간과 공간 사이에서 일어나는 수많은 사건과 사안에 대한 미래를 알기 어렵다. 그래서 소성괘(小成卦)와 소성괘(小成卦)가 만나서 6개의 효로 이루어져야 한다. 천인지(天人地) 삼재(三才)가 시간과 공간에서 만나 인사(人事)가 발생하므로 하늘의 시간과 공간, 사람의 시간과 공간, 땅의 시간과 공간의 양상을 나타내야 하므로 6개의 효가 필요하다. 소성괘(小成卦)와 소성괘(小成卦)가 만나 이루어진 괘를 대성괘(大成卦)라 하는데, 대성괘(大成卦)는 6개의 효로 이루어진다.

4. 육십사괘(六十四卦)의 성립

8괘와 8괘가 대성괘(大成卦)로 만나면 8×8=64로 64개가 된다. 64괘 384효는 유기적인 관계이다. 괘와 괘, 괘와 효, 효와 효는 언제나 밀접한 관계이다. 본괘에서 1개의 효가 변하면 괘가 변하는데 그 변한 괘를 지괘(之卦) 또는 변괘(變卦)라 한다. 1개의 소성괘(小成卦)와 1개의 소성괘(小成卦)로 이루어진 대성괘(大成卦)는 8괘의 각 궁마다 상괘와 하괘가 같은 수괘(首卦)를 가지고 있다. 상괘와 하괘가 같은 괘를 수괘(首卦)라 하고, 1개의 수괘(首卦)는 7개의 소속괘를 갖는데 수괘(首卦)가 동하는 순서대로 나열된다. 그리고 각 수괘(首卦)는 각 효마다 십이지지(十二地支)가 적용되는 비신(飛神)을 갖는다.

제2장. 육십사괘(六十四卦)의 의미

　육효는 의리역(義理易)인 주역을 바탕으로 물상(物象)과 수(數)를 음양오행과 생극제화의 원리에 맞춰 미래를 예측하는 고차원의 학문이다. 이 책은 의리역(義理易)적인 원전과 원문의 괘사(卦辭)를 소개하고, 전해오는 이야기에 상술(象術)적인 면을 더하여 이론과 실전을 실감나게 엮었다. 64괘를 1개의 괘에 괘의(卦意)와 괘사(卦辭), 그리고 괘상(卦象)으로 나누어 해설한 원전소개와 전래해석 두 부분으로 기재했다. 그리고 상수역(象數易)을 연구하기 위한 내용이므로 동(動)한 순서대로 살펴보았다. 특히 상괘와 하괘가 같은 수괘(首卦)는 의리역(義理易) 괘명과 상수역(象數易) 괘명이 다르지만 해석과 의미는 거의 비슷하다. 도표로 나타내면 다음과 같다.

8	7	6	5	4	3	2	1	순서
䷁	䷳	䷜	䷸	䷲	䷝	䷹	䷀	卦象
重地坤	重山艮	重水坎	重風巽	重雷震	重火離	重澤兌	重天乾	義理易名
坤爲地	艮爲山	坎爲水	巽爲風	震爲雷	離爲火	兌爲澤	乾爲天	象數易名

주역상경(周易上經)

1. 重天乾	2. 重地坤	3. 水雷屯	4. 山水蒙	5. 水天需
6. 天水訟	7. 地水師	8. 水地比	9. 風天小畜	10. 天澤履
11. 地天泰	12. 天地否	13. 天火同人	14. 火天大有	15. 地山謙
16. 雷地豫	17. 澤雷隨	18. 山風蠱	19. 地澤臨	20. 風地觀
21. 火雷噬嗑	22. 山火賁	23. 山地剝	24. 地雷復	25. 天雷无妄
26. 山天大畜	27. 山雷頤	28. 澤風大過	29. 重水坎	30. 重火離

주역하경(周易下經)

31. 澤山咸	32. 雷風恒	33. 天山遯	34. 雷天大壯	35. 火地晋	36. 地火明夷
37. 風火家人	38. 火澤暌	39. 水山蹇	40. 雷水解	41. 山澤損	42. 風雷益
43. 澤天夬	44. 天風姤	45. 澤地萃	46. 地風升	47. 澤水困	48. 水風井
49. 澤火革	50. 火風鼎	51. 重雷震	52. 重山艮	53. 風山漸	54. 雷澤歸妹
55. 雷火豊	56. 火山旅	57. 重風巽	58. 重澤兌	59. 風水渙	60. 水澤節
61. 風澤中孚	62. 雷山小過	63. 水火旣濟	64. 火水未濟		

육십사괘(六十四卦) 도표

8	7	6	5	4	3	2	1	괘순
坤宮	艮宮	坎宮	巽宮	震宮	離宮	兌宮	乾宮	괘궁
地·土	山·土	水·水	風·木	雷·木	火·火	澤·金	天·金	世爻
坤爲地	艮爲山	坎爲水	巽爲風	震爲雷	離爲火	兌爲澤	乾爲天	上爻
地雷復	山火賁	水澤節	風天小畜	雷地豫	火山旅	澤水困	天風姤	初爻
地澤臨	山天大畜	水雷屯	風火家人	雷水解	火風鼎	澤地萃	天山遯	二爻
地天泰	山澤損	水火旣濟	風雷益	雷風恒	火水未濟	澤山咸	天地否	三爻
雷天大壯	火澤睽	澤火革	天雷无妄	地風升	山水蒙	水山蹇	風地觀	四爻
澤天夬	天澤履	雷火豐	火雷噬嗑	水風井	風水渙	地山謙	山地剝	五爻
水天需	風澤中孚	地火明夷	山雷頤	澤風大過	天水訟	雷山小過	火地晋	四爻
水地比	風山漸	地水師	山風蠱	澤雷隨	天火同人	雷澤歸妹	火天大有	三爻

수괘(首卦)와 비신(飛神)

坤爲地	艮爲山	坎爲水	巽爲風	震爲雷	離爲火	兌爲澤	乾爲天	괘이름
8	7	6	5	4	3	2	1	순서
酉 -- 亥 -- 丑 --	寅 ― 子 -- 戌 --	子 -- 戌 ― 申 --	卯 ― 巳 ― 未 --	戌 -- 申 -- 午 ―	巳 ― 未 -- 酉 ―	未 -- 酉 ― 亥 ―	戌 ― 申 ― 午 ―	上卦
卯 -- 巳 -- 未 --	申 ― 午 -- 辰 --	午 -- 辰 ― 寅 --	酉 ― 亥 ― 丑 --	辰 -- 寅 -- 子 ―	亥 ― 丑 -- 卯 ―	丑 -- 卯 ― 巳 ―	辰 ― 寅 ― 子 ―	下卦

1. 건궁(乾宮) : ☰, 금(金), 노부(老父), 양괘(陽卦)

1) 건위천(乾爲天) : 1+1, 상괘 ☰, 하괘 ☰

2) 천풍구(天風姤) : 1+5, 상괘 ☰, 하괘 ☴

3) 천산돈(天山遯) : 1+7, 상괘 ☰, 하괘 ☶

4) 천지비(天地否) : 1+8, 상괘 ☰, 하괘 ☷

5) 풍지관(風地觀) : 5+8, 상괘 ☴, 하괘 ☷

6) 산지박(山地剝) : 7+8, 상괘 ☶, 하괘 ☷

7) 화지진(火地晉) : 3+8, 상괘 ☲, 하괘 ☷

8) 화천대유(火天大有) : 3+1, 상괘 ☲, 하괘 ☰

1) 건위천(乾爲天) : 1+1, 건금궁(乾金宮)

상괘 ☰ 天·金   하괘 ☰ 天·金

【원전소개】

■ 괘상(卦象)

 상괘는 건천(乾天)으로 강건한 하늘의 기운을 나타내는 상이요, 하괘도 건천(乾天)으로 강건한 하늘의 기운을 나타내는 상이다.

■ 괘의(卦意) : 자강불식(自强不息)

 오로지 양기운으로만 가득차 있다. 책임이 막중한 노부들의 행진이다. 하늘에서 부여받은 기운을 누가 막을 수 있겠는가. 끊임없이 노력하며 겸손하고 아름답게 처신해야 한다.

■ 괘사(卦辭)

 건(乾)은 원(元·春·仁), 형(亨·夏·禮), 이(利·秋·義), 정(貞·冬·智)하니라.

 하늘은 한 치의 오차도 없이 정확하게 봄·여름·가을·겨울의 사덕(四德)을 이룬다.

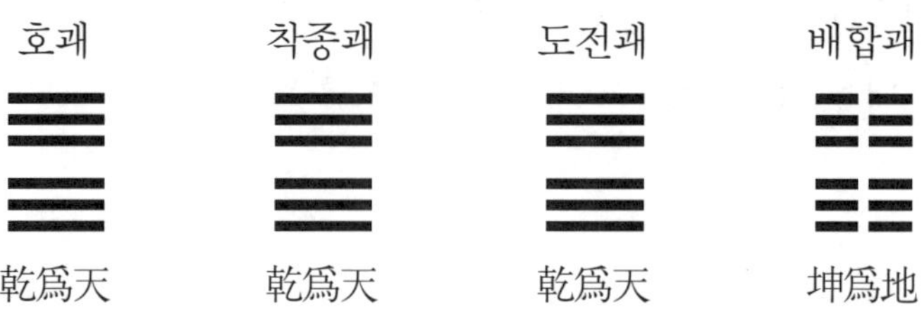

원전소개에 호괘(互卦), 착종괘(錯綜卦), 도전괘(倒顚卦), 배합괘(配合卦)를 넣은 이유는 알고 싶어하는 사안을 다양한 측면에서 살펴 올바른 입장을 강구하고자 함이다. 다시 말해 현재 상황을 며느리 입장, 시어머니 입장, 아들의 입장, 또 제3자의 입장에서 보는 맥락이라고 할 수 있다. 또 현재에서 이어지는 미래의 결과를 예측해보면서 복잡하게 연결된 주위환경에서 자신의 위치를 파악하여 올바르게 나아갈 수 있는 방향을 설정할 수 있다는 것이다. 중요한 것은 어떤 문제든 한쪽에서만 보고 판단할 수 없다는 것이다.

— 호괘 : 상괘는 본괘의 3·4·5효, 하괘는 본괘의 2·3·4효.
— 착종괘 : 상괘와 하괘를 바꿔보는 괘.
— 도전괘 : 초효부터 상효까지 효의 위치를 거꾸로 바꿔보는 괘.
— 배합괘 : 음과 양의 부호를 바꿔보는 괘.
— 건괘(乾卦)는 12월괘 중에서 음력 4월인 사(巳)월을 나타낸 괘로 양의 기운이 꽉 차있다.

【전래해석】

■ 건야(乾也) : 변화의 기미

하늘이 겹친 상으로 하늘의 기상을 용에 비유하였다. 하늘이 넓은 것처럼 바른 마음을 가진 사람은 정정당당하게 전진한다.

건(乾)은 건강한 것이다. 강건중정하기 때문에 곤룡득수(困龍得

水)하는 상이다. 청룡이 연못 속에서 곤궁하게 몸도 제대로 뻗어보지 못하고 지내다 우뢰소리를 듣고 일어나 마음대로 비상천하였다. 이 괘를 점친 사람은 때가 오면 운수가 좋아질 징조이다.

상하의 괘가 전부 양이니 지나칠 정도로 강건하고 능동적이다. 하늘은 무근(無根), 무형(無形), 불변이니 정신과 명예는 길하나 물질은 허하다. 지고지귀한 반면 지극히 허함을 내포하니 들뜬 기분을 가라앉히고 성실하라.

비룡상천(飛龍上天) 조화무궁(造化無窮)
매사수덕(每事修德) 명진천하(名振天下)

■ 예

옛날에 자(柴) 세종이 수레를 끌며 우산장사를 할 정도로 불우할 때 이 괘를 점쳤다. 그 뒤 과연 곽위(郭威)라는 임금이 절사(絶嗣)가 되어 왕위를 다른 사람에게 넘기지 않으면 안될 판에 이르러 대위에 올랐다. 즉 곤룡득수(困龍得水)하는 것과 같다. 곤룡득수(困龍得水)는 좋은 운이 와 뜻밖의 기쁨을 극도로 누리는 것이다. 모든 계획과 희망은 여의하고 운수는 점점 좋아질 것이다.

■ 판단

대길한 점괘로 기쁘지 않은 것이 없다. 유덕한 사람이어야 기쁨을 맛보고, 모든 일이 잘될 것이다. 소송은 화해되어 길하고, 공명은 성취되며, 환자는 완쾌되고, 희망하고 계획한 것은 모두 대길할 것이다. 그러나 운기는 향상되나 실질이 따르지 않는 관념뿐이다. 공전하는 일이 많고, 남자가 여자를 점쳤을 때는 탐탁치 않다.

2) 천풍구(天風姤) : 1+5, 건금궁(乾金宮)
상괘 ☰ 天·金   하괘 ☴ 風·木

【원전소개】

■ 괘상(卦象)

상괘는 건천(乾天)으로 강건한 하늘의 상이요, 하괘는 손풍(巽風)으로 바람처럼 소리없이 들어가는 상이다.

■ 괘의(卦意) : 명고사방(命誥四方)

5개의 양기운에 1개의 음기운이 생기기 시작하였다. 소리없이 생기는 음기운에 의한 변화가 예상되니 사방에 알려 부정적인 음기운을 잘 다스리고 조심해야 한다.

■ 괘사(卦辭)

구(姤)는 여장(女壯)이니 물용취녀(勿用取女)니라.

구(姤)는 여자가 씩씩하니 이러한 여자는 취하지 말라. 굳이 여자로만 생각할 것은 아니다. 역동적인 상황에서 순리로 나아가는 과정에서 불편한 상황의 조짐이 생긴다는 것이니 여자도 될 수 있고 남자도 될 수 있다. 어떤 상황이든 반갑지 않은 것을 말한다.

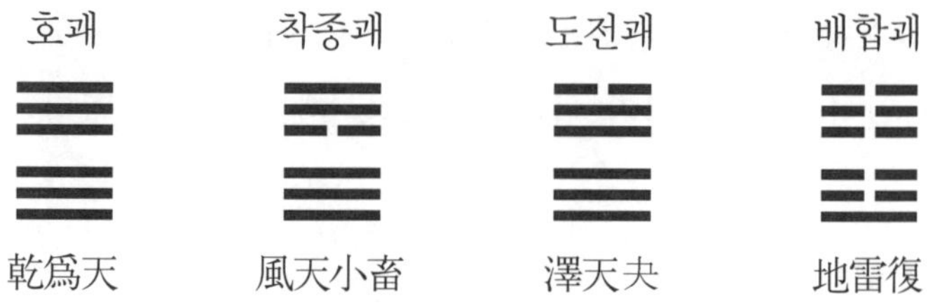

<table>
<tr><td align="center">호괘</td><td align="center">착종괘</td><td align="center">도전괘</td><td align="center">배합괘</td></tr>
<tr><td align="center">乾爲天</td><td align="center">風天小畜</td><td align="center">澤天夬</td><td align="center">地雷復</td></tr>
</table>

— 천풍구(天風姤)괘는 12월괘 중에서 음력 5월괘로 1음이 시생되는 기운을 나타낸다.

【전래해석】

■ 우야(遇也) : 우연한 변화의 기미

하늘이 바람으로 인하여 구름을 만난다는 뜻이다. 뜻하지 않은 사고나 손해, 방해가 따른다. 한 여인이 뭇남자를 요리한다.

상하괘가 노부와 장녀이니 기력이 허한 노부가 중년 여인의 완숙한 수완을 당하지 못하는 상이다. 우연히 여인을 만나 감언이설에 속을 수 있다. 겉은 튼튼해 보이나 속은 좀먹는다. 또 건상손하(乾上巽下)이니 하늘 아래에 심한 바람이 부는 상이라, 안에서 여인이 잘못을 저지르기 쉽다. 밖으로는 건실하고 안으로는 순종하라.

풍운상접(風雲相接) 혹취혹산(或聚或散)
심신미정(心身未定) 화락부실(花落不實)

■ 예

옛날에 범수(范雎)가 도망가 살 때 엄동설한을 만나 곤란하게 지내면서 이 괘를 점쳤다. 과연 수고(須賈)를 만났는데 서로 연연하게 지내던 친구였다. 많은 솜두루마기를 받았고, 그 뒤 범수는 진(秦)나라 정승이 되었다. 이는 타향봉고인(他鄕逢故人)한 괘라 하겠다. 타향에서 옛 친구를 만나 매우 기쁘니 모름지기 좋은 운세로 복이 거듭될 징조이다. 이제는 친구의 신세를 지지 않아도 좋다.

■ 판단

장사하면 성공하고, 도망간 사람은 돌아오며, 실물은 찾을 것이고, 관청의 일도 잘 되겠다. 여행하면 기쁜 일이 생기고, 공명은 성공한다. 집안이 평안하고, 질병은 쾌차할 것이다.

---

3) 천산돈(天山遯) : 1+7, 건금궁(乾金宮)

상괘 ☰ 天·金   하괘 ☶ 山·土

【원전소개】

■ 괘상(卦象)

상괘는 건천(乾天)으로 강건한 하늘의 기운을 나타내는 상이요, 하괘는 간산(艮山)으로 굳건한 산의 기세에 멈추는 상이다.

■ 괘의(卦意) : 극기복례(克己復禮) 불오이엄(不惡而嚴)

자기 자신을 극복하고 예로 회복하여 나쁘다고 미워하지 말고 엄하게 다스려야 한다.

■ 괘사(卦辭)

돈(遯)은 형(亨)하니 소리정(小利貞)이니라.

돈(遯)은 제사를 지내듯이 정성들여 하면 이롭다. 소인들의 역할
이 커져도 바르게 하면 돈(遯)은 형통하니 조금이라도 이롭다.

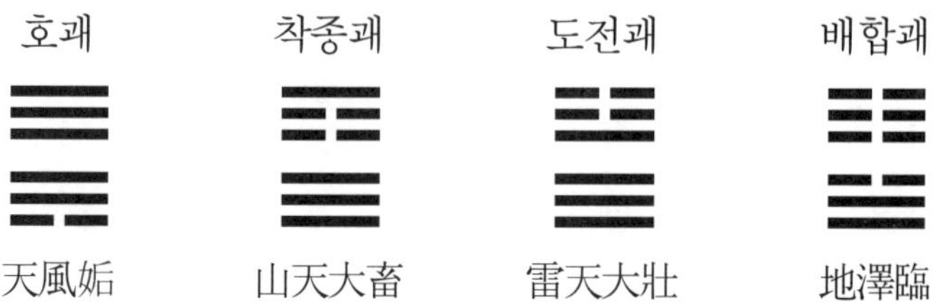

— 천산돈(天山遯)괘는 12월괘 중에서 2음이 시생한 6월괘인 미
(未)월의 기운을 나타낸다.

【전래해석】

■ 은야(隱也) : 물러서서 숨고 피함

하늘이 산에 가려 잘 보이지 않는 상으로 사면초가이다. 계획을
세우고 때를 기다려라.

상하의 괘가 노부와 소남이니 양 대 양으로 내부의 소남이 외부
의 노부에게 반항한다. 소남과 상대하여 왈가왈부하지 말고 물러서
서 조용히 숨는 것이 상책이다. 양은 쇠하여 밀려나고, 내부에서 음
이 차츰 성하여 일어나기 때문이다. 또 건상간하(乾上艮下)이니 무
형 중에 산이 솟아오르려는 상이니 내부의 모함을 조심하라.

호은심산(虎隱深山) 웅지대시(雄志待時)
갑장보검(匣藏寶劍) 장재무군(將材無軍)

■ 예

옛날에 설례(薛禮)가 군대를 길에 내버려둔 채 이 괘를 점쳤다. 과연 장사귀(張士貴)의 음습을 당하고 공로가 없어져 그때의 현달을 얻을 수 없었다. 농운폐일(濃雲蔽日)하는 상과 같은 것이다. 짙은 구름이 해를 가려 어두우니 군에게는 아예 먼 여행은 가지말라. 혼인과 재물 모두 불길하고, 구설이 집안에 들어오지 못하게 하라.

■ 판단

때가 좋지 않다. 장사는 잘되지 않고, 집을 나간 사람도 돌아오지 않으며, 잃어버린 물건도 찾지 못할 것이다. 모든 일이 평범 담담하다. 병점은 불안하고, 소송하는 일은 관청을 찾아가야 하며, 일은 마음대로 되지 않을 것이다.

> ### 4) 천지비(天地否) : 1+8, 건금궁(乾金宮)
>
> 상괘 ☰ 天·金　　하괘 ☷ 地·土

【원전소개】

■ 괘상(卦象)

상괘는 건천(乾天)으로 밝고 가벼운 하늘의 기운을 나타내고, 하괘는 곤지(坤地)로 어둡고 무거운 대지의 기운을 나타내는 상이다.
가벼운 하늘의 기운은 위로 올라가려는 성정이 강하고, 무거운 대
지의 기운은 아래로 내려가려는 성정이 강하니 비(否)는 음양의
조화를 이루지 못한다.

■ 괘의(卦意) : 검덕피난(儉德辟難)

태평한 시대는 가고 비색한 시대가 왔다. 근검절약하며 덕을 쌓고,
아랫사람과 교류를 소중히 하며 어려운 시대를 피해가야 한다.

■ 괘사(卦辭)

비지비인(非之非人)이니 불리군자정(不利君子貞)하니 대왕소래
(大往小來)니라.

하늘은 영원히 하늘로 남고, 땅은 영원히 땅으로 남으니 기운이
소통되지 않아 천지가 비색할 뿐이다. 바르게 해도 바르게 돌아가
지 않으니, 군자가 바르게 해도 비정상적인 상황이다. 군자는 가고
소인의 세상이 되어 이롭지 않다.

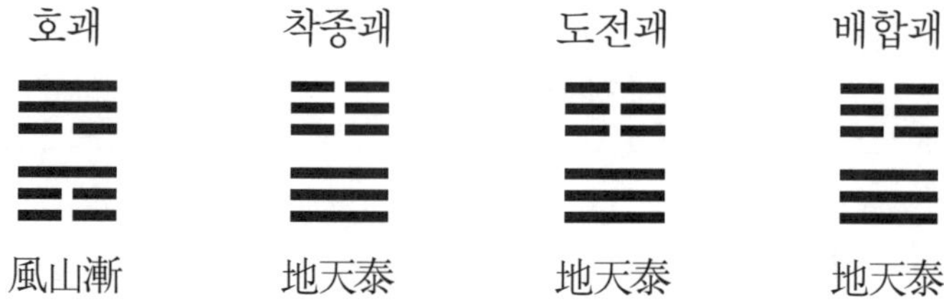

호괘	착종괘	도전괘	배합괘
風山漸	地天泰	地天泰	地天泰

— 천지비(天地否)괘는 12월괘 중에서 신(申)월괘로 3음의 기운을
  나타낸다.

【전래해석】

■ 색야(塞也) : 외화내쟁의 부조화

 소인이 세상을 가로막은 상이니 은인자중하면서 기다려라.

 상하의 괘가 노부와 노모로 겉으로는 감싸며 순종하는 것 같지만 속으로는 서로 배반한다. 인화를 무시하고 힘으로만 강압하려 하니 소인은 순종하나 대인은 오히려 숨는다. 또 건상곤하(乾上坤下)이니 천기는 올라가고 지기는 내려가 상하의 격차가 심하다. 음의 기반 위에 양이 과중하니 사상누각과 같다.

부운장일(浮雲葬日) 욕명난명(浴明難明)
천지불교(天地不交) 상하적원(上下積怨)

■ 예

 임충거(林忠去)가 보도(寶刀)를 바치고 이 괘를 점쳤다. 과연 육우후(陸虞候)의 계략에 빠져 나포되어 문초를 당하고 천리로 귀양 갔으니 호락함갱(虎落陷坑)한 것과 같다. 범이 함정에 빠졌으니 말이 아니다. 앞으로 나가기는 쉬우나 뒤로 물러서기는 어렵다. 모망이 잘되지 않는 것은 자신 때문이다. 질병과 구설은 연속될 것이다.

■ 판단

 도망간 사람이나 잃어버린 물건은 찾기 어렵고, 교역은 미정상태이며, 혼인도 성사되기 어렵다. 경거망동하면 안된다. 출행은 마땅하지 않고, 하는 일마다 늦게 성공할 것이다.

5) 풍지관(風地觀) : 5+8, 건금궁(乾金宮)

상괘 ☴ 風 · 木   하괘 ☷ 地 · 土

【원전소개】

■ 괘상(卦象)

상괘는 손풍(巽風)으로 어디든 불어 들어가는 바람의 기운을 나타내는 상이요, 하괘는 곤지(坤地)로 후덕유순하게 수용하는 대지의 기운을 나타내는 상이다.

■ 괘의(卦意) : 관민설교(觀民設敎)

바람이 불어 대지를 풍요롭게 어루만지듯이 군자는 백성의 소리를 듣고 어루만지며 가르침으로 베풀어야 한다.

■ 괘사(卦辭)

관(觀)은 관이불천(盥而不薦)이면 유부(有孚)하야 옹약(顒若)하다.

관(觀)괘는 정신수양과 관계가 있다. 제사를 지내려고 목욕재계하고 정성들여 신을 강림하게 한다. 지극한 정성이 제사를 지낸 후 사라지는 것이 아니라 하늘과 신을 우러러 돈독한 믿음을 지속시켜 나가야 한다.

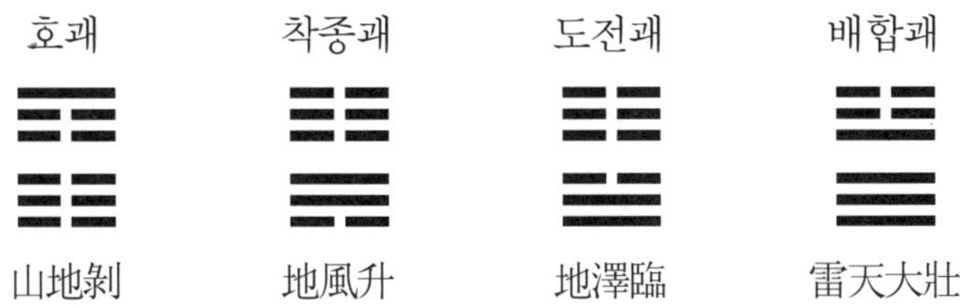

— 풍지관(風地觀)괘는 12월괘 중 음력 8월인 유(酉)월의 기운을
　나타낸다.

【전래해석】

■ 관야(觀也) : 속을 꿰뚫어 봄

　바람이 땅 위를 살피며 부는 상이다. 주변의 정세를 돌아보고 여
건이나 조건을 잘 관찰해야 한다. 평지풍파가 생길 수도 있다.

　상하의 괘는 장녀와 노모이다. 늙은 어머니가 장성한 딸을 지나치
게 간섭하나, 딸은 의젓하게 어머니의 의중을 뚫어보는 상이다. 4개
의 음이 2개의 양을 밀어붙이려 하나 외호괘(外互卦)가 간(艮)괘가
되어 움직이지 않는다. 또 손상곤하(巽上坤下)로 지상에 바람이 부
는 상이니, 바람이 땅 속까지 파고들듯이 속속들이 관찰하라.

운권청천(雲捲晴天)　백화쟁발(百花爭發)
음인근신(陰人近身)　의외유고(意外有苦)

■ 예

　공자의 제자 단목사(端木賜)는 어릴 때 매우 가난하였다. 그때 이

괘를 얻었는데 의심하지 않았다. 그 뒤 부자가 되었지만 교만하지 않아 이익이 줄지 않았다. 가뭄의 쑥이 물을 만난 것 같다고 하겠다. 혼인은 사람의 도움을 받고, 집을 나가도 손해보지 않으며, 사업을 해도 자본을 까먹지는 않을 것이다.

■ 판단

잃어버린 물건은 찾을 수 있고, 구설수는 해소되며, 질병은 모두 쾌유할 것이다. 소송은 이기고, 병점은 곧 치유되며, 신용을 얻을 것이다. 일을 도모하면 마음대로 잘될 것이다.

6) 산지박(山地剝) : 7+8, 건금궁(乾金宮)

상괘 ☶ 山・土　　하괘 ☷ 地・土

【원전소개】

■ 괘상(卦象)

상괘는 간산(艮山)으로 그쳐 내려가지 않으면 안되고, 하괘는 곤지(坤地)로 후덕하게 수용하는 대지의 기운을 나타내는 상이다.

■ 괘의(卦意) : 후하안택(厚下安宅)

주변이 분망할수록 내실을 두텁게 하여 가정의 안락에 힘써라. 가정의 평화는 사회가 안정되는 첫걸음이다.

■ 괘사(卦辭)

박(剝)은 불리(不利) 유유왕(有攸往)하니라.

박(剝)은 가는 바를 둠이 이롭지 않다. 산이 깎여 대지가 되는 것이 박(剝)이니, 겸허하게 아래를 두텁게 하고 집안을 편안하게 하는데 주력하라.

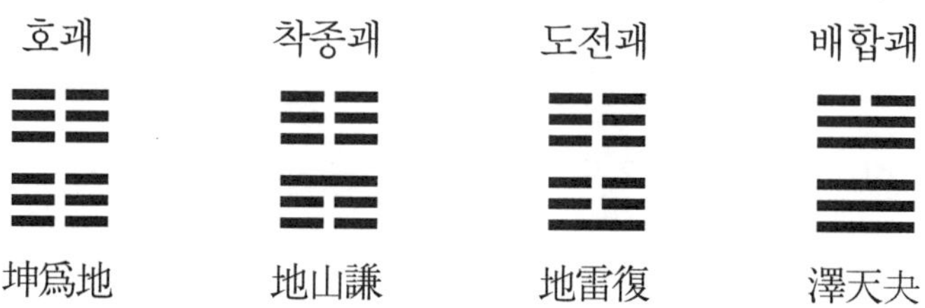

― 산지박(山地剝)괘는 12월괘 중에서 음력 9월인 술(戌)월의 기운을 나타낸다.

【전래해석】

■ 낙야(落也) : 권위상실의 직전

산이 깎여 평지가 되는 상이다. 태산이라도 깎이면 보잘것 없어진다. 위세가 당당해도 흠집이 생기면 체통을 잃으니 현상유지가 최고이다.

상하의 괘가 소남과 노모이니 음양의 균형이 전혀 맞지 않는다. 안으로는 부정과 비리가 횡행하여 오히려 정의가 쫓겨날 지경이다. 형세가 어쩔 수 없으니 적절히 타협하라. 겨울이 가면 다시 봄이 오니 차차 회복된다. 또 간상곤하(艮上坤下)이니 산이 점점 가라앉아 평지가 될 직전의 상이다. 아집과 독선을 버리고 타협하여 위기를 넘겨라.

박(剝)은 떨어지는 것이다. 음이 오르고 양이 사라지니 매와 까치가 한 숲 속에 깃든 상이다. 이는 작은 까치 한 마리가 밤늦게 숲속에 들어 매가 있는 것을 보았으나, 매가 자신에게 나쁜 마음을 먹은 줄은 상상도 못한 것과 같으니, 이 괘를 점친 사람은 작은 일도 성공하지 못할 징조이다.

■ 예

옛날에 당나라 태조인 이연(李淵)이 수나라 문제의 수레 밑에서 자신을 신하라고 일컫다 우연히 이 괘를 얻었다. 과연 태자 양광(陽廣)이 모해할 생각이 있어 드디어 사직하고 물러났다. 이는 응작동림(鷹雀同臨)과 같다. 같이 있으면서 나쁜 마음을 먹을 줄을 어찌 짐작했겠는가. 이 괘를 점친 사람은 일이 잘되지 않을 것이다.

■ 판단

매와 까치가 한 숲 속에 있으나 생각이 서로 다르다. 이 괘를 점쳤으면 사소한 차질이 많고, 은인이 의가 없어 오히려 원수가 되며, 시비가 생겨 평지풍파를 일으킬 것이다. 처음에는 곤란하나 나중에는 쉽고, 도모하는 일은 불리하다. 때가 되면 근심이 기쁨으로 바뀔 것이다.

7) 화지진(火地晉) : 3+8, 건금궁(乾金宮)

상괘 ☲ 火·火　　하괘 ☷ 地·土

【원전소개】

■ 괘상(卦象)

상괘는 이화(離火)로 만물을 밝게 비추는 태양의 기운을 나타내고, 하괘는 곤지(坤地)로 만물을 키우는 대지의 기운을 나타낸다.

■ 괘의(卦意) : 자소명덕(自昭明德)

태양이 중천에 올라 세상의 만물을 골고루 비춰 활발하게 키우듯이 모든 일이 보람되게 나아갈수록 스스로 덕을 쌓아야 한다.

■ 괘사(卦辭)

진(晉)은 강후(康侯)를 용석마번서(用錫馬蕃庶)하고 주일삼접(晝日三接)이로다.

진(晉)은 나라를 잘 다스리는 제후에게는 포상으로 후대하고, 하루에도 3번씩 만나 공을 치하하여 지속할 수 있도록 한다. 『대학(大學)』의 삼강령(三綱領)에 '대학지도(大學之道)는 재명명덕(在明明德)하며 재친신민(在親新民)하며 재지어지선(在止於至善)하니라'라는 말이 있다. 이는 대인이 되는 학문인 대학(大學)의 도는 하늘에서 준 덕을 밝히는 데 있고, 백성을 가까이 하여 새롭게 하는 데 있으며, 지극히 착한 데 있다는 뜻이다.

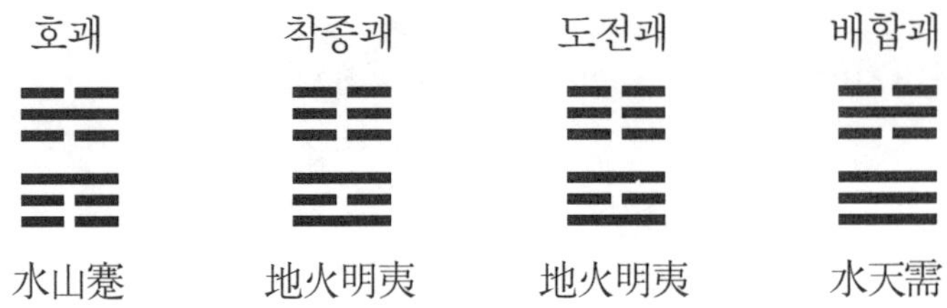

【전래해석】

■ 진야(進也) : 희망의 태양이 솟음

아침 해가 떠오르는 상이다. 무턱대고 나아가는 것이 아니라 시기와 능력에 맞춰 전진하는 상황이다.

상하의 괘가 중녀와 노모이다. 지덕을 갖춘 노모와 교양을 닦은 생기발랄한 중녀가 화려하게 진출하는 상이다. 매사 무리하지 않고 안정되게 계속 발전한다. 또 이상곤하(離上坤下)이니 태양이 지상에 떠오른 상이다. 천하를 두루 비추니 희망대로 순조롭게 성취한다. 쉬지 말고 전진하라.

길성조임(吉星照臨) 명진사해(名振四海)
일출개명(日出開明) 의기양양(意氣揚揚)

■ 예

옛날에 곽거(郭巨) 부부는 효성이 지극했으나 몹시 빈궁하였다. 어려웠을 때 이 괘를 얻었는데 과연 돌아가신 모친을 매장하고자 땅을 파다 은자 두 덩어리를 얻었다. 즉 서지득금(鋤地得金)하였다. 누가 밭을 매면서 금은보화를 얻을 줄을 상상하겠는가. 한 호미로 은자 두 덩어리를 캤으니 참으로 운수가 좋구나.

■ 판단

이 괘를 얻으면 기쁨이 많다. 만사가 마음만 있으면 운수가 굴러
들어와 잘될 것이다.

8) 화천대유(火天大有) : 3+1, 건금궁(乾金宮)

상괘 ☲ 火·火   하괘 ☰ 天·金

【원전소개】

■ 괘상(卦象)

상괘는 이화(離火)로 모든 만물을 밝고 투명하게 비추는 태양의
상이요, 하괘는 건천(乾天)으로 맑고 아름다운 하늘의 기운을 나타
내는 상이다.

■ 괘의(卦意) : 순천휴명(順天休命)

하늘의 명을 기뻐하며 따르라. 하늘의 명은 언제나 순리에 어긋나
지 않는다. 아름다운 마음으로 기뻐하며 너그럽게 받아들인다.

■ 괘사(卦辭)

대유(大有)는 원형(元亨)하니라.

대유(大有)는 크고 형통하다. 주역의 64괘 중에서 가장 길한 괘이

다. 원하는 바가 실현되고, 대인을 만나 쌓은 덕을 바탕으로 악한 것은 막고 선한 것은 더욱 함양하여 아름다운 명을 따라라.

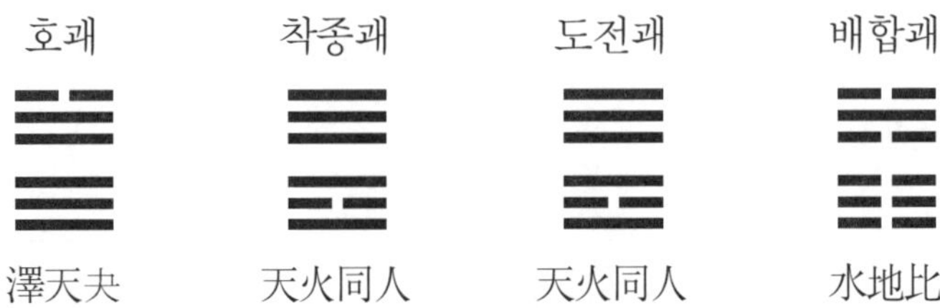

호괘	착종괘	도전괘	배합괘
澤天夬	天火同人	天火同人	水地比

【전래해석】

■ 관야(寬也) : 태양이 중천에 뜸

태양이 중천에 높이 떠 강한 빛과 열을 골고루 비추는 상이다. 공명정대한 덕으로 세상을 다스리는 군자의 모습이다.

상하의 괘가 중녀와 노부이니 안으로는 의지가 강건하고 밖으로는 화려하니, 인기가 충천하고 선망의 대상이다. 음효(陰爻)가 군주 자리를 차지하여 중양(衆陽)을 매혹시키니 주위의 질시를 경계하라. 또 이상건하(離上乾下)이니 태양이 중천에 떠올라 만물을 비추는 상이니 풍족하고 만족하다.

일려중천(日麗中天) 광명세계(光名世界)

차시호기(此時好期) 촌음금석(寸陰金惜)

■ 예

옛날에 호불현(胡不顯)이 지령을 받고 심인미(潘仁美)를 잡으려고 할 때 이 괘를 얻었다. 과연 변경의 뜰에 도착하자 군대를 이끌어 상을 준다고 속여 인수(印綬)를 입수하고 바야흐로 나포되어 문초를 받게 되었다. 감수모작(砍樹模雀)의 괘와 같다. 나무를 끊고 새를 움켜잡는 일을 빈틈없이 잘하니 시비구설은 자연 해소된다. 혼인도 합이 많으니 힘들지 않고, 도망간 사람이나 잃어버린 물건은 아직 벗어나지 못했을 것이다.

■ 판단

이 괘는 좋은 일이 많으니 감수모작(砍樹模雀)하는 것이 온당하다. 다른 사람들은 보고만 있고 움켜잡지 못하니 온당하게 입수할 수 있다. 어찌하면 좋을까 하다가 온당하게 하수하여 잡도다. 그대가 명예와 이익을 구하면 도처에서 자유자재할 것이다.

2 태궁(兌宮) : ☱, 금(金), 소녀(小女), 음괘(陰卦)

1) 태위택(兌爲澤) : 2+2, 상괘 ☱, 하괘 ☱

2) 택수곤(澤水困) : 2+6, 상괘 ☱, 하괘 ☵

3) 택지췌(澤地萃) : 2+8, 상괘 ☱, 하괘 ☷

4) 택산함(澤山咸) : 2+7, 상괘 ☱, 하괘 ☶

5) 수산건(水山蹇) : 6+7, 상괘 ☵, 하괘 ☶

6) 지산겸(地山謙) : 8+7, 상괘 ☷, 하괘 ☶

7) 뇌산소과(雷山小過) : 4+7, 상괘 ☳, 하괘 ☶

8) 뇌택귀매(雷澤歸妹) : 4+2, 상괘 ☳, 하괘 ☱

1) 태위택(兌爲澤) : 2+2, 태금궁(兌金宮)

상괘 ☱ 澤·金　　하괘 ☱ 澤·金

【원전소개】

■ 괘상(卦象)

상하괘가 모두 태택(兌澤)으로 기뻐하며 즐거워하는 기운을 나타내는 상이다.

■ 괘의(卦意) : 붕우강습(朋友講習)

모두 하나가 되어 이구동성으로 기뻐하는 상이다. 모여서 기뻐만 하다 정말 중요한 것을 잊어버릴 수도 있으니 조심해야 한다. 배우고 익혀 새로운 질서를 확립해야 한다.

■ 괘사(卦辭)

태(兌)는 형(亨)하니 이정(利貞)하니라.

태(兌)는 형통하니 바르게 함이 이롭다. 바르게 해야 한다. 이구동성으로 기뻐만 하고 즐거워하다가 득보다 실이 커질 수 있기 때문이다. 즐거움 뒤에 우환이 따를까 두려울 뿐이다.

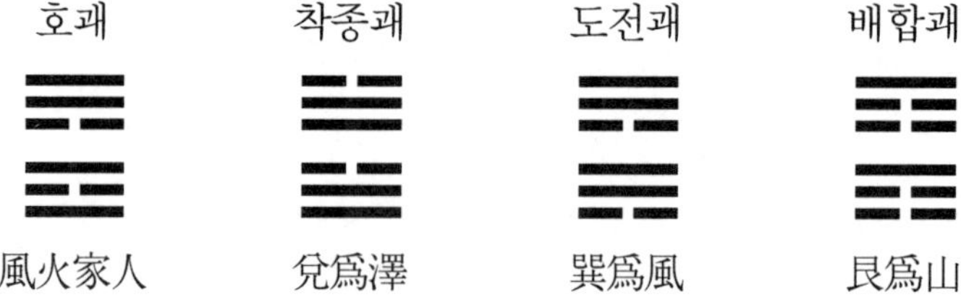

【전래해석】

■ 열야(悅也) : 화합하여 기쁨

 이성문제에 집중하다 다른 일을 등한하여 손해. 상하의 괘가 소녀와 소녀이니 순진하면서도 희망에 찬 소녀들이 분발하는 상이다. 겉으로는 웃으면서 대화하지만 언제 충돌할지 모른다. 장래를 보는 안목이 열려 있지 않으니 말을 조심하라. 또 태상태하(兌上兌下)이니 희중가열(喜中加悅)도 되나 한편 지상가연(池上加淵)의 상이니 일의 중복이나 마찰, 불화 등을 조심하라.

외화내허(外華內虛) 소빈대첨(小貧大尖)
흥진비래(興振非來) 근명원암(近明遠暗)

 태(兌)는 기쁜 것이다. 일하는 것을 기뻐하기 때문에 물을 밟고 진흙을 이기는 상이다. 이는 흙으로 수조(修造) 공사를 하는데 진흙을 이겨보려고 하나 그 우물길이 먼 것을 근심하고 있던 차 다행히 하늘의 혜택으로 비가 내려 도랑마다 가득차 있으니 물을 밟고 이기는 것은 조금도 힘들지 않았다.

■ 예

 옛날에 진대부순식(晉大夫筍息)이 길을 빌어 괵나라를 칠 때 이 괘를 얻었다. 과연 괵을 치고 돌아오는 길에 우국(虞國)도 쳐 멸하였다. 즉 물을 밟고 진흙을 이기는 괘와 같다고 하겠다. 저 괘상(卦象) 진실로 취할만하나 입을 잘못 놀리면 안된다.

물을 밟고 진흙을 골고루 이길 수 있으니, 투기로 향하는데 목표가 있거든 마땅히 집을 나가게 하여라. 교역이나 혼인은 유익하고, 행인은 찾으려고 할 것도 없다. 구설은 사라지고, 질병은 좋은 의사를 만나며, 재물을 구하면 얻고, 도모하는 일은 대길하리라.

---

2) 택수곤(澤水困) : 2+6, 태금궁(兌金宮)

상괘 ☱ 澤·金　　하괘 ☵ 水·水

【원전소개】

■ 괘상(卦象)

상괘는 태택(兌澤)으로 물이 담겨 있는 못의 기운을 나타내는 상이고, 하괘는 감수(坎水)로 흘러가는 물의 기운을 나타내는 상이다.

곤(困)은 기쁘게 찰랑거리던 연못의 물이 흐르는 강물에 섞여 빠져나가 풍요롭던 연못의 기운이 어렵게 되는 기운을 나타낸다.

■ 괘의(卦意) : 치명수지(致命遂志)

명(命)을 다하여 뜻을 이룬다. 사람은 저마다 타고난 사명이 있다. 아무리 어렵고 힘들어도 뜻을 이루어 사명을 완수해야 한다.

■ 괘사(卦辭)

곤(困)은 형(亨)코 정(貞)하니 대인이라 길하며 무구하나 유언이면 불신하리라.

곤(困)은 형통하고 바르게 함이니 대인이라야 길하고, 허물이 없으니 말이 있으면 믿지 않을 것이다.

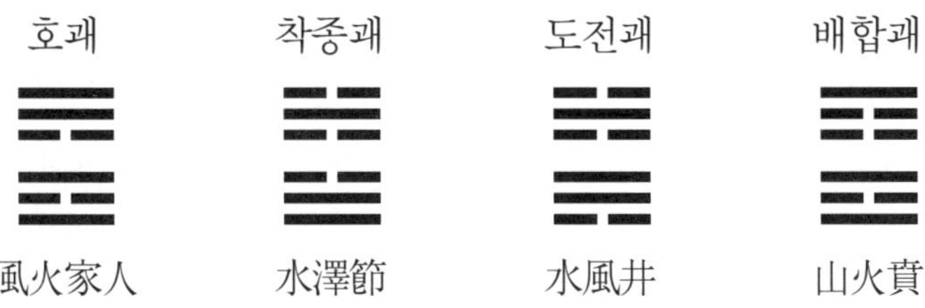

<table>
<tr><td>호괘</td><td>착종괘</td><td>도전괘</td><td>배합괘</td></tr>
<tr><td>風火家人</td><td>水澤節</td><td>水風井</td><td>山火賁</td></tr>
</table>

【전래해석】

■ 난야(難也) : 갇혀 있어 답답함

가득차 있어야 할 연못에 물이 말라버린 상. 모든 일이 뜻대로 안 되고 지쳐 있는 상태.

상하의 괘가 소녀와 중남이니 안에 있는 중남이 강력히 진출하려 하나 하찮은 소녀가 길을 막는 상이다. 함정에 빠진 형편이니 초조해 하지 말고 태연하게 기다려라. 또 태상감하(兌上坎下)이니 연못의 물이 아래로 흘러 점점 물이 줄어든다. 글자형도 울타리 안에 심은 나무이니 갇힌 상이다.

곤(困)은 재난이다. 재난이 있어도 스스로 구할 수 없기 때문에 촬간추제(撮桿抽梯)하는 상이다. 촬간추제(撮桿抽梯)는 두 사람이 새를 잡자고 상의하고 장대를 당겨올렸는데 사다리를 떼버리니 심신이 황홀하여 어떻게 하면 좋을지 몰라 걱정하는 것이다. 이 괘를 얻은 사람은 소망하며 도모하는 일이 온당하지 못할 징조이다.

■ 예

옛날에 방덕(龐德)이 조조의 영(營)으로 투항귀순하고 늦게야 공적을 세우고 이 괘를 얻었다. 과연 관공(關公)과 더불어 교전하는데 명금(鳴金)을 금지당하자 성공할 수 없었다. 시운이 오지 않아 심정만 상하는구나. 장대는 올라가고 사다리는 떼버렸도다. 새 새끼 한 마리도 잡히지 않으니 급기야 올라가기만 하고 내려오지 못하는구나.

■ 판단

조용히 와서 속이는 소인이 있어 천방백계(千方百計)로 상의할 것이다. 분명히 좋은 말을 할 것이나 장대는 끌어올렸는데 사다리는 떼버릴 것이다. 마땅히 군자를 사귀고 소인의 말은 듣지 말라. 모든 일은 근신만 하면 오래 빈궁하지는 않으리라.

> 3) 택지췌(澤地萃) : 2+8, 태금궁(兌金宮)
>
> 상괘 ☱ 澤·金　　하괘 ☷ 地·土

【원전소개】

■ 괘상(卦象)

상괘는 태택(兌澤)으로 기쁨을 안겨주는 못의 기운을 나타내는 상이고, 하괘는 곤지(坤地)로 못을 이루는 근원이 되는 상이다.

■ 괘의(卦意) : 경계불우(警戒不虞)

기쁨을 주는 오아시스는 많은 사람들의 갈증을 풀어주는 생명의 못이다. 생명의 못은 항상 많은 사람을 불러모으는 힘을 갖고 있다. 많은 사람이 모인 곳에서는 원하든 원하지 않던 각양각색의 일 이 생기니 예기치 않은 문제에 대비하여 만반의 준비를 게을리 하면 안된다.

■ 괘사(卦辭)

취(萃)는 형왕격유묘(亨王假有廟)이니 이견대인(利見大人)하니 용대생(用大牲)이 길하니 이유유왕(利有攸往)하니라.

통치자인 왕이 사당에 이르러 제사를 지내고 대인을 만나는 것은 민생을 위하고 바르게 결집시켜 크게 형통해지니 만사가 이롭다.

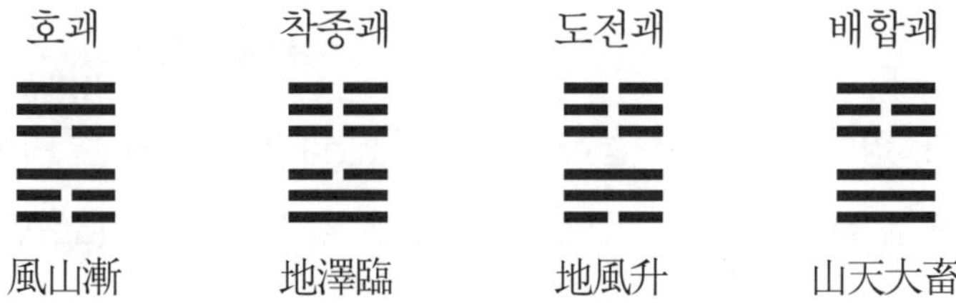

【전래해석】

■ 취야(聚也) : 지상의 낙원

취(萃)는 풀이 밀집해 있는 것으로 사람이나 물건이 집중해 있다 는 뜻이다. 동지나 협력자를 얻을 수 있는 상태이다.

상하의 괘가 소녀와 노모이니 안으로는 현모의 교양을 듬뿍받은 소녀가 구김살 없이 명랑하게 자라나는 상이다. 안정된 바탕 위에서 만인을 미소로 대하니 신망도 얻고 풍요롭게 발전한다. 또 태상곤하(兌上坤下)이니 땅 위의 연못에 맑은 물이 가득 고인 상이다. 초목도 잘 자라고 식수도 풍부하니 살기 좋다.

취(萃)는 오르고 모이는 것이다. 만물이 모여들기 때문에 잉어가 용으로 화하는 상이다. 이는 잉어가 그물에 걸릴까봐 놀라 달아나 용문의 밑에 이르러 몸이 화하여 용이 되었다. 이 괘를 얻은 사람은 비룡재천(飛龍在天)하니 이견대인(利見大人)할 징조이다.

■ 예

옛날에 반초(班超)가 과거에 응시했으나 낙재하여 붓을 땅에 던지고 일찍이 이 괘를 얻었다. 과연 아문 초안잡는 문서로 무과에 등과한 후 만리봉후(萬里封候)를 얻었다. 즉 어화룡(漁化龍)의 괘와 같다. 잉어가 물에서 놀다가 그물에 놀라 뛰어 용문을 지나가는데 용으로 화했도다. 석 자의 수양버들은 금실을 드리웠고, 만 송이의 도화는 너를 잘 나타낼 수 있다.

■ 판단

어화룡(漁化龍)은 기쁨이 오니 구설과 질병이 와도 몸은 재앙이 없도다. 근심과 의심은 모두 사라지고 화문은 닫치며 복문은 열려 있도다. 잉어가 용으로 화하니 기쁨이 중중하고, 재물을 구하면 들어오며, 일은 성공하리라.

4) 택산함(澤山咸) : 2+7, 태금궁(兌金宮)

상괘 ☱ 澤·金   하괘 ☶ 山·土

【원전소개】

■ 괘상(卦象)

상괘는 태택(兌澤)으로 기쁨과 즐거움을 나타내고, 하괘는 간산(艮山)으로 끊임없는 노력으로 기쁨을 느끼게 하는 상이다.

상괘는 소녀의 괘상으로 기쁨을 담뿍 머금고, 하괘는 소년의 괘상으로 산의 우직한 힘을 담았다. 젊음은 언제나 이성을 찾으며 그리워하고, 보면 즐겁고 또 보고 싶은 마음을 금할 길이 없다. 자주 보고 자주 찾아 음양의 기쁨을 교감하는 것은 세상 만물의 주고받고 생겨나는 이치이다.

■ 괘의(卦意) : 이허수인(以虛受人)

산정의 연못은 풍요로운 초목을 번성시키듯 비우고 받아들여 천기와 지기가 교류하는 것은 음양의 기운이 교감하여 뜻이 통하는 것이다.

■ 괘사(卦辭)

함(咸)은 형(亨)하니 이정(利貞)하니 취녀ㅣ면 길하리라.

함(咸)은 형통하니 바르게 하면 길하고, 여자를 취하면 길하다.

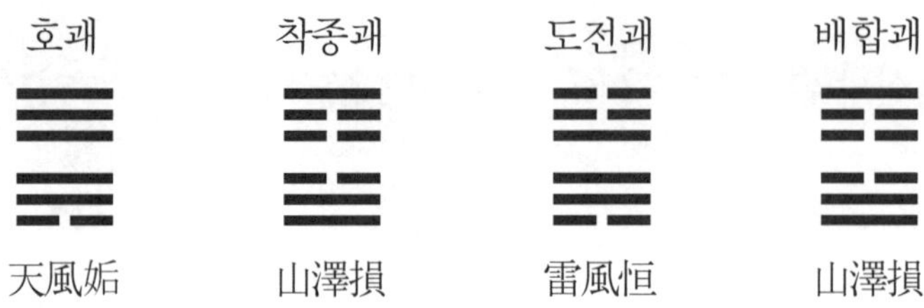

【전래해석】

■ 감야(感也) : 서로 감동하여 통함

지극한 정성에 하늘도 감응하는 상. 무슨 일이나 민감하게 잘 느끼고 대비하여 호감을 산다.

상하의 괘가 소녀와 소남이니 음양이 상반되어 순수한 남녀가 교제하는 상이다. 매사가 순리대로 진행된다. 또 태상간하(兌上艮下)이니 산 위에 연못이 있는 상이다. 물이 산 아래로 흘러내리면서 만물을 윤택하게 길러준다. 산정에서 우물을 발견한 것처럼 기쁨에 넘쳐 활짝 웃고 있다. 다정한 신혼부부의 미래가 밝고 풍요롭다.

함(咸)은 교감하는 것이다. 천지가 감응하여 만물이 출생하기 때문에 맹아출생(萌芽出生)하는 상이다. 이는 산 언덕의 푸른 풀이 겨울에 어린이의 실화로 불에 타 황야로 변했다가 다행히 양기가 돌아와 새싹이 모두 돌아올 수 있었다. 이 괘를 얻으면 운수가 좋아질 것이다.

■ 예

종전에는 홀연히 왔다가 홀연히 갔으나 오늘은 뿌리를 잡아 발생

하도다. 앞으로 재원은 점점 좋아지고, 비록 구설은 있으나 겁낼 것
은 없다. 운이 갔으면 황금도 무색할 것이고, 때가 오면 몽둥이도
매채로 싹이 틀 것이다. 월령(月令)이 매우 좋고, 또 마음이 너그럽
고 뜻이 크다.

■ 판단

밟고 다니던 몽둥이니 매채는 더욱 시일이 유유장구하게 걸릴 것
이다. 시운이 오지 않아도 무리하게 요구하지 말라. 다행히 거듭 생
각할 점이 있으니 좋은 일이 있을 것이다. 도모하며 소망하는 일은
성공하고, 여행을 떠나며, 소식이 오고, 건강도 안녕하리라.

> ## 5) 수산건(水山蹇) : 6+7, 태금궁(兌金宮)
>
> 상괘 ☵ 水·水　　하괘 ☶ 山·土

【원전소개】

■ 괘상(卦象)

상괘는 감수(坎水)로 힘들여 산을 넘었더니 다시 강이 가로놓인
상이고, 하괘는 간산(艮山)으로 높은 산이 막혀 그친 상이다.

절고 전다고 하여 절름발이 건(蹇)이라 하였다. 물이 거꾸로 흐르
는 상이요, 산을 넘었더니 큰 강이 있는 험난함을 나타낸다. 상괘는
감수(坎水)궁으로 북방에 위치하고, 하괘는 간산(艮山)궁으로 동북
방에 위치하니 세상을 꽁꽁 얼리는 추운 겨울을 헐벗은 상태로 견

더야 하는 어려움을 나타낸다(후천팔괘 참조).

■ 괘의(卦意) : 반신수덕(反身修德)

산전수전을 겪어야 하는 어려운 상황 속에서는 몸을 잘 살피고, 반성하며 마음을 닦고 때를 기다려야 한다.

■ 괘사(卦辭)

건(蹇)은 이서남(利西南)하고 불리동북(不利東北)하며 이견대인(利見大人)하니 정(貞)이면 길하리라.

험한 때일수록 더욱 바르게 하여 도와줄 대인을 만나는 것이 이롭고, 꽁꽁 언 땅에서 따뜻한 서남쪽으로 가면 한결 이로울 것이다.

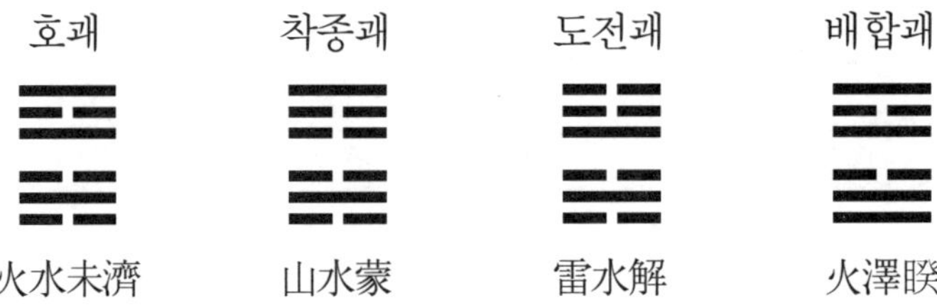

【전래해석】

■ 역야(逆也) : 보행불변에 행로천리

험난한 산에 역류가 흐르는 상태. 견딜 수밖에 없다.

상하의 괘가 중남과 소남이니 지혜와 경험은 없으면서 젊음으로만 추진하려는 상이다. 예상하지 못한 일이 발생하여 책임문제로까지 번진다. 그러나 음양이 제자리를 지키니 고통은 있어도 넘어지지는 않는다. 또 감상간하(坎上艮下)이니 산을 넘어왔으나 다시 강이 가로막았다. 동북은 피하고 서남의 얕은 곳을 택하라.

건(蹇)은 재난이다. 발을 내딛지 못할 정도로 길이 막힌 상이다. 이는 행인이 길을 반쯤 갔는데 처음에는 비가 오더니 나중에는 눈이 내려 진흙투성이가 되어 애를 먹었다. 이 괘를 얻은 사람은 모든 일이 얼키고 설켜 계획과 희망이 온당하지 못할 징조이다.

■ 예

옛날에 한문공(韓文公)이 마음 속으로 친구를 심방하고자 나서면서 이 괘를 얻었다. 과연 남관(藍關)에 당도하자 눈을 만나 말도 타고 가기 어렵게 되었다. 즉 우설재로(雨雪栽路)한 괘와 같다. 비는 동이로 퍼붓고 눈은 하늘에 가득하여 곤란하고 추웠도다. 진흙을 쑤시고 물에 철벅거리며 온갖 힘을 다 썼으나 마음대로 되지 않고 살을 에이는 듯한 추위를 참아야 했다.

■ 판단

우설이 길에 가득하여 매우 철벅거리니 교역도 미정이고 여행도 극난하도다. 질병은 길게 가고, 혼인은 늦어지며, 도모하고 소망하는 재물은 구하지 못할 것이다. 행인은 오지 않고, 그만두는 것도 온당치 않다. 남방으로 향하는 것도 오래 걸리고, 명예를 구하는 것도 목표가 없을 것이다.

【원전소개】

■ 괘상(卦象)

상괘는 곤지(坤地)로 후덕하고 두터운 대지의 기운을 나타내는 상이고, 하괘는 간산(艮山)으로 그쳐 있는 기운을 나타내는 상이다. 우뚝 솟은 나무나 바위는 혹한이나 태풍의 재앙을 피할 수 없다. 그러나 산이 땅 아래에 숨어 있듯이 자신을 낮추어 겸손하게 처신한다면 시기와 질투, 해로움을 피할 수 있을 것이다.

■ 괘의(卦意) : 칭물평시(稱物平施)

겸손의 미덕은 후덕함에서 비롯된다. 저울이 균형을 잃지 않는 것처럼 형평성에서 어긋나지 않게 위의 것을 덜어 아래로 두루 베풀어 상황을 고르게 조성한다.

■ 괘사(卦辭)

겸(謙)은 형(亨)하니 군자 1 유종(有終)이니라.

겸(謙)은 형통하니 군자가 마침이 있다. 산과 같은 높은 지위와 능력이 있어도 땅 아래에 처하여 겸손하니 모든 일이 형통하여 유종의 미를 거둘 수 있는 것이다.

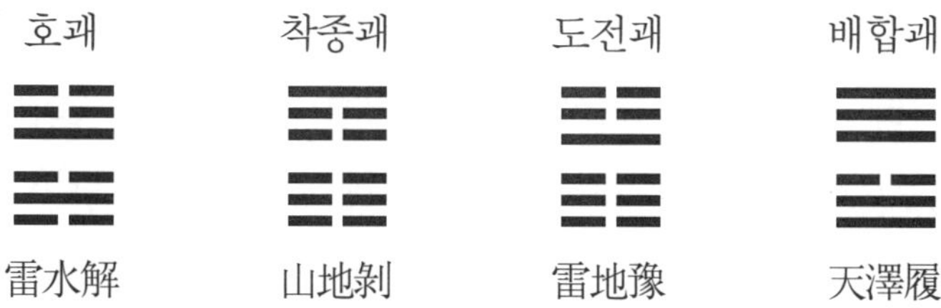

【전래해석】

■ 퇴야(退也) : 익을수록 고개를 숙임

 높은 지대의 산이 낮아 보이는 겸손 겸허 겸양을 뜻한다. 한 걸음 물러설 때이다.

 상하의 괘가 노모와 소남으로 겉으로는 온유하고 안으로는 철없이 용출하려는 기백을 억제하여 겸손한 태도로 뜻을 더 길러야 한다. 사춘기의 소년이 자애로운 어머니의 교훈을 받아 내적 충실에 노력하는 것이다. 또 곤상간하(坤上艮下)이니 땅 위로 산이 솟구치려는 상이다. 자중하면 사랑과 인기를 독차지하나 안일한 상태에서 오히려 권태를 느끼기 쉽다.

 겸(謙)은 겸손하며 사양하는 것이니 두고 살 수 없기 때문에 이인분금(二人分金)하는 상이다. 이는 빈궁한 두 사람이 환난을 같이 당하고 내것 네것을 따지지 않는데, 갑자기 금자일봉(金資一封)을 얻어 다투지 않았다. 이 괘를 얻은 사람은 만사가 형통할 징조이다.

■ 예

 옛날에 조(曹)나라 무장대(武長大)가 성인이 된 후 한(韓)·위

(魏) 두 나라를 맞아들여 연합하고 진(晉)나라를 쳐부술 때 이 괘를 얻었다. 과연 진(晉)나라를 멸하고 한(韓)·조(曹)·위(魏) 삼국이 3등분으로 나누어 차지하게 되었다. 하늘이 가난한 사람에게 금일봉을 하사하니 다투지도 않고 절반씩 똑같이 나누어 갖도다. 도모하고 소망하는 일은 모두 마음대로 되리라.

■ 판단

이인분금(二人分金)은 기쁘게 화하니 도모하고 소망하는 일과 재물을 구하는 일은 좋고, 구설은 점점 소멸되며, 질병은 감소되고, 행인은 돌아올 것이다. 혼인은 뜻대로 성사되고, 출행은 좋은 장소를 얻을 것이며, 교역은 합이 많으니 길하고 이롭지 않음이 없다.

---

7) 뇌산소과(雷山小過) : 4+7, 태금궁(兌金宮)

상괘 ☳ 雷·木   하괘 ☶ 山·土

【원전소개】

■ 괘상(卦象)

상괘는 진뇌(震雷)로 우뢰의 기운을 나타내는 상이고, 하괘는 간산(艮山)으로 우뚝 서 그친 산의 기운을 나타내는 상이다.

산 위에서 우뢰가 울리니 조금 지나치다는 것이다. 양의 기운이 2개, 음의 기운이 4개로 음의 기운이 조금 지나치다는 것이다.

■ 괘의(卦意) : 행과호공(行過乎恭)

높이 받들어 공손하게 행하는 것이 지나칠 때도 있다. 불우한 이웃에게 봉사할 때는 지극히 공손해야 한다.

■ 괘사(卦辭)

소과(小過)는 형(亨)하여 이정(利貞)하니 가소사(可小事) 1 오 불가대사(不可大事) l 니 비조유지음(飛鳥遺之音)에 불의상(不宜上)이오 의하(宜下) l 면 대길하리라.

소과(小過)는 형통하니 바르게 함이 이로우나 작은 일은 가능하고 큰 일은 불가하다. 나는 새가 소리를 남기며 위로 올라가는 것은 마땅하지 않고 아래로 내려오면 크게 길하리라.

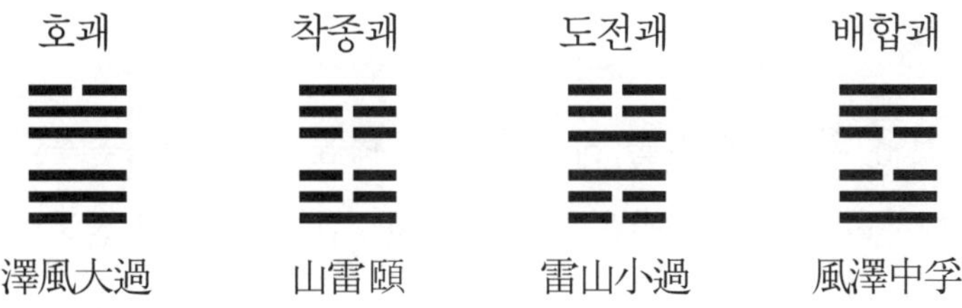

【전래해석】

■ 인야(忍也) : 소인이 득세했으니 나를 낮춤

현실에 순응해서 저자세로 일관하라. 산 위에서 천둥이 치는 상. 조금 지나치다.

상하의 괘가 장남과 소남이니 장남에게 반발하여 대항하는 상이다. 서로 울분을 억제하며 자중하라. 불연이면 다 함께 물 속에 빠져 헤어나지 못한다. 또 진상간하(震上艮下)이니 산상에 올랐는데 뇌성이 일어나는 상이다. 외부 상황에 놀라 동요하지 말아야 한다. 반역한 뒤에는 천벌이 따르니 바보처럼 참는 것이 살길이다.

소과(小過)는 과한 것이다. 음이 양보다 과하기 때문에 급하게 외나무다리를 지나가는 상이다. 이는 한 행인이 냇가에 이르러 외나무다리를 만나 마음이 조마조마하여 물 속에 떨어지지 않을까 의심하면서 급히 지나갔다. 지나고 보니 해는 없었다. 이 괘를 얻은 사람은 전진은 유공하나 후퇴는 무익할 징조이다.

■ 예

옛날에 공부자(孔夫子)가 주유열국(周遊列國)하여 송나라 국경에 이르렀을 때 이 괘를 얻었다. 과연 환태(桓颱)가 살해를 음모하거늘 미복으로 갈아입고 송나라를 급과독교(急過獨橋)하는 상과 같다. 행인이 외나무다리를 지나야 하니 마음 속이 황황홀홀하여 눈살이 찌푸려지도다. 자신을 보호하면서 지나가야지 방심하면 무사하지 못하리라.

■ 판단

외나무다리 위에서는 걷기 어려우니 행인의 심사가 안녕치 못하리라. 혼인은 성립되거든 지체하거나 미루지 말아야 한다. 재물을 구하면 들어오고, 관사는 평범하다. 지금은 불길하나 절기가 바뀌면 자연 강세가 될 것이다.

【원전소개】

■ 괘상(卦象)

상괘는 진뇌(震雷)로 중년의 장남 기운을 나타내는 상이고, 하괘는 태택(兌澤)으로 이제 갓 이성에 눈을 뜬 앳된 소녀의 기운을 나타내는 상이다.

귀매(歸妹)는 하괘가 태택(兌澤)으로 기뻐하고, 상괘의 진뇌(震雷)로 움직여 나아가는 상이다. 앳된 소녀가 중년의 남성을 기뻐하며 따라가는 상이니 망령된 움직임이다.

■ 괘의(卦意) : 영종지폐(永終知敝)

마침내 피폐해질 것을 알아야 한다. 이 세상에 영원한 것은 없다. 특히 잘못된 만남에서는 종래의 그르침만이 알게 될 것이다.

■ 괘사(卦辭)

귀매(歸妹)는 정(征)하면 흉하니 무유리(无攸利)하니라.

귀매(歸妹)는 가면 흉하니 이로울 바가 없다. 귀매(歸妹)는 누이를 시집보낸다는 뜻으로, 비정상적인 남녀의 만남을 나타낸다. 쉽게 만나고 헤어지니 바르게 만나야 한다는 메시지를 담고 있다.

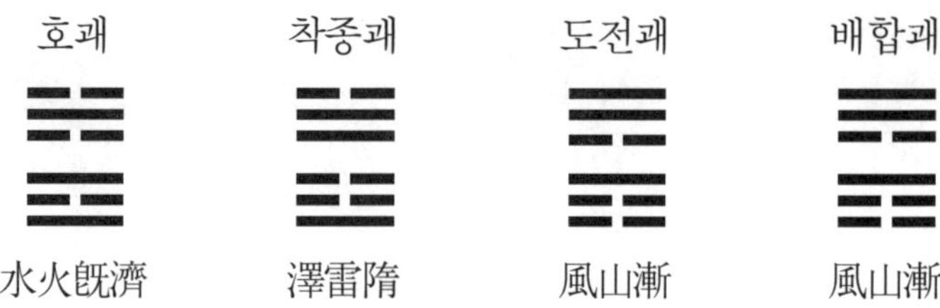

【전래해석】

■ 차야(差也) : 성급한 남녀교제

젊은 여자가 상식에 어긋나게 시집을 가는 상. 여자가 적극적인 행동을 보인다. 연못 위에 천둥이 쳐 수면에 파문이 일어남. 중도에 파문이 일어나기 쉬움.

상하의 괘가 장남과 소녀이니 장남이 동하는 것을 소녀가 반기는 상이다. 소녀는 아직 출가할 때가 아니니 적극적으로 움직이지 말고, 자신의 위치를 확인하며 주위를 살피면서 행동하라. 또 진상태하(震上兌下)이니 연못에 물이 출렁이는 상이다. 소녀의 마음이 설레니 침착하게 마음을 가라앉히고 신중하게 처신하라.

귀매(歸妹)는 큰 것이다. 소녀가 장남을 따르니 음양이 교합되지 않아 연목구어(緣木求魚)하는 상이다. 이는 물고기를 잡으려고 생각하고는 나무 위로 올라가 움켜잡으려고 하니 어찌 물고기를 얻겠느냐. 이 괘를 얻으면 계획과 희망이 이루어지지 않는다.

■ 예

옛날에 소진(蘇秦)이 전쟁을 반대하며 유세할 때 이 괘를 얻었다.

과연 상앙(商鞅)이 시기 질투하는데 봉착하여 계획을 이루지 못하고 돌아오게 되었다. 물고기를 잡으려면 모름지기 물 속으로 들어가야 하는데 나무 위에 올라가 구하려는 것은 당연한 마음씨가 아니로다. 갖은 고생을 다 했으나 뜻을 이루기 어려웠으니 수고만 하고 공은 없어 도리어 평범하도다.

■ 판단

연목구어(緣木求魚)하니 곤란한 일이 많다. 비록 물고기는 못 잡았어도 후회는 없을 것이다. 이같이 모험을 행하고 교(巧)를 희롱하면 일은 엉뚱하게 될 것이다. 일을 하면 거꾸로 되고, 심중에 계산은 많으나 마음대로 되지 않는다.

3. 이궁(離宮) : ☲, 화(火), 중녀(中女), 음괘(陰卦)

1) 이위화(離爲火) : 3+3, 상괘 ☲, 하괘 ☲

2) 화산려(火山旅) : 3+7, 상괘 ☲, 하괘 ☶

3) 화풍정(火風鼎) : 3+5, 상괘 ☲, 하괘 ☴

4) 화수미제(火水未濟) : 3+6, 상괘 ☲, 하괘 ☵

5) 산수몽(山水蒙) : 7+6, 상괘 ☶, 하괘 ☵

6) 풍수환(風水渙) : 5+6, 상괘 ☴, 하괘 ☵

7) 천수송(天水訟) : 1+6, 상괘 ☰, 하괘 ☵

8) 천화동인(天火同人) : 1+3, 상괘 ☰, 하괘 ☲

1) 이위화(離爲火) : 3+3, 이화궁(離火宮)

상괘 ☲ 火·火　　하괘 ☲ 火·火

【원전소개】

■ 괘상(卦象)

상괘는 이화(離火)로 밝게 비추는 태양의 강렬한 기운을 나타내고, 하괘도 이화(離火)로 계속 떠올라 지지 않는 태양의 뜨거운 상태를 나타내는 상이다.

■ 괘의(卦意) : 명조사방(明照四方)

투명하고 밝게 사방을 비춘다. 혹여 지지 않는 태양이 계속 온누리를 비춘다고 가정해보라. 뜨거운 열기에 숨을 쉬기도 어렵고 세상만물이 말라 타들어간다고 했을 때는 하늘의 재앙이다.

■ 괘사(卦辭)

이(離)는 이정(利貞)하니 형(亨)하니 휵빈우(畜牝牛)하면 길하다.

이위화(離爲火)괘는 바르게 하면 이롭고 형통하니 암소를 기르면 길하리라. 이위화(離爲火)괘는 하늘의 노여움으로 인력으로는 어떻게 해결할 수 없는 부분을 나타낸다고 볼 수도 있다. 그런 때일수록 지혜를 밝게 하여 재앙을 극복해야 한다. 키워서 준비한 암소를 생명의 젖줄로 삼아 불의 재앙을 이겨내야 할 것이다.

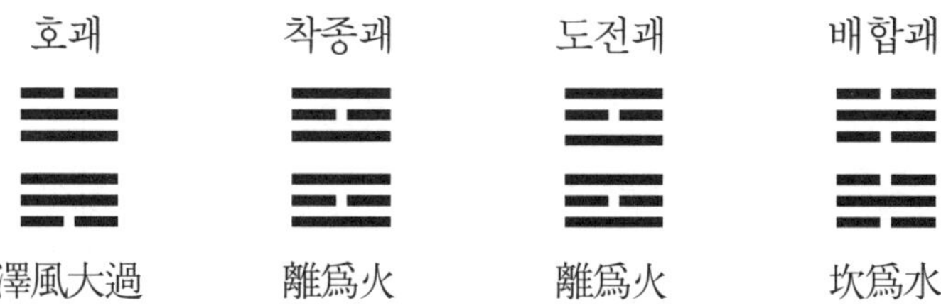

【전래해석】

■ 여야(麗也) : 겉은 광열 속은 암흑

태양과 달이 하늘에서 빛나니 광명·정열·약동을 상징. 최대한 발휘할 수 있으나 마음이 안정되지 못하고 들뜰 수가 많으니 자중해야 한다.

중녀가 겹친 괘이니 발랄하며 지성과 교양도 갖춘듯 하지만 인기에 도취되어 경망하기 쉽다. 중심에 있는 음이 실권을 행사하기 때문이다. 언행이 상반될 염려가 있다. 또 상하가 이괘(離卦)이니 태양과 같다. 너무 속속들이 밝혀내 자체의 허함이 보인다.

이(離)는 고운 것이다. 적게나마 미려(美麗)를 자사(子士)에 주기 때문에 천관사복(天官賜福)하는 상이다. 천관복록(天官福祿)이 사람의 운에 있으면 반드시 흉이 길로 변하고, 재난이 상서로 변한다. 일을 하면 모두 여의할 것이다. 이 괘를 얻은 사람은 일은 성공하고 발복생재할 징조이다.

■ 예

옛날에 여몽정(呂蒙正)이 몸소 기와 굽는 파괴된 가마밭을 얻어 먹고 허기를 모면하다 이 괘를 얻었다. 과연 상경하여 과거에서 우등장원을 차지하였다. 이는 즉 천관사복(天官賜福)하는 괘라 하겠다. 관장이 이 괘를 얻으면 높이 승진하고, 농장을 경영하면 산업이 증가되며, 상업에 종사하면 이익이 막대하고, 공장주나 예술인이 되면 크게 형통할 것이다.

■ 판단

괘를 얻고 천관(天官)을 만나면 반드시 복록이 내리고, 도모하고 소망하는 일은 모두 길경할 것이다. 근심 걱정은 다 사라지고 편안하리라. 월령(月令)이 모두 기쁘고, 모든 일은 편안하며 여행하면 기쁘다. 재앙은 소멸되고, 질병은 소산하리라.

> ## 2) 화산려(火山旅) : 3+7, 이화궁(離火宮)
> 상괘 ☲ 火·火   하괘 ☶ 山·土

【원전소개】

■ 괘상(卦象)

상괘는 이화(離火)로 중천에서 떠도는 태양을 나타내고, 하괘는 간산(艮山)으로 멈추어 그친 기운을 나타내는 상이다.

우리 인생은 중천에 걸려 떠도는 태양처럼 떠돌다 말없이 멈추는 것인지도 모른다.

■ 괘의(卦意) : 명신용형(明愼用刑)

형벌을 가할 때는 신중하게 삼가하고 밝게 해야 한다.

■ 괘사(卦辭)

여(旅)는 소형(小亨)코 여정(旅貞)하야 길하니라.

여(旅)는 조금 형통하니 떠도는 나그네는 바르게 해야 길하다. 나그네는 아무 힘이 없고, 가진 것도 없다. 오로지 바르게 해야만 형벌에서 벗어날 수 있고, 조금이라도 형통함을 얻을 수 있다.

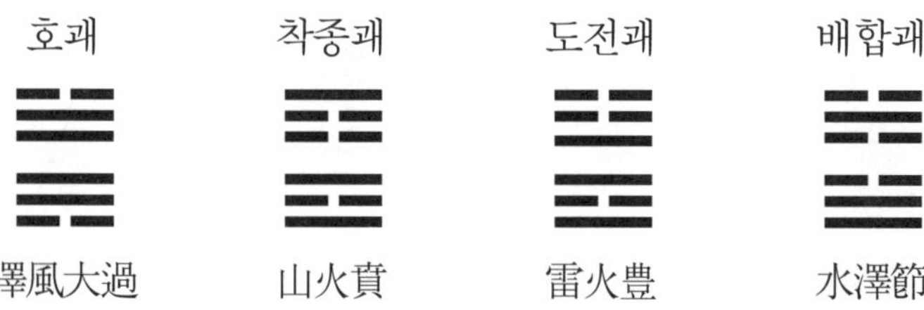

호괘	착종괘	도전괘	배합괘
澤風大過	山火賁	雷火豊	水澤節

【전래해석】

■ 객야(客也) : 고독한 나그네 신세

해저문 산 기슭에서 나그네가 숙소를 구하는 상. 심신의 안정을 잡지 못하고 피로한 상태.

상하의 괘가 중녀와 소남이니 사춘기 소년이 여인의 화려한 외모에 매혹된 상이다. 서두르지 말라. 활짝 핀 꽃은 빨리 시든다. 방황하지 말고 담담하게 처리하라. 또 이상간하(離上艮下)이니 산 위의 태양이다. 아침에 뜨는 태양인지 석양인지를 구분해 처리하라.

여(旅)는 돌아오는 것이다. 나는 새가 새로운 집을 지어 편안히 지내다 돌아와 보니 나쁜 놈이 새 집을 불태워 버릴 줄 미처 몰랐다. 이 괘를 얻은 사람은 주로 평범한 일만 하다 성공하지 못한다.

■ 예

옛날에 노준의(盧俊義)가 오용(吳用)의 계교에 빠져 태안산으로 분향하러 가다가 이 괘를 얻었다. 과연 하인 이고(李固)와 산업계의 패권을 잡으려고 계획했지만 숙조분소(宿鳥焚巢)하는 괘상(卦象)과 같으니 나쁜 사람이 시키는대로 불을 질러 태웠도다. 이 괘를 얻은 사람은 불길하니 모든 일은 고생만 따를 것이다.

■ 판단

자는 새의 집을 태웠으니 시운이 좋다고 할 수 없다. 혼인은 합이 많아 복잡하고, 병은 치유되기 어렵다. 교역도 지장이 생겨 모두 불리하고, 관재구설에다 사기도 당할 수 있다. 출행은 힘만 탕진하고, 행인은 돌아오지 않는다. 돈을 벌기도 어려울 것이다.

---

3) 화풍정(火風鼎) : 3+5, 이화궁(離火宮)

상괘 ☲ 火·火　　하괘 ☴ 風·木

【원전소개】

■ 괘상(卦象)

상괘는 이화(離火)로 힘 있게 타오르는 불의 기운을 나타내고, 하괘는 손풍(巽風)으로 불이 잘 타도록 도와주는 나무와 바람의 상이다. 산들바람이 불면 불은 더 잘 타 음식을 맛있게 익혀준다.

■ 괘의(卦意) : 정위응명(正位凝命)

바른 자세로 명을 올바르게 이루어야 한다. 새로운 삶이 시작될 때는 지도자의 명을 잘 받들어 응해야 한다.

■ 괘사(卦辭)

정(鼎)은 元(원) 형(亨)하니라.

정(鼎)은 크게 길하여 형통하다. 사람이 먹는 밥을 만들어 천하를 살찌게 하니 형통하지 않을 수 없다. 정(鼎)은 솥정 자이다. 밥은 나무로 불을 지피고 솥에다 쌀을 넣어 익히는 것이다. 이렇게 익힌 밥을 상제께 제사올려 풍요로움을 감사드리고 자자손손 현인과 성인을 길러냈다. 그러므로 솥정(鼎)은 형통하여 길한 것이다.

【전래해석】

■ 개야(改也) : 새롭게 고칠 때

세발 달린 솥에 음식을 끓이는 상. 안정된 상태. 합심하다. 중심적인 지위 차지.

상하의 괘가 중녀와 장녀이니 완숙한 장녀의 도움으로 패기발랄한 중녀가 활동하는 상이다. 안정된 바탕 위에 태양의 광명이 두루 비친다. 또 이상손하(離上巽下)이니 나무로 불을 계속 타오르게 하는 상이다. 솥에 계속 음식을 익힐 수 있다. 세 사람이 협조하여 계속 풍요롭게 발전한다.

정(鼎)은 삶는 도구이다. 삶아 현인을 기르니 어부득리(漁夫得利)하는 상이다. 이는 어부가 호숫가에서 고기를 찾다 따오기가 대합조개를 찍다가 주둥이에 조개를 끼고 양 날개를 펼치고 있는 것을 보고 둘을 다잡고 기뻐했다. 이 괘를 얻으면 일거양득할 것이다.

■ 예

옛날에 유현덕(劉玄德)이 당양(當陽)에서 패하고 하구로 달아날 때 제갈공명이 이 괘를 얻었다. 과연 설득하여 강동(江東)을 합병하고 전선을 불태우고 형주까지 점령하였다. 즉 어부득리(漁夫得利)이다. 따오기와 조개가 사탄에 떨어졌는데 조개 위에 따오기가 양 날개를 펼치고 있다. 어부가 둘 다 잡아 이익을 보았다. 잃어버린 물건과 달아난 사람은 멀리 갔을 것이다.

■ 판단

어부가 득리하니 기쁘다. 명성을 희망하고 재물을 구하는 일은 둘 다 온전하고, 혼인은 쌍방이 이로울 것이다. 만약 이 괘를 만나면 기쁨이 늘어나리라. 집을 나가면 무익하고 교역은 성공한다. 관사도 무방하고 마음먹은 것은 모두 흥왕하리라.

4) 화수미제(火水未濟) : 3+6, 이화궁(離火宮)

상괘 ☲ 火·火　　하괘 ☵ 水·水

【원전소개】

■ 괘상(卦象)

상괘는 이화(離火)로 불의 기운을 나타내고, 하괘는 감수(坎水)로 물의 기운을 나타내는 상이다.

불의 기운은 밝고 가벼워 위로 올라가려 하고, 물의 기운은 어둡고 무거워 아래로 내려오려 한다. 처음부터 새로 시작하지 않으면 불과 물은 영원히 만나지 못할 것이다.

■ 괘의(卦意) : 변물거방(辨物居方)

물건들이 제 역할을 할 수 있도록 잘 분별해 갖추라. 초효에서 상효까지의 자리가 부당하다. 즉 양효(陽爻)는 양의 자리에 음효(陰爻)는 음의 자리에 있어야 한다. 미제(未濟)는 양효(陽爻)가 음의 자리에 음효(陰爻)는 양의 자리에 있으니, 그 자리가 부당하여 새롭게 시작할 수밖에 없는 것이다.

■ 괘사(卦辭)

미제(未濟)는 형(亨)하니 소호(小狐) 1 흘제(汔濟)하야 유기미(濡其尾)니 무유리(无攸利)하니라.

미제(未濟)는 형통하니 작은 여우가 거의 건너가 그 꼬리를 적시니 이로울 바가 없다. 이로울 바가 없는데 어떻게 형통하다고 하는가? 그것은 처음부터 다시 시작할 수 있기 때문이다.

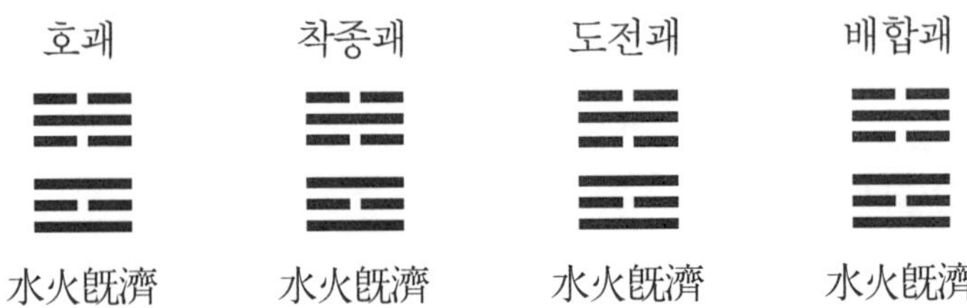

【전래해석】

■ 실야(失也) : 시간은 잠시도 머물지 않음

불이 물 위에 있으니 제자리를 찾지 못하는 상. 미숙하다. 머지않아 완숙해질 수 있는 상태이니 서서히 진행할수록 성취도 높다.

상하의 괘가 중녀와 중남이니 여자가 주권을 쥐고 활동하고, 남자는 실권없이 지내는 상이다. 답답하고 불만이 많겠지만 현실을 직시하고 고통을 참으면서 협조하면 호괘(互卦)가 기제(旣濟)이니 다시 정상으로 회복된다. 또 이상감하(離上坎下)이니 태양이 비치는 상이다. 여왕을 받드는 심정으로 생활하라.

미제(未濟)는 일이 못 미치는 것이다. 화수(火水)가 합치지 못하기 때문에 태세(太歲)와 월건(月建)의 상이다. 이는 양임(楊任)이 영(帥)을 받들고 영(營)을 순방하는데 장규욱(張奎旭)이란 사람이 있어 밤에 앞질러 가서 영(營)을 도둑질하고 재물을 겁탈하여 간신히 힘을 다하여 순방할 수 있었다. 이 괘를 얻은 사람은 나쁜 사람이 해치려고 다른 마음을 먹을 징조이다.

■ 예

옛날에 조광윤(趙匡胤)이 하동(河童)으로 내려가기 전에 이 괘를 얻었다. 과연 구양취(歐陽就)가 나라를 팔아 오랫동안 매우 곤란하였다. 즉 태세(太歲)와 월건(月建)의 괘이다. 땅을 떠난 사람에게 고난의 부딪힘이 몇 길 깊었던고, 영(營)을 도둑질하고 새를 겁탈하는 자를 막아라. 때때로 더 근신하면 화는 침범하지 못하리라.

■ 판단

태세(太歲)가 운에 있으면 일에 근심이 많을 것이다. 혼인과 재물은 말려야 하고, 교역과 여행은 좋지 못하며, 행인은 돌아오기 어렵다. 관청소송은 불길하고, 구설은 재앙이 있을 것이다. 이 괘를 얻은 사람은 잠시 인내하여라. 월보(月保)를 만나면 무방하리라.

---

5) 산수몽(山水蒙) : 7+6, 이화궁(離火宮)

상괘 ☶ 山·土   하괘 ☵ 水·水

【원전소개】

■ 괘상(卦象)

상괘는 간산(艮山)으로 멈추어 선 산의 기운을 나타내고, 하괘는 감수(坎水)로 아래로 아래로 흐르는 물의 기운을 나타내는 상이다.

산의 계곡으로 흐르는 물은 강이나 바다로 들어가려면 아직 갈 길이 멀다. 그래서 몽(蒙)은 갈길이 많이 남은 어린 것이다.

■ 괘의(卦意) : 과행육덕(果行育德)

미래의 결실을 얻기 위하여 덕을 기르고 인재를 육성해야 한다. 미래가 창창한 어린아이는 어리석음을 깨우치도록 교육시키고 키워야 한다.

■ 괘사(卦辭)

몽(蒙)은 형(亨)하니 비아(匪我) ㅣ 구동몽(求童蒙)이라. 동몽(童蒙)이 구아(求我) ㅣ 니 초서(初筮)어든 고하고 재삼(再三)이면 독(瀆)이라. 독즉불곡(瀆則不告)이니 이정(利貞)하니라.

몽(蒙)은 형통하니 내가 동몽(童蒙)을 구하지 않고 동몽(童蒙)이 나를 구하니, 처음 점치거든 알려주고 두세 번 하면 더럽힌다. 더럽히면 알려주지 못하니 바르게 하는 것이 이롭다. 몽(蒙)은 길러서 형통하니 스승이 동몽(童蒙)을 찾는 것이 아니라 동몽(童蒙)이 스승을 찾는 것이 바람직하다. 처음의 확고한 믿음을 그대로 믿고 응해야 할 것이다.

【전래해석】

■ 매야(昧也) : 철모르는 아이

산기슭에 솟아난다. 오염되지 않은 샘물의 상. 어리다. 세상물정을 모른다. 앞으로 깨우치거나 더럽혀질 수 있다.

상하의 괘가 소남과 중남이니 철모르는 아이가 방황하는 형상이다. 장래를 위하여 괴롭지만 지도받아야 한다. 또 산 아래에 물이 흐르는 상이다. 이 물이 바다에 도달하기까지는 아직 멀었다. 조심하면서 진행하면 크게 발전한다. 아직 스스로 주체성이 확립되기 전이라 권태와 싫증을 느끼고 고민에 빠질 염려가 있다. 정신력을 배양하라.

몽(蒙)은 몽매한 것이다. 항상 어두워 밝지 못하기 때문에 작은 귀신이 돈을 도둑질하는 상이다. 명과 운이 다하여 전혀 너그럽지 않고, 쾌치 못하여 돈만 있으면 세보지도 않고 쓰는 것과 같다. 즉 작은 귀신이 돈을 도둑질하는 것과 같다. 이 괘를 얻은 사람은 시운이 불길한 징조이다.

■ 예

옛날에 양지(楊志)가 생진망(生辰網)을 풀고 채경(蔡京)과 더불어 상수(上壽)를 누리도록 축수하는데 이 괘를 얻었다. 과연 가는 도중에 백승(白勝)의 계교에 빠져 몽한주(蒙汗酒)를 잘못 마시고 금은을 도둑맞았다. 군자가 이 괘를 얻으면 운수가 좋지 않다. 혼인은 합이 많으니 사소한 분쟁이 있고, 일은 틀림없이 수고만 할 것이다.

■ 판단

괘상(卦象)이 작은 손해를 보게 되었으니 도모하고 소망하는 일
과 재물을 구하는 일은 물 건너 간 것과 같다. 혼인은 합이 많으나
파혼하는 사람이 있고, 교역도 여행도 쓸데없이 수고만 할 것이다.
학문에 마음이 있거든 자세하게 배워라. 그렇지 않으면 귀신한테
도둑맞을 것이다.

> ## 6) 풍수환(風水渙) : 5+6, 이화궁(離火宮)
>
> 상괘 ☴ 風·木　　하괘 ☵ 水·水

【원전소개】

■ 괘상(卦象)

상괘는 손풍(巽風)으로 바람의 기운을 나타내고, 하괘는 감수(坎
水)로 흐르는 물의 기운을 나타내는 상이다. 흐르는 물 위로 바람
이 불어 물결이 흩어지는 상을 환(渙)이라 한다.

■ 괘의(卦意) : 향제입묘(享帝入廟)

물결이 흩어진다는 것은 민생들의 마음이 흩어지는 상으로 그러
한 상황이 나타날 때 임금은 사당에 들어가 제사를 지낸다.

■ 괘사(卦辭)

환(渙)은 형(亨)하니 왕격유묘(王假有廟) 1 며 이섭대천(利涉大

川)하니 이정(利貞)하니라.

환(渙)은 형통하니 왕이 사당에서 제사를 지내는 것은 큰 내를 건너기 위함이니 바르게 해야 이롭다. 어려운 상황에서 사람들의 마음이 흩어질 때는 뜻을 하나로 모으려고 조상의 대업을 상기시키는데, 근본을 사당에 두고 지극한 정성으로 제사를 지내는 것이다.

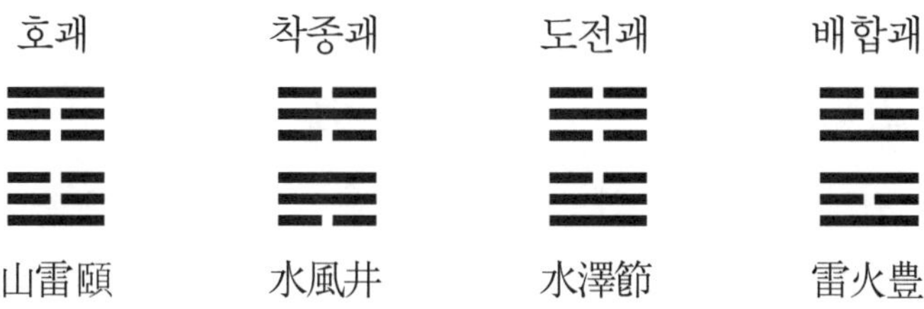

【전래해석】

■ 산야(散也) : 이탈함을 예방

바람이 물 위로 불어오니 돛을 다는 상. 새로운 출발에 민심이 떠나고 의지가 흩어지는 상. 망설이던 것을 추진하라.

상하의 괘가 장녀와 중남이니 청년의 패기로 중년 부인의 방해를 강력히 밀어붙이고 나가려는 상이다. 바깥 세정을 살피지 않고 우직한 힘으로 해결하고자 하면 불의와 이산이 염려된다. 외유내정하라. 또 손상감하(巽上坎下)이니 강을 건너는 나룻배의 상이다. 풍랑을 조심하면서 침착하게 노를 저어라.

환(渙)은 흩어지는 것이다. 흩어져 취합하지 않기 때문에 강을 중간에 두고 금을 바라보는 상이다. 이는 행인이 강을 중간에 두고 금일정을 바라보고 탐을 내 얻고자 하나 도저히 건너갈 수 없고, 보물을 뻔히 보면서도 입수할 수 없었다. 이 괘를 얻은 사람은 심력만 허비할 것이다.

■ 예

옛날에 고매가 달아나 외국에서 이 괘를 얻었다. 과연 임금이 서거했을 때 국경에 당도했으나 그 아들이 군사를 일으켜 거절했다. 격하망금(擱河望金)하는 상이다. 강물을 중간에 두고 한 덩어리를 보면서 취하려 했으나 언덕은 높고 물은 깊었다. 금은보화를 바라보나 입수하기 어려우니 밤낮 생각해봤자 헛되이 마음만 쓴다.

■ 판단

보물을 건너다보니 하천이 가로막혀 있도다. 언덕은 높고 물은 깊어 움켜잡지 못하도다. 시간이 지나고 절후가 바뀌면 바야흐로 길하고 이로울 것이다. 지금은 마땅하지 않으니 애써 학덕을 닦아라.

> ## 7) 천수송(天水訟) : 1+6, 이화궁(離火宮)
>
> 상괘 ☰ 天·金　　하괘 ☵ 水·水

【원전소개】

■ 괘상(卦象)

상괘는 맑고 투명한 하늘의 양기운을 나타내는 상이요, 하괘는 무겁게 흐르는 물의 음기운을 나타내는 상이다.

맑고 투명한 양기운은 위로 오르는 성정이고, 탁하고 어두운 음기
운은 아래로 내려가는 성정으로 만날 수 없는 기운이기도 하다.

■ 괘의(卦意) : 작사모시(作事謀始)

 무슨 일을 만들고 꾀하려 할 때는 상황판단을 잘해야 한다. 상황
이 어긋나 송사의 기미가 있다.

■ 괘사(卦辭)

 송(訟)은 유부(有孚) 1 나 질(窒)하야 척(惕)하니 중(中)은 길하고
종(終)은 흉하니 이견대인(利見大人)이오 불리섭대천(不利涉大川)
하니라.

 송(訟)은 깨워서 길러야 하나 막혀 두려우니, 가운데는 길하고 마
지막은 흉하다. 대인을 만나는 것이 이롭고, 큰 내를 건너는 것은
이롭지 않다.

호괘	착종괘	도전괘	배합괘
風火家人	水天需	水天需	地火明夷

【전래해석】

■ 논야(論也) : 쟁중화

 하늘의 기운과 물줄기는 방향이 다르다. 불화나 의견충돌을 참아

라. 이해와 양보가 최선이다.

상하의 괘가 노부와 중남으로 양이니 노부가 위에서 중남의 젊은 이를 억압하고, 중남은 완강하게 반발하는 형상이다. 겉으로는 건전한 것 같으나 안에는 함정이 도사리고 있다. 외부와 상인(上人)은 지위와 연륜을 내세우고, 내부와 하인은 힘을 바탕으로 대립하는 상이다. 서로 아량과 존경으로 화해하라. 불연이면 후회한다.

송(訟)은 변론하는 것이다. 즉 취하는데 다툼이 있기 때문에 두 사람이 길을 다투는 상이다. 이인쟁로(二人爭路)는 가닥의 좁은 길이 심히 비좁은데 마침 오던 두 사람이 한 군데에 부딪혀 서로 먼저 가려하고 모두 즐겨서 뒤에 처지려고 하지 않았다. 이 괘를 얻은 사람은 순조롭지 못할 것이다.

■ 예

옛날에 위(尉) 지경덕의 아들 보림(寶林)이 진부(秦府)에서 인(印)을 접수하는데 일찍이 이 괘를 얻었다. 부(府)로 돌아갈 때를 기다리는데 진회왕(秦懷王)이 달려와 도중에 그물을 치고 싸웠다. 이는 즉 이인쟁로(二人爭路)하는 상이다. 심중에만 있는 일이 성공하기 어려워 다투는 것과 비슷하다. 두 백성이 다 같이 먼저 가려고 다투니 누가 누구한테 한 걸음이라도 양보하겠는가.

■ 판단

두 사람이 길을 다투는데 즐겨 양보하지 않으니 이 괘를 얻은 사람은 자기의 주장만 할 것이다. 교역과 여행은 일정한 한계와 거리가 있으니 마음은 있으나 합이 많아 보통과 같을 것이다. 지금은 이룰 수 없으니 한가한 기분을 내지 말라. 좋은 일은 성공하기 어렵고 돈벌이도 심력만 허비할 뿐이다.

8) 천화동인(天火同人) : 1＋3, 이화궁(離火宮)

상괘 ☰ 天·金　　하괘 ☲ 火·火

【원전소개】

■ 괘상(卦象)

상괘는 양강한 하늘의 기운을 나타내고, 하괘는 밝고 투명하게 비추는 태양의 기운을 나타내는 상이다. 태양은 골고루 비추어 만물을 육성시키고 있다.

■ 괘의(卦意) : 유족변물(類族辨物)

만물은 각각 무리마다 종류가 있으니 물건들을 잘 분별하여 판단해야 한다.

■ 괘사(卦辭)

동인우야(同人于野) 1 면 형(亨)하리니 이섭대천(利涉大川)이며 이군자(利君子)의 정(貞)하니라.

함께하는 사람끼리 들에 있으면 형통하리니 큰 내를 건너면 이로우므로 군사람은 바르게 해야 이롭다. 함께 상부상조한다면 아무리 어렵고 큰 일이라도 못할 것이 없으니 군자는 바르게 해야 이롭다.

『계사상전』 제8장을 소개하면, 동인(同人)이 선호조이후소(先號眺而後笑) l 리니 자왈(子曰) 군자지도(君子之道) l 혹출혹처혹묵혹어(惑出惑處惑默惑語) l 나 2인이 동심하니 기리(其利) l 단금(斷金)이로다. 동심지언(同心之言)이 기취(其臭) l 여란(如蘭)이로다. 사람과 같이 함이 먼저는 부르짖어 울고 나중은 웃는다 하니 공자께서 말씀하셨다. "군자의 도가 혹 나아가고 혹 처하고 혹 침묵하고 혹 말하나 두 사람이 마음을 같이 하니 그 날카로움(이로움)이 쇠를 끊는다. 같은 마음의 말은 그 향기가 난초와 같다."

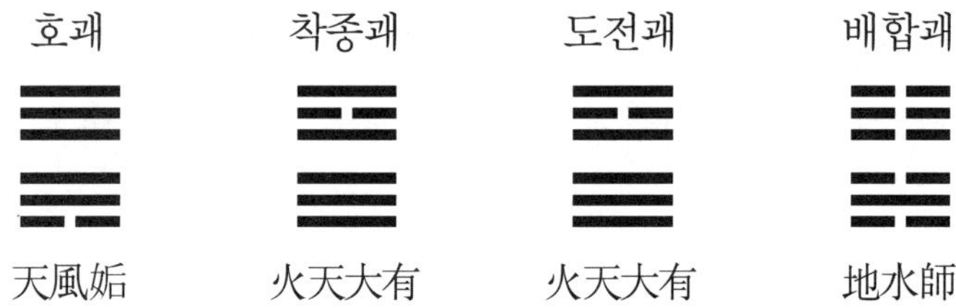

호괘	착종괘	도전괘	배합괘
天風姤	火天大有	火天大有	地水師

【전래해석】

■ 친야(親也) : 동지를 찾아 만남

항상 높은 곳에서 하늘의 기상이 태양과 함께 하는 상으로 협조자나 친구의 힘을 얻게 된다. 협동이나 공동사업이 유리하다.

상하의 괘가 노부와 중녀로 외부는 건전한 활동이요, 내부는 화려한 내실을 갖춘 내조이다. 내괘(內卦) 2효에서 음이 제자리를 고수하며 모든 양을 적극적으로 보조하는 상이다. 또 건상이하(乾上離

下)이니 마치 태양이 중천으로 떠오를 준비를 한 상태이다. 지우를 찾아 공적인 활동을 하면 큰 발전이 있다.

동인(同人)은 사람과 더불어 친한 것이다. 마음을 같이 하기 때문에 선인지로(仙人地路)하는 상이다. 이는 행인이 갈림길에서 망설이자 홀연 선인이 나타나 인도하자 따라가 바른 길로 가게 되었다. 이 괘를 얻은 사람은 어디를 가나 불리함이 없을 것이다.

■ 예

옛날에 조광윤(趙匡胤)이 청유관(淸幽館)에 있을 때 이 괘를 얻었다. 팔백 리 정도 가서는 구름사다리로 연하여 캄캄한 밤에 행보가 곤란했는데 형랑(刑娘)이 길을 인도했다. 심중에 있는 일 시기와 의심받기 쉬워 계획과 희망도 종전부터 착실하지 못했다. 다행히 명철한 인사를 만나 인도받으니 모든 근심은 자연 소멸되도다.

■ 판단

선인이 지도하여 가는 길이 통하니 사람들에게 권한다. 서쪽이나 동쪽이나 마음 내키는대로 가거라. 교역이나 재물을 구하는 일은 힘들지 않고, 혼인은 성사되며, 행인은 돌아올 것이다. 결실도 볼 수 있고, 일에 착오도 없을 것이다.

4. 진궁(震宮) : ☳, 목(木), 장남(長男), 양괘(陽卦)

1) 진위뢰(震爲雷) : 4+4, 상괘 ☳, 하괘 ☳

2) 뇌지예(雷地豫) : 4+8, 상괘 ☳, 하괘 ☷

3) 뇌수해(雷水解) : 4+6, 상괘 ☳, 하괘 ☵

4) 뇌풍항(雷風恒) : 4+5, 상괘 ☳, 하괘 ☴

5) 지풍승(地風升) : 8+5, 상괘 ☷, 하괘 ☴

6) 수풍정(水風井) : 6+5, 상괘 ☵, 하괘 ☴

7) 택풍대과(澤風大過) : 2+5, 상괘 ☱, 하괘 ☴

8) 택뢰수(澤雷隨) : 2+4, 상괘 ☱, 하괘 ☳

---

1) 진위뢰(震爲雷) : 4+4, 진목궁(震木宮)

상괘 ☳ 雷·木　　하괘 ☳ 雷·木

【원전소개】

■ 괘상(卦象)

상괘는 진뇌(震雷)로 하늘에서 울려퍼지는 우뢰의 진동을 나타내고, 하괘도 진뇌(震雷)로 땅에서 울려퍼지는 우뢰의 진동을 나타내는 상이다.

하늘도 땅도 우뢰가 거듭하여 안팎으로 진동하는 대지진의 상을 나타낸다. 이러한 상황에서는 어떻게 대처해야 하는가?

■ 괴의(卦意) : 공구수성(恐懼修省)

두려워하고 두려워하며 스스로 자신을 돌이켜 수양하고 반성하라. 대재앙이 일어났다고 혼비백산하여 정신을 잃으면 안된다. 자신을 가다듬고 정신차려 명에 응해야 한다.

■ 괴사(卦辭)

진(震)은 형(亨)하니 진래(震來)에 혁혁(虩虩)이면 소언(笑言)이 아아(啞啞)하리니 진경백리(震驚百里)에 불상시창(不喪匕鬯)하나니라.

진(震)은 형통하니 우뢰가 온다면 두려워하여 놀라는 소리가 백리까지 퍼지니 웃음소리가 막히고 놀라 아아 하는 소리만 하며 재앙을 피해도 숟가락과 술(종묘에 제사지내는 제기와 향주)을 잃지 않는다. 시절이 혼란한 때일수록 자신의 근본과 뿌리, 그리고 조상님의 뜻을 잊지 않도록 제기와 술을 챙겨라.

【전래해석】

■ 동야(動也) : 뇌성이 천지를 흔듬

천둥이 계속 겹쳐오는 상. 천둥이 겹치면 항상 패기로 가득찬다.

소리만 크지 대단하지는 않으니 두려워하지 말고 차분하게 내실을 다지면 생기가 솟아오른다.

상하의 괘가 장남으로 겹쳐 있으니 안과 밖에서 함께 서둘러 움직이는 상이다. 그러나 항상 장남의 권위를 갖추고 침착하라.

또 진상진하(震上震下)이니 천지가 온통 뇌성이 진동하는 상이다. 그러나 소리만 클뿐 대단하지는 않으니 두려워하지 말고 차분하게 내실을 다지면 생기가 솟아오른다.

진(震)은 움직이는 것이다. 백 리까지 울려퍼져 놀라게 하기 때문에 밤에 쇠종을 두드리는 상이다. 이는 쇠종 하나가 오랫동안 진흙 속에 묻혀 있다가 홀연 튀어나와 새로워지고, 높이 매달아놓고 한밤중에 치니 우렁차게 퍼진다. 이 괘를 얻으면 모든 일이 성공한다.

■ 예

옛날에 왕연장(王燕章)이 고사계(高四計)에게 크게 참패한 후 이 괘를 얻었다. 과연 밤에 병서(兵書)를 보다 전림창(轉林蹌)으로 고사계(高四計)를 찔러죽였다. 하나의 쇠종이 진흙 속에 묻혀 있으니 사람들은 손으로 만져보고 돌인지 알았다. 홀연 하루는 종을 매달아 놓으니 맑은 그 소리가 울려퍼져 천하가 다 알게 되었다.

■ 판단

이 괘를 얻으면 밤중에 종을 치는 것과 같아 때가 오고 운이 호전된다. 도모하고 소망하는 재물은 힘들이지 않아도 되고, 교역과 출행에는 큰 공이 있으리라. 공명을 구하면 뜻대로 되고, 일은 마음대로 성취되며, 집나간 행인은 자연 유의하리라.

2) 뇌지예(雷地豫) : 4+8, 진목궁(震木宮)

상괘 ☳ 雷·木   하괘 ☷ 地·土

【원전소개】

■ 괘상(卦象)

 상괘는 진뇌(震雷)로 활발하게 움직이는 소리의 기운을 나타내는 상이고, 하괘는 곤지(坤地)로 만물이 풍성하게 자라는 대지의 기운을 나타내는 상이다.

 땅 위에 울려퍼지는 축제의 진동소리로 기쁨과 즐거움 그리고 이어지는 승리를 위한 환호이기도 하다.

■ 괘의(卦意) : 작악숭덕(作樂崇德)

 예악을 널리 펴고 덕을 숭상하라. 즐거움의 축제란 천지신명께 감사하는 의식이다. 음악소리가 땅 위에서 울려퍼지니 모든 만물이 약동하는 소리가 힘차게 함께 한다.

■ 괘사(卦辭)

 예(豫)는 이건후행사(利建候行師)하니라.

 예(豫)는 제후를 세우며 군사를 행함이 이롭다. 땅 위로 만물이 솟아 생동하는 상이고, 제후가 군사를 움직여 나가는 상이다.

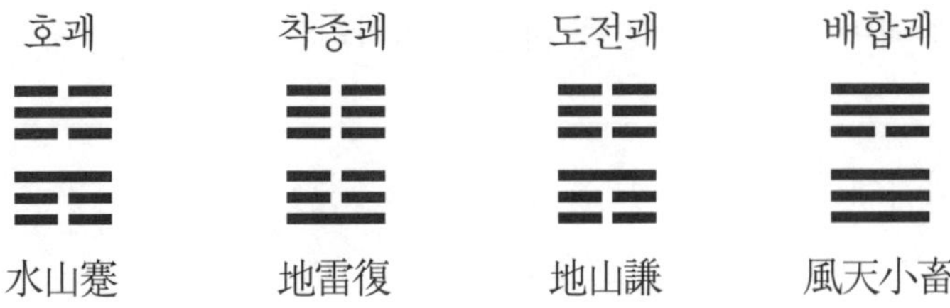

【전래해석】

■ 탈야(梲也) : 기쁨 속의 허탈

천둥소리가 땅 위에 울려 진동하는 상. 겨울철에 해동의 비가 오려고 뇌성이 울린다. 놀라지 말고 열심히 노력하라.

상하의 괘가 장남과 노모로 내정외동(內靜外動)의 상이니 예정대로 힘차게 밀고간다. 장남의 책임이 막중하다는 것을 항상 잊지 말고, 허명과 허리에 들뜨지 않으면 신망도 얻고 기쁨도 지속된다. 또 진상곤하(震上坤下)로 대지에 우뢰가 동하는 상이니 겨울에 해동의 비가 오려고 뇌성이 울린다. 놀라지 말고 열심히 노력하라.

예(豫)는 화락한 것이다. 인심이 화락하니 청룡득위(靑龍得位)하는 상이다. 이는 강태공이 길에서 용의 수염이 달린 범을 만났다. 청룡은 태공을 보고 절을 하며 스승으로 삼으니 그 후에 태공은 정위를 얻었다. 이 괘를 얻은 사람은 흉을 만나도 길로 변한다.

■ 예

옛날에 당삼장(唐三藏)이 명을 받들어 경(經)을 취하다 이 괘를 얻었다. 과연 오행산(五行山)에서 손자 항렬되는 사람을 만나 노상에서 요망스러운 것을 참하고 괴상한 것들을 제거하여 구해주었다. 이는 강태공이 청룡을 만난 괘와 다를 바가 없다고 하겠다. 이 괘를 얻은 사람은 계획하고 희망만 한다면 모든 일이 잘될 것이다.

■ 판단

청룡이 득위(得位)하니 좋은 일이 이 거듭 생길 것이고, 도모하고 소망하는 일은 성공하며, 구하는 재물도 얻을 수 있으리라. 혼인·출행은 장애가 없고, 시비구설도 안정되리라. 교역은 성공하고, 집 나간 행인은 곧 돌아올 것이다.

> ### 3) 뇌수해(雷水解) : 4+6, 진목궁(震木宮)
>
> 상괘 ☳ 雷木　　　하괘 ☵ 水水

【원전소개】

■ 괘상(卦象)

상괘는 진뇌(震雷)로 단비를 몰고 오는 우뢰의 기운을 나타내는 상이고, 하괘는 감수(坎水)로 고갈된 생물을 적셔주는 물의 기운을 나타내는 상이다. 우뢰가 치고 비가 내리니 말라가는 생물들이 생명을 얻었다.

■ 괘의(卦意) : 사과유죄(赦過宥罪)

채찍질할 허물과 죄를 너그럽게 용서하라. 어려운 상황들을 극복하여 만사가 순리적으로 나아갈 때가 되었을 때 지나간 잘못들을 찾아내 너무 지나치게 다루어 화합을 깨뜨리면 안된다는 뜻이다.

■ 괘사(卦辭)

해(解)는 이서남(利西南)하니 무소왕(无所往)이라. 기래복(其來復)이 길하니 유유왕(有攸往)이어든 숙(夙)하면 길하리라.

해(解)는 서남쪽이 이로우니 갈 바가 없다. 와서 화복함이 길하니 갈 바가 있거든 빨리하면 길할 것이다.

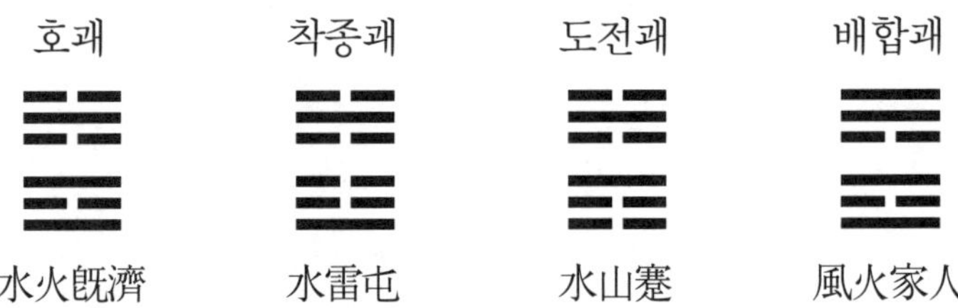

【전래해석】

■ 융야(融也) : 얼음이 녹음

천둥소리가 진동하니 비가 쏟아진다. 풀리다. 해결하다. 꽁꽁 얼었던 것이 풀리고 봄이 오며, 어려움을 극복하고 뜻한 바를 이룬다.

상하의 괘가 장남과 중남이니 경륜이 풍부한 장남이 앞에서 끌고 혈기가 왕성한 중남이 밀고 따르는 상이다. 그러나 양 대 양이 자리를 함께 했으니 내면에 불만이 잠재한다. 이것이 표면화되기 전에 매사를 속행하라. 또 진상감하(震上坎下)이니 하늘에는 천둥이 치고 땅에는 물이 흐른다. 그 물을 가두어 잘 이용하라.

해(解)는 곧 난(難)이 흩어지는 것이다. 곤란을 당해도 곧 해결되기 때문에 오관탈난(五關脫難)하는 상이다. 즉 황비(黃飛)와 호로(虎路)가 오관(五關)을 지나가다가 붙잡혔는데 다행히 호통치고 꾸짖어 서로 구함을 받고 바야흐로 관문을 나올 수 있었다. 이 괘를 점친 사람은 화가 있어도 화를 입지 않을 것이다.

■ 예

옛날에 진경(秦瓊)이 양령(楊令)의 휘하에 있을 때 일찍이 이 괘를 얻었다. 과연 양령(楊令)이 암암리에 진경(秦瓊)을 죽이려고 하는데 다행히 장자안(張子顏)이 주는 화살을 갖고 밤에 동관(潼關)을 나올 수 있었다. 이 괘가 오관탈난(五關脫難)의 괘이고, 천신만고 끝에 관문을 통과하는 것과 같으니 때가 오면 구해주는 사람이 있을 것이다. 그러나 임의로 하는 일은 서로 간섭하지 말라.

■ 판단

오관탈난(五關脫難)해야 운이 대두된다. 사람들에게 권하고 싶은 것은 부디 재물을 구하라는 것이다. 교역과 출행에는 사람의 도움을 받을 것이고, 질병과 구설도 걱정할 것 없다. 혼인은 크게 좋고, 집나간 행인은 일찍 돌아오며, 소망하는 일은 완전히 성공하고, 모든 일이 잘 되리라.

4) 뇌풍항(雷風恒) : 4+5, 진목궁(震木宮)

상괘 ☳ 雷·木   하괘 ☴ 風·木

【원전소개】

■ 괘상(卦象)

상괘는 진뇌(震雷)로 장남의 힘찬 기운을 나타내는 상이요, 하괘는 손풍(巽風)으로 장녀의 원숙한 기운을 나타내는 상이다.

장남의 믿음직한 책임감과 장녀의 넉넉한 사랑이 조화를 이루어 원만한 가정을 이루고, 목표를 세웠으면 변함없이 그 뜻을 이루라.

■ 괘의(卦意) : 입불이방(立不易方)

뜻을 세웠으면 쉽게 방향을 바꾸지 말라. 부부의 도는 한 번 맺은 마음 변함없이 끝까지 함께 하는 것이다.

■ 괘사(卦辭)

항(恒)은 형(亨)하야 무구(无咎)하니 이정(利貞)하니 이유유왕(利有攸往)하니라.

항(恒)은 형통해서 허물이 없으니 바르게 함이 이로우니 가는 바를 둠이 이롭다. 부부의 도는 남녀가 만나 새로운 인생을 함께 살아가는 도이다. 많은 풍파와 동요가 있어도 허물이 아니니 바르게 하며 나아감이 이롭다.

【전래해석】

■ 구야(久也) : 안정된 부부생활

천둥소리와 바람이 결합하는 상태. 오래 간다. 그대로 지킨다. 뇌풍(雷風)이 조화하도록 노력해라. 어떤 일이나 전과 같이 평범하게 지속하면 안정된 상태를 유지한다. 현재를 고수해라.

상하의 괘가 장남과 장녀이니 중년 부부의 원만한 생활의 안정된 모습이라. 변화가 없이 너무 오래도록 안정이 지속되니 도리어 권태를 느끼기 쉽다. 그대로 안정이 지속되도록 최선을 다하라. 또 진상손하(震上巽下)이니 천둥과 바람이 조용히 일어나고 있다.

항(恒)은 오랜 것이다. 그 도가 오래되었기 때문에 고기가 와서 그물에 부딪히는 상이다. 한 어부가 고기를 잡으려고 마음먹고 냇가에 가서 그물을 쳐놓고 갔더니 고기가 그물 속으로 들어갔다. 어부가 그물을 걷어보고 퍽 기뻐하였다. 이 괘를 얻은 사람은 모든 일이 잘될 것이다.

■ 예

옛날에 제갈량(諸葛亮)이 주유(周瑜)의 명을 받고 화살 3만 개를 만들어야 할 때 일찍이 이 괘를 얻었다. 과연 짙은 안개가 강을 덮고 있는 기회를 이용하여 위장된 빈 배 덕분에 공짜로 얻는데 완전 성공하였다. 이는 바로 어래당망(漁來當網)하는 괘와 같다 하겠다. 어부가 고기를 잡는데 재수가 좋아 고기가 와서 그물에 부딪히고 달아나지도 않는구나. 다른 사람은 밑천을 들여 수고해도 오지 않는데 단번에 이런 성공이 있을 줄 누가 생각이나 해보았겠느냐.

■ 판단

어래당망(漁來當網)하니 자연 즐겁다. 교역과 혼인은 모두 성취되고 집나간 행인을 위한 괘라면 가까운 날 돌아올 것이다. 재물을 구하면 힘들지 않을 것이며, 출행하면 잘되고, 병이 있어도 곧 치유되고, 비록 구설수가 있으나 자연 소멸되리라.

5) 지풍승(地風升) : 8+5, 진목궁(震木宮)

상괘 ☷ 地·土　　하괘 ☴ 風·木

【원전소개】

■ 괘상(卦象)

상괘는 곤지(坤地)로 만물을 길러내는 대지의 기운을 나타내는 상이요, 하괘는 손풍(巽風)으로 땅 위로 솟아오르는 새싹의 기운을 나타내는 상이다.

승(升)은 솟아오르는 기운을 말함이다. 승진한다, 올라간다는 뜻으로 상승하는 기운을 나타낸다.

■ 괘의(卦意) : 적소고대(積小高大)

작은 것을 쌓아서 높고 크게 이룬다. 땅 위로 솟아오르는 나무의 기운을 승이라 하니 군자는 이러한 순한 덕을 본받아 작게 시작했으나 크게 이룬다.

노자의 『도덕경』 제64장에 의하면, 함포지목(含抱之木)은 생어호목(生於毫木)하며 구층지대(九層之臺)는 기어누토(起於累土)하며 천리지행(千里之行)은 시어족하(始於足下)하라.

아름드리 큰 나무는 터럭만한 작은 싹에서 나오고 구층 높이의 대는 한줌의 흙을 쌓는 데서부터 시작되며 천리 먼 길의 여행은 맨 아래 있는 발부터 시작된다.

■ 괘사(卦辭)

승(升)은 원형(元亨)하니 용견대인(用見大人)호대 물휼(勿恤)코 남정(南征)하면 길하리라.

승(升)은 크게 형통하니 대인을 만나보되 근심하지 말고 남쪽으로 가면 길할 것이다.

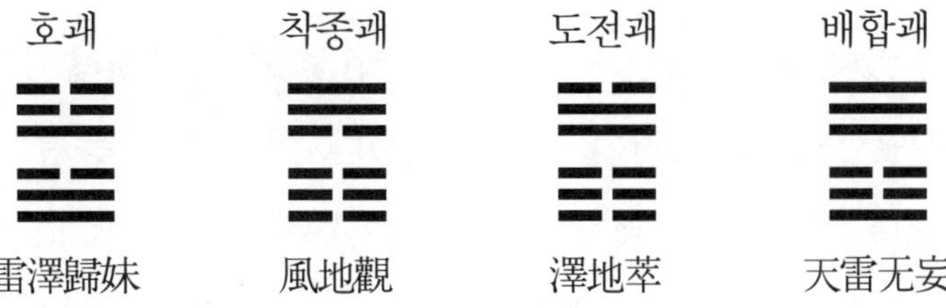

■ 발아(發也) : 점점 자라는 나무

땅 속에서 새싹이 움트는 상. 솟아오르다. 때를 얻고 실력을 키우니 후원자가 나타나는 상황. 작은 것이 크게 되는 상. 차근차근 자라나는 과정. 노출시키지 마라.

상하의 괘가 노모와 장녀이니 시운에 순응하여 원만하게 진출하는 상이다. 장애없이 착실하게 발전한다. 또 곤상손하(坤上巽下)이니 나무가 땅을 뚫고 순탄하게 자라는 상이다. 수종(樹種)도 좋으니 무난히 잘 자란다. 그것은 상하의 괘체가 모두 순(順)이니 서로 원만하게 협조한다. 아직은 자라는 과정이니 계획을 보이지 마라.

升(승)은 나아가고 오르는 것이다. 계단을 오르는 것 같기 때문에 태양을 지향하여 높이 올라가는 상이다. 이는 한 관리가 밤에 홍일(紅日)이 동쪽에서 올라가는 꿈을 꾼 뒤 깨자마자 성지(聖旨)가 내려 관직을 증가하고 3급까지 진급하였다. 이 괘를 얻은 사람도 마찬가지로 운수가 호전되어 발복생재하고 귀인의 도움을 받는다.

■ 예

옛날에 구준신이 현령(縣令)이 되어 조서를 받들고 상경할 때 이 괘를 얻었다. 과연 장안에 도착해 번양(藩楊) 양가(兩家)가 되고 이부천관(吏部天官)까지 올라가게 되었다. 이는 높이 승진하는 괘라 하겠다. 선비가 이 괘를 얻었다면 반드시 공명을 얻고, 상업에 마음을 두었다면 매매가 번창한다. 공장인이나 예술인이 이 괘를 만나면 교역이 좋고, 농부가 농사를 지으면 큰 수확을 거둘 것이다.

■ 판단

해를 지향하여 높이 올라감은 기상이 새로우니 집나간 행인은 소식이 있을 것이고, 공명과 출행은 마음대로 되어 좋고, 질병과 구설은 모두 없어질 것이다. 재물을 구하면 들어오고, 계획과 소망은 성공하며, 사람을 찾으면 만나고, 가정은 태평하리라.

> ### 6) 수풍정(水風井) : 6+5, 진목궁(震木宮)
> 상괘 ☵ 水·水　　하괘 ☴ 風·木

【원전소개】

■ 괘상(卦象)

상괘는 감수(坎水)로 우물의 물을 나타내는 상이요, 하괘는 손풍(巽風)으로 오행(五行)상 목(木)이니 두레박을 나타내는 상이다.

우물은 생명의 샘이다. 고을을 나갈 때도 목이 마르면 마셔야 하고, 나갔다 들어올 때도 목이 마르면 마셔야 하므로 항상 우물을 생명처럼 여기며 잘 관리해야 한다.

■ 괘의(卦意) : 노민권상(勞民勸相)

부지런히 일을 하여 안정된 삶을 살 수 있도록 서로 권장한다.

정(井)은 개읍(改邑)호대 불개정(不改井)이니 무상무득(无喪无得)하며 왕래(往來) 1 정정(井井)하나니 흘지역미(汔至亦未) 귤정(橘井)이니 이기병(羸其瓶)이면 흉하니라.

정은 고을을 고치되 우물은 고치지 못하니 잃는 것도 얻는 것도 없고, 가고 옴에 우물을 우물로 쓰니 두레박줄이 짧아 거의 미치지 못한다고 두레박을 엎으면 흉하게 된다.

【전래해석】

■ 정야(靜也) : 우물이 맑게 넘쳐흐름

우물 속에 두레박이 드리워진 상.

상하의 괘가 중남과 장녀이니 현숙한 내조로 힘차게 활동하는 상이다. 우물은 옮길 수 없듯이 내부수리는 가하나 근본적인 변경은 하지마라. 강행하면 우물만 잃는다. 또 감상손하(坎上巽下)이니 물 속의 나무이니 두레박의 상이다. 두레박이 상하지 않게 물을 많이 퍼올려 나누어주라. 인색하고 나태하면 우물이 썩어 폐정이 된다.

정(井)은 고요하고 통하는 것이다. 마른 우물 속에서 샘물이 솟아오르는 상이다. 한 우물이 오랫동안 말라붙어 물을 먹지 못하고 이

미 고갈된지 오래되었다. 그러나 뜻밖에 비가 자주 와서 샘물이 땅에서 용출되고 세류가 장류수가 되었다.

■ 예

옛날에 소노천(蘇老泉)이 27세 때 이 괘를 얻었다. 과연 발분독서(發憤讀書)하여 소망대로 명성을 떨쳤고, 또 소식과 소철 두 아들을 낳아 모두 과거에 합격했다. 이는 고정생천(枯井生泉)하는 괘와 같다. 말라붙은 우물이 깨져 폐한 지 이미 몇 해 되었는데 하루아침에 샘물이 나와 신선하도다. 생명을 돕고 갈증을 풀어 사람들은 참 잘되었다고 했으니 때가 오면 운수가 좋아져 기쁠 것이다.

■ 판단

고정생천(枯井生泉)하니 복록이 증가하고 성명과 의기가 크게 빛나리라. 이전에는 비록 비판이 심한 인력거 끌던 날도 있었지만 금후부터는 자연 발달하리라. 정신은 점점 새롭고, 복록이 날로 증가할 것이고, 출입도 모두 길하고, 모든 일이 형통하며 태평하리라.

7) 택풍태과(澤風大過) : 2+5, 진목궁(震木宮)

상괘 ☱ 澤·金   하괘 ☴ 風·木

【원전소개】

■ 괘상(卦象)

상괘는 태택(兌澤)으로 못의 기운을 나타내는 상이요, 하괘는 손풍(巽風)으로 바람의 기운을 나타내는 상이다.

잔잔한 연못에 바람이 불어 파문이 일어나는 기운을 나타내었다. 물결에 일어나는 파문은 인력으로 해결하기가 어려우니 조용히 기도하며 바람이 잠자기를 기다려야 할 것이다.

■ 괘의(卦意) : 독립불구(獨立不懼)

혼자 있어도 두려워하지 말라. 시절이 복잡하고 혼란스러워 피하여 혼자 있어도 군자는 두려워하지 않는다. 조용히 기도하라.

■ 괘사(卦辭)

대과(大過)는 동(棟)이 요(橈) ㅣ니 이유유왕(利有攸往)하야 형(亨)하니라.

대과는 기둥이 흔들리니 가는 바를 둠이 형통하다. 지금 있는 상태에서 큰 파문이 일어 흔들리니 새로운 터전을 찾는 것이 이롭다.

호괘	착종괘	도전괘	배합괘
乾爲天	風澤中孚	澤風大過	山雷頤

【전래해석】

■ 화야(禍也) : 짐이 너무 무거움

늙고 병든 말이 무거운 짐을 지고 태산준령을 넘는 것과 같은 상.

기초나 기둥이 약해서 휘어 있는 상. 모든 일이 지나치다. 한 걸음 물러서 짐을 가볍게 하는 방법을 강구할 것.

상하의 괘가 소녀와 장녀이니 음양의 부조화라 겉으로는 태연하게 웃음을 띠나 내심은 괴롭다. 불의의 횡포로 고심하나 건전한 태도로 해결하라. 내면의 많은 양을 외부의 음으로 지탱하기에 너무 힘들다. 즉 포장이 약하니 포용력이 부족하다. 또 태상손하(兌上巽下)이니 우물에 빠진 두레박이라 끌어올리기 힘들다.

대과(大過)는 화(禍)이다. 2음이 무게를 이기지 못하여 밤에 금은을 꿈꾸는 상이다. 이는 한 사람이 돈벌 생각을 했으나 전혀 벌지 못했다. 하루는 꿈에 막대한 금은을 아주 손쉽게 얻었으나 깨고보니 아무것도 없었다. 이 괘를 얻은 사람은 허무하게 될 것이다.

■ 예

옛날에 조조(曹操)가 꾀를 내 서서(徐庶)를 얻을 때 이 괘도 얻었다. 과연 서서(徐庶)는 병영에 나가기는 하나 종일 한 가지 계책도 세우지 못했다. 꿈에서 본 금은과 같다. 현재로서는 본분을 지키는 것이 마땅하고 헛된 생각은 마침내 공연히 정신만 쓰게 마련이다.

■ 판단

꿈에서 본 금은은 깨어보니 허사다. 혼인은 성사되기 어렵고, 교역은 손재만 보며, 집나간 행인은 흔적도 찾지 못할 것이다. 월령(月令)이 불화하니 일을 할래야 되지 않는다. 모든 일을 인내해야 한다. 그만두고 가서 공부나 더 하게 하여라.

8) 택뢰수(澤雷隨) : 2+4, 진목궁(震木宮)

상괘 ☱ 澤·金   하괘 ☳ 雷·木

【원전소개】

■ 괘상(卦象)

상괘는 태택(兌澤)으로 연못의 기운을 나타내는 상이요, 하괘는 진뇌(震雷)로 움직여 퍼지는 진동의 상을 나타내었다.

아래서부터 확산되는 신선한 기운은 모두가 따라야 한다. 이웃사랑운동이나 새마을운동처럼 새로운 사회를 이룩하는 초석이 된다.

■ 괘의(卦意) : 향회연식(嚮晦宴息)

태양이 뜰 때부터 열심히 일하고 어두워지면 편안하게 쉬어라. 근면 성실한 사람들에게 해가 저물면 안식의 시간이 된다. 내일을 위하여 노고를 풀고 하루를 즐겁게 마무리할 시간이다.

■ 괘사(卦辭)

수(隨)는 원형(元亨)하니 이정(利貞)이라 무구(无咎) 1 리라.

수(隨)는 크게 형통하니 바르게 해야 한다. 허물이 없을 것이다. 태양이 뜰 때부터 태양이 질 때 시간을 따라 순하게 열심히 바르게 하면 큰 덕이 쌓여 천하만사가 따라오니 크게 형통하며 허물이 되지 않는다.

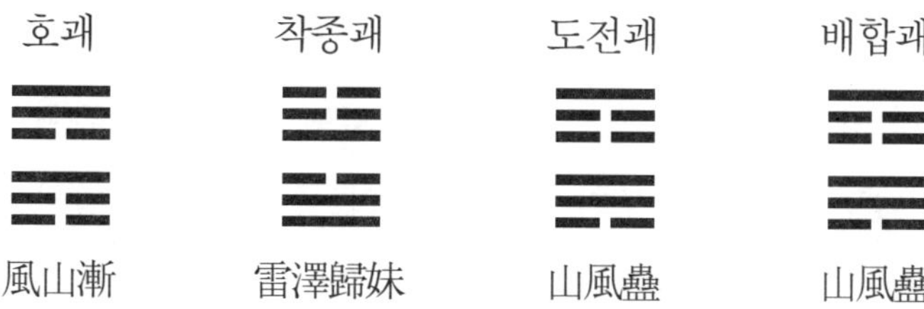

【전래해석】

■ 순야(順也) : 선택이 중요함

 강한 것이 유한 것을 기꺼이 따르는 상. 자의에 의해 따르며 자칫 우유부단 감언이설에 따른다.

 상하의 괘가 소녀와 장남이니 내동외열지상(乃動外悅之象)이라. 장성한 남자가 마음이 동하여 소녀를 따라가고, 소녀는 인기에 도취되어 기쁨이 충만함이라. 태상진하(兌上震下)이니 호수의 물결이 내부에서부터 소용돌이치는 상. 적절하게 수시로 응변해야 한다.

 수(隨)는 순한 것이다. 몸은 능히 물건을 따르고 물건은 능히 몸을 따르기 때문에 언덕에 의지하여 수레를 미는 상이다. 이는 한 사람이 수레를 미는데 진흙에 빠져 애를 쓰다가 홀연 언덕에 당도하여 마른 길로 접어들자 점점 수월해졌다. 이 괘를 얻은 사람은 일보 일보 높이 올라갈 것이다.

■ 예

 옛날에 원문진(袁文進)이 낮에는 밥을 얻어 먹고 밤에는 사당에서 자는 신세였는데 이 괘를 얻었다. 과연 몽중에 천서(天書)를 얻은 후 호국군사가 되었다. 이는 추차고애(推車靠捱)하는 괘와 같다. 진흙에서 제자리 걸음한 지 얼마나 되었던고. 수레를 밀어 언덕에 의지할 날도 목전에 있도다. 현재 추진하는 일은 다시 힘써야 한다. 언덕에서 빼내 올려놔야 천자계신 곳을 발견할 것이다.

■ 판단

추차고애(推車靠捱)하는데 도로가 건조하니 도모하고 소망하는 재물은 어렵지 않고, 혼인과 출행도 장애가 없으며 질병과 구설도 안정 되리라. 고생 끝에 영화가 생긴다. 기쁘기 한량 없으리라. 하는 일은 모두 크게 형태를 벗어나지 않을 것이다.

5. 손궁(巽宮) : ☴, 목(木), 장녀(長女), 음괘(陰卦)

1) 손위풍(巽爲風) : 5+5, 상괘 ☴, 하괘 ☴

2) 풍천소축(風天小畜) : 5+1, 상괘 ☴, 하괘 ☰

3) 풍화가인(風火家人) : 5+3, 상괘 ☴, 하괘 ☲

4) 풍뢰익(風雷益) : 5+4, 상괘 ☴, 하괘 ☳

5) 천뢰무망(天雷無妄) : 1+4, 상괘 ☰, 하괘 ☳

6) 화뢰서합(火雷噬嗑) : 3+4, 상괘 ☲, 하괘 ☳

7) 산뢰이(山雷頤) : 7+4, 상괘 ☶, 하괘 ☳

8) 산풍고(山風蠱) : 7+5, 상괘 ☶, 하괘 ☴

【원전소개】

■ 괘상(卦象)

상괘는 손풍(巽風)으로 바람의 기운을 나타내는 상이요, 하괘도 손풍(巽風)으로 바람의 기운을 나타내는 상이다.

바람은 언제나 아래로 불어 틈새로 들어가니 겸손을 상징하기도 한다. 위에서도 바람이 불고 아래에서도 바람이 부니 아무리 약한 바람이라도 계속 불면 만물을 움직인다.

■ 괘의(卦意) : 신명행사(申命行事)

겸손한 자세로 명을 펴서 행하라.

■ 괘사(卦辭)

손(巽)은 소형(小亨)하니 이유유왕(利有攸往)하며 이견대인(利見大人)하니라.

손(巽)은 조금 형통하니 가는 바를 두면 이롭고, 대인을 만나봄이 이로우니라. 어떤 일이든 목적을 정해놓고 실행을 하더라도 성실하고 겸손하게 그리고 과욕을 부리지 말라. 항상 지혜를 얻을 수 있는 대인을 만나는 것이 이롭다고 하겠다.

【전래해석】

■ 입야(入也) : 따뜻한 동남풍

산들바람이 불어오니 초목이 춤을 추는 상. 바람은 부드럽고 순종하며 사양하는 성질이 있다. 때로는 주관이 약하고 이리저리 흔들리는 상태도 있다. 마음은 더없이 좋은데 독립심이 부족하고 자신감을 잃기 쉽다.

상하의 괘가 장녀끼리 모였으니 경험이 풍부하고 세련된 여인의 상이다. 모든 일을 매우 잘 알기 때문에 조금도 불만없이 겸손한 태도로 훌륭한 지도자에게 순종한다. 그러나 우유부단하다는 비난이 두렵다. 또 손상손하(巽上巽下)이니 바람이 심하여 나무가 꺾일 염려가 있으니 꺾이지 부드럽게 처신하라.

손(巽)은 순한 것이다. 유순하게 들어가기 때문에 외로운 배가 물을 얻는 상이다. 이는 한 척의 외로운 배가 모래 열목에 떨어져 있어 오랫동안 꼼짝 못하다가 홀연 비가 퍼부어 하천이 넘치자 그 배는 또 돛대질하여 건널 수 있었다. 이 괘를 얻은 사람은 극단에 이르러서야 복이 생길 징조이다.

■ 예

옛날에 유수(劉秀)가 남양으로 달아나다가 이 괘를 얻었다. 과연
호랑이에 걸터타고 산에 오르고 오작(烏鵲)은 길을 인도해줌으로
마무요기(馬武姚期)를 통과할 수 있어 한의 세엽을 중흥시켰다. 즉
고주득수(孤舟得水)하는 괘이다. 일엽의 외로운 배가 모래 열목에
떨어져 있는데 쑥은 무성하고 물은 없어 진퇴양난 이었다. 때마침
큰 비를 만나 강물이 넘쳐흐르니 힘을 하나도 들이지 않고 마음대
로 왔다갔다 하도다.

■ 판단

외로운 배가 물을 얻어 모래 열목을 떠났으니 출타한 행인은 일
찍 집에 들어오고, 시비구설은 모두 지장이 없고, 혼인은 충이 많으
나 다시는 어긋나지 않을 것이다. 공명은 칭찬이 놀랍고, 재물을 구
하면 이로움을 보고, 교역도 성공할 수 있고, 질병은 쾌유하리라.

2) 풍천소축(風天小畜) : 5+1, 손목궁(巽木宮)

상괘 ☴ 風·木   하괘 ☰ 天·金

【원전소개】

■ 괘상(卦象)

상괘는 손풍(巽風)으로 바람의 기운을 나타내는 상이요, 하괘는
건천(乾天)으로 맑은 하늘의 기운을 나타내는 상이다.

맑은 하늘 위에서부터 바람이 불어오니 만물이 바람따라 움직이는 상이다.

■ 괘의(卦意) : 의문축덕(懿文畜德)

덕을 길러 문명을 아름답게 하라. 건전한 문화와 문명을 아름답게 기른다는 것은 아름다운 심덕을 유지하여 범죄와 부패 그리고 퇴폐적인 기운을 근절시키는 것이다.

■ 괘사(卦辭)

소축(小畜)은 형(亨)하니 밀운불우(密雲不雨)는 자아서교(自我西郊)일새니라.

소축(小畜)은 형통하니 구름이 짙으나 비가 오지 않음은 내가 서쪽 들에 있기 때문이다. 『밀운불우(密雲不雨) 자아서교(自我西郊)는 은나라 주왕의 폭정에 백성들은 문왕(文王)의 선정을 원했지만 문왕(文王)이 유리지방에 갇혀 있어 백성을 위한 정치를 하지 못하는 안타까움을 나타낸 문왕(文王) 자신의 표현으로 볼 수도 있다.』

【전래해석】

■ 감야(堪也) : 이약제강(以弱制强)

조금 저축한다. 머물게 하고 기다리는 뜻. 보배가 진흙에 묻혀 빛을 발하지 못함. 작은 것을 쌓아 크게 이룰 수 있다.

상하의 괘가 장녀와 노부로 내괘(內卦) 양의 진출을 외괘(外卦) 음이 막는 형상으로 일의 진행에 약간의 장애가 있다. 중양(重陽)의 의사를 4효의 독음(獨陰)이 반대한다. 될듯 될듯하면서 지연되니 안타깝다. 또 손상건하(巽上乾下)이니 공중에 잠재하고 있는 바람이라. 무형으로 눈에 보이지 않는 것이니 정신적인 고민이 많다. 남자의 방종을 여인이 억제한다.

소축(小畜)은 음 때문에 막힌 것이다. 기(氣)만 있고 질(質)이 없으니 구름만 잔뜩 끼고 비는 오지 않는 상이다. 가뭄이 몹시 심하여 밭작물이 모두 시들자 사람들은 구름만 쳐다보고 비가 올 것으로 예측했는데 구름만 잔뜩 끼고 비는 오지 않을 것을 누가 짐작했겠느냐. 이 괘를 얻은 사람은 잠시만 인내하라는 징조이다.

■ 예

옛날에 양계업(楊繼業)이 용무로 효아곡(効牙谷)에 있을 때 이 괘를 얻었다. 그때 양칠랑(楊七郞)을 보내 구원을 요청했으나 심인미(潘仁美)는 꼼짝도 않고 들어주지 않았다. 이는 밀운불우(密雲不雨)하는 괘이다. 어린싹이 가뭄을 만나 모두 타고 줄기만 남았다. 누가 구름만 잔뜩 끼고 비는 오지 않을 줄 짐작했겠느냐. 농부들은 하늘을 쳐다보고 한숨만 쉬는구나. 비는 올 때가 되어야 오지 마음이 간절하다고 되는 일이 아니다.

■ 판단

짙은 구름만 끼고 비가 오기는 어렵다. 혹여 기다리는 행인이 있으면 돌아오지 못할 것이다. 교역과 출행은 공연히 힘만 허비하고, 혼인 재물도 마음대로 되지 않는다. 때가 편안하지 않으니 잠시 조용히 지내라. 질병과 구설은 절기가 바뀌면 평안하게 되리라.

> ### 3) 풍화가인(風火家人) : 5+3, 손목궁(巽木宮)
>
> 상괘 ☴ 風·木　　하괘 ☲ 火·火

【원전소개】

■ 괘상(卦象)

상괘는 손풍(巽風)으로 바람이 위에서 아래로 불어 들어가는 겸손의 상이요, 하괘는 이화(離火)로 밝고 화려한 기운을 나타내는 상이다.

상괘의 풍목(風木)의 기운은 겸손할 줄 아는 원숙한 장녀이고, 하괘의 이화(離火)의 기운은 아름다운 중녀로 살림할 수 있는 원숙한 여인들로 이루어진 가정 괘이다. 가정은 가족으로 이루어진 사회요, 국가의 근본적인 구성원이다.

■ **괘의(卦意) : 언행유항(言行有恒)**

말과 행동이 일치하여 변덕없이 항구해야 한다.

■ **괘사(卦辭)**

가인(家人)은 이여정(利女貞)하니라.

가인은 여자가 바르게 함이 이롭다. 바르게 한다는 것은 남녀가 다른 것이 아니다. 가정에서는 남자든 여자든 자기 역할을 충실히 하면서 모두가 같이 바르게 해야 한다. 그래서 상괘를 외괘(外卦)로 밖에서 활동하는 남자로 풀이해도 상관없다.

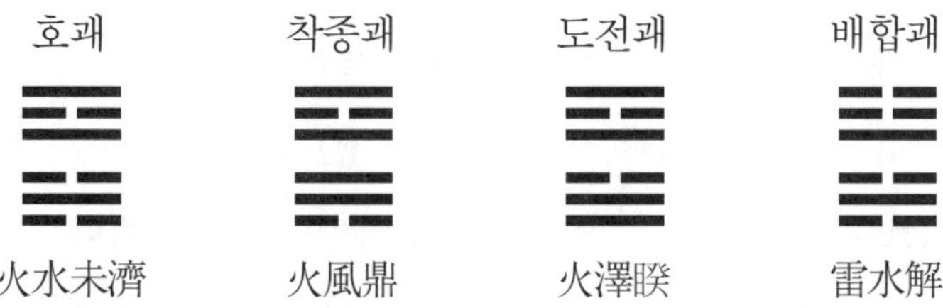

【전래해석】

■ **동야(同也) : 화목한 가정**

아궁이에 불을 지펴 훈훈한 바람이 일어나는 상. 가족이 합심하여 단란한 가정을 이루고, 내면적인 충실과 재충전의 시기. 내부의 안정이나 본격적인 활동의 시기는 아니다.

상하의 괘가 장녀와 중녀이니 내부에 중녀가 외부의 장녀에게 순종하는 상이다. 2효와 5효에 음양이 자기의 위치를 잘 지키고 있으니 약간의 마찰이 있어도 각자가 분수를 지켜 제자리로 돌아온다. 또 손상이하(巽上離下)이니 내부에서 내연이 발생하는데 밖에서 바람이 일고 있으니 확장하지 말고 내부를 안정시켜라.

가인(家人)은 한집안 사람과 같다. 내외가 각각 그 진실이 있었기 때문에 거울 속에서 꽃구경하는 상이다. 이는 거울을 보면서 머리를 빗다가 고운 꽃이 있는 것을 보고 꺾으려고 했으나 현실이 아니었다. 이 괘를 얻은 사람은 모양이 헛되게 꽃구경을 한 것과 같을 징조이다.

■ 예

조조(曹操)가 서서(徐庶)를 얻고 나서 득의만만 할 때 이 괘를 얻었다. 서서(徐庶)는 영(營)에 나가기는 했으나 평생 한 가지 계책도 세워보지를 못하였다. 경리관하(鏡裡觀花)하는 상이다. 한 떨기 고운 꽃이 거울 속에 피었네. 볼수록 좋기는 하나 꺾어 가질 수 없도다. 그대에게 권하노니 거울 속의 꽃과 연애하지 말라. 만약 이 괘를 만났다면 괴상한 일이 생길 것이다.

■ 판단

거울 속의 꽃구경은 진실로 인정 못하겠으니 도모하고 소망하는 재물은 마음대로 되지 않을 것이다. 교역은 늦게 성사되고 혼인은 결합되며, 집나간 행인은 소식이 두절되리라. 출행은 만나보지도 못하겠고, 질병은 치유되지 않으며, 명예를 구하나 표준이 없고 마땅치 않으리라.

【원전소개】

■ 괘상(卦象)

상괘는 손풍(巽風)으로 하늘에서 불어오는 바람의 기운을 나타내는 상이요, 하괘는 진뇌(震雷)로 비를 몰고 오는 우뢰가 진동하는 기운을 나타내는 상이다.

바람이 불고 우뢰가 진동하여 비가 내리면 만물이 풍성하게 자라 인간을 유익하게 하는 것이다.

■ 괘의(卦意) : 개과천선(改過遷善)

인간을 유익하게 하는 규칙이나 법, 제도도 시간이 지나면서 상황이 달라진다. 따라서 새롭게 고쳐 가며 평온한 삶을 유지하는데 최선을 다해야 한다.

■ 괘사(卦辭)

익(益)은 이유유왕(利有攸往)하며 이섭대천(利涉大川)하니라.

익(益)은 가는 바를 둠이 이로우며 큰 내를 건넘이 이롭다. 허물이 있으면 고치고, 착함을 보면 옮겨서 크게 이뤄나가야 할 것이다. 이는 군자라면 만인을 위하여 나아갈 바이기도 하다.

호괘	착종괘	도전괘	배합괘
山地剝	雷風恒	山澤損	雷風恒

【전래해석】

■ 손야(損也) : 상박하후(上薄下厚)이니 백성을 살찌움

위를 덜어 아래에 보태주는 상. 지금까지 공덕의 결실, 작은 노력이 소득을 가져다 줌. 바람이 천둥소리를 잠재운다.

상하의 괘가 장녀와 장남이니 경험과 의지가 충만한 남녀가 적극 협조하여 활동하는 상이다. 외유내강의 자세로 일하고, 하부의 이익을 위하여 노력하라. 또 손상진하(巽上震下)이니 내외의 괘가 공히 목(木)이고, 2·3·4효의 내면이 음으로 되어 있으니 나무의 속을 파놓은 상이다. 진(震)은 동(動)이요. 손(巽)은 바람이니 배가 순풍에 잘 움직여 나간다.

익(益)은 증가하는 것이다. 익(益)은 있고 손(損)은 없기 때문에 고목개화(枯木開化)하는 상이다. 이는 마르고 썩은 나무가 오래 싹이 트지 않아 소인들이 한 번 보고 항상 베어 버리려고 하던 차 다행히 하늘의 뜻이 있어 우로가 윤택하여 꽃을 피게 하였다. 이 괘를 얻은 사람은 고생 끝에 영화가 있을 것이다.

■ 예

 옛날에 주매신(朱買臣)이 땔나무 하며 세월을 보내면서 오랫동안 때를 얻지 못할 때 일찍이 이 괘를 얻었다. 나이 오십이 되어서야 관직을 얻게 되었다. 이는 고목에 꽃이 피는 상이다. 때가 되면 운수가 돌아와 길한 기운이 도니 메마른 고목에 꽃이 피도다. 가지와 잎이 거듭나서 매우 무성하니 몇 사람은 보고 몇 사람은 자랑까지 하도다.

■ 판단

 고목이 개화하니 점점 영화를 볼 것이고 사업은 더 호황하리라. 혼인이나 재물을 구하는 일은 길경이 많고, 구설과 질병은 무사태평하리라. 교역은 성공하고, 관사는 유리하며, 잃어버린 물건은 찾을 수 있고, 출문하면 기쁨이 생길 것이다.

> 5) 천뢰무망(天雷无妄) : 1+4, 손목궁(巽木宮)
>
> 상괘 ☰ 天·金   하괘 ☳ 雷·木

【원전소개】

■ 괘상(卦象)

 상괘는 건천(乾天)으로 변함없는 하늘의 기운을 나타내는 상이요, 하괘는 진뢰(震雷)로 역동적인 기운을 나타내는 상이다. 하늘 아래 우뢰는 본성을 깨우치는 소리이니 망령되게 하지 마라.

■ 괘의(卦意) : 대시육물(對時育物)

천도의 변화에 맞게 만물을 기르라. 봄에는 봄 기운에 맞는 만물을, 여름에는 여름 기운에 맞는 만물을, 가을에는 가을 기운에 맞는 만물을, 겨울에는 겨울 기운에 맞는 만물을 길러야 망령됨이 없다.

■ 괘사(卦辭)

무망(无妄)은 원형(元亨)하고 이정(利貞)하니 기비정(其匪正)이면 유생(有眚)하릴새 불리유유왕(不利有攸往)하니라.

무망(无妄)은 크게 형통하고 바르게 함이 이로우니 바르지 않으면 재앙이 있으니 가는 바를 둠이 이롭지 않다. 하늘의 변화에 맞지 않다는 것은 바르지 않다는 것이다. 바르지 않다면 우환이 따르기 십상이기 때문이다.

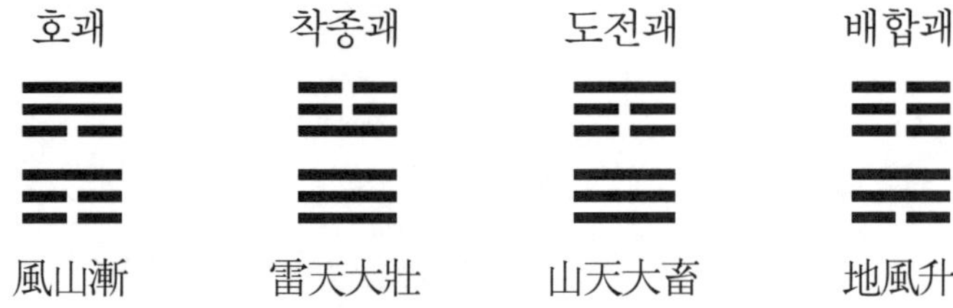

【전래해석】

■ 천재야(天災也) : 현실에 성실함

메마른 초목이 단비를 기다리지만 좀처럼 오지 않는다. 될듯하면서도 풀리지 않는다. 서두르지 말고 때를 기다리면 구할 수 있다.

상하의 괘가 노부와 장남이니 안으로는 건실한 힘을 축적하여 두고, 외부로 서서히 활동을 펼친다. 내부가 순양(純陽)이니 기반이 단단하다. 안정된 바탕에서 진행되니 계속 발전하여 성공한다. 또 건상진하(乾上震下)이니 산이 우뚝 솟아 있는 형상이다. 위용이 당당하니 오랫동안 내면을 충실히 다져둔 무형의 자산이다.

무망(无妄)은 재앙을 말하는 것이다. 기다리고 바라지도 않았는데 스스로 이르기 때문에 새가 새장에 굳게 갇히는 상이다. 이는 한 마리의 꾀꼬리가 날아와 먹이를 찾다가 사람이 설치해 놓은 채롱에 빠질 줄 몰랐다. 비록 잘 먹었으나 날아갈 수 없었다.

■ 예

옛날에 문왕(文王)이 은나라의 서백(西伯)으로 있으면서 조정에서 폭군 주왕을 섬길 때 이 괘를 얻었다. 과연 은나라 주왕이 이렇다 할 사건이 없었는데도 죄를 씌어 감옥에 가뒀다. 즉 새가 새장에 굳게 갇히게 된 괘이다. 나는 새가 잘못하여 채롱에 떨어져 떨치고 날려고 하나 날 수가 없었다. 지금은 본분을 지키는 것이 좋고, 높은 자리에 끼어보려는 망상은 만부당하도다.

■ 판단

새가 새장에 굳게 갇혔으니 날기 어렵다. 이 괘를 얻은 사람은 자유롭지 못할 것이다. 소망하는 재물을 구하는 일은 목표를 정하기 어렵고, 질병과 구설과 근심거리가 될 것이다. 문 밖에 나가면 불우해지고, 충이 많으나 이롭지 못하며, 혼인과 질병은 모두 마땅치 않으리라.

6) 화뢰서합(火雷噬嗑) : 3+4, 손목궁(巽木宮)

상괘 ☲ 火火　　　하괘 ☳ 雷木

【원전소개】

■ 괘상(卦象)

상괘는 이화(離火)로 모든 만물이 명백하게 드러나는 밝은 기운을 나타내는 상이요, 하괘는 진뢰(震雷)로 모두가 들을 수 있는 우뢰의 거성을 나타내는 상이다.

모든 것이 투명하게 밝혀져 속일 수 없는 상태에서 잘못의 엄한 꾸짖음을 우뢰와 같이 하여 공명정대하게 질서를 바로 잡아라.

■ 괘의(卦意) : 명벌칙법(明罰勅法)

죄의 체벌은 법을 세워서 밝게 다스린다. 죄는 어두운 곳에서 생겨 스스로 법을 지킬 수 있도록 형벌의 기본원칙을 세워 모두 수긍하며 따라올 수 있도록 공명정대하게 체벌하는 것이 사회를 밝게 유지하는 것이다.

■ 괘사(卦辭)

서합(噬嗑)은 형(亨)하니 이용옥(利用獄)하니라.

서합(噬嗑)은 형통하니 옥을 씀이 이롭다. 때로는 자신의 죄를 애써 감추고 외면하여 세상을 어지럽게 하는 정황에서는 범죄의 경중을 따져 자신을 뉘우칠 수 있도록 형옥으로 단죄해야 이롭다.

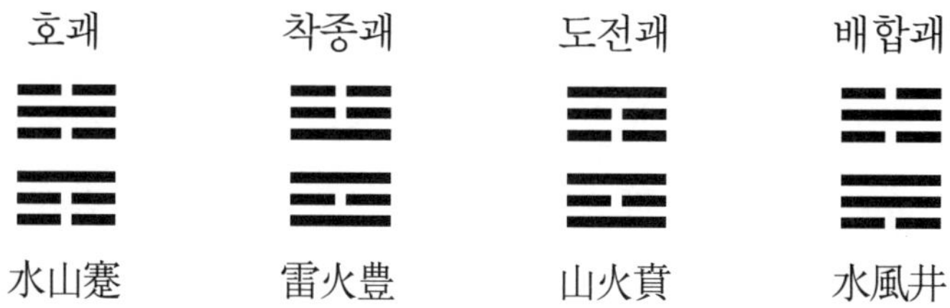

【전래해석】

■ 식야(食也) : 입 안의 물건

 음식을 입 안에 넣고 씹는 상. 딱딱한 것을 입 안에 넣고 물씬하게 씹는 상. 적당주의는 통하지 않으니 철저하게 일을 처리해야 하는 상이다.

 상하의 괘가 중녀와 장남이니 장남의 활동력을 바탕으로 하고, 외부로는 중녀의 지성을 갖춘 상이니 다소의 장애물이 있어도 적극 진행하면 결국에는 돌파하여 성공한다. 또 이상진하(離上震下)이니 내부에는 진출력이 충만하고, 외부에는 태양이 밝게 비추는 상이다. 꾸준하면서도 강력하게 추진하라.

 서(噬)는 씹는 것이고 합(嗑)은 합하는 것이다. 씹어 입을 합하기 때문에 굶주린 사람이 음식을 만난 상이다. 사흘 굶은 사람이 배가 고파 문 밖 출입도 못하다가 우연히 부자가 가져다 준 밥을 배부르게 먹고 일어나 점점 흥왕하였다. 이 괘를 얻은 사람은 공교롭게 잘 되어 갈 징조이다.

■ 예

 옛날에 자화(子華)가 아들로 하여금 그 어미한테 물건을 보내는

데 일찍이 이 괘를 얻었다. 과연 염자(冉子)는 그 어미를 위하여 조를 청구하였고 자신은 조 30석을 증여하였다. 이는 기인과식(飢人過食)하는 괘라 하겠다. 운수가 나쁜 것은 마치 굶주림과 같은데 다행히 보내주는 밥을 먹고 과식했도다. 입맛이 당겨 배부르게 먹어 기쁘니 근심 걱정도 점점 소멸될 것이다.

■ 판단

굶주린 사람이 과식하니 기쁨이 거듭되도다. 모든 일이 마음먹은 대로 되니 질병과 구설도 소산되고 크게 발재하리라. 관사는 유리하고, 집을 나가면 기쁨이 생기며, 혼인은 성사되고, 모든 일이 뜻대로 되리라.

---

7) 산뢰이(山雷頤) : 7+4, 손목궁(巽木宮)

상괘 ☶ 山·土   하괘 ☳ 雷·木

【원전소개】

■ 괘상(卦象)

상괘는 간산(艮山)으로 멈추어 그치는 기운의 상이요, 하괘는 진뇌(震雷)로 끊임없이 움직여 나아가는 기운의 상이다.

입은 말과 음식을 끊임없이 씹고 삼켜 그치게 한다. 모든 화와 복을 주관하는 말도 입에서 나오고, 건강을 좌우하는 음식도 입에서 그친다.

■ 괘의(卦意) : 신언절식(愼言節食)

만물을 기르고 살아가는 데는 언행을 삼가며 음식을 조절하고, 성
인의 행을 받들며 따르는 수양을 해야 한다.

■ 괘사(卦辭)

이(頤)는 정(貞)하면 길하니 관이(觀頤)하며 자구구실(自求口實)
이니라.

이는 바르게 하면 길하니 뜻의 깊음을 자세히 살펴 스스로를 위
하여 입을 참되게 하라. 입은 화복을 부르는 문이니 중요함은 이루
말로 설명할 수 없다.

【전래해석】

■ 양아(養也) : 속이 허함, 말조심

위턱 아래턱이 맞물려 음식을 씹으니 무엇인가를 기르는 것이 생
긴 것. 산 아래 천둥의 기운이 도사리고 있는 상. 말을 조심하지 않
으면 재난을 입게 되는 상이다.

상하의 괘가 소남과 장남이니 외부의 소남에 내부의 장남이 반발
하는 상이다. 내동외지(內動外止)의 괘니 내부의 동요를 억제해야

양물(養物)이 된다. 외면은 양이니 단단하나 내면은 음이니 허하여 틈이 벌어져 있다. 또 입을 벌려 이빨이 들어난 모양이니 언어를 조심하라. 간상진하(艮上震下)이니 산에서 지진이 일어날 징조이다. 폭발하면 산이 무너진다.

이(頤)는 먹는 것이다. 입은 음식을 먹어 스스로 기르기 때문에 위수(渭水)에서 현인을 찾는 상이다. 이는 강태공이 불우할 때 위수(渭水)가에서 낚시를 하는데 문왕(文王)이 친히 와서 승차하기를 청하여 같이 돌아갈 뿐 아니라 상부까지 삼았다. 이 괘를 얻은 사람은 부극태래(否極泰來)할 징조이다.

■ 예

옛날에 제갈무후(諸葛武候)가 와룡강에 은거하면서 경전을 배우다 이 괘를 얻었다. 과연 도원결의한 삼형제(유비, 관우, 장비)가 초려로 찾아와 같이 가기를 청하고 군사로 삼았으니 흥유멸조(興劉滅曹)하는 상이다. 태공이 혼자 위수(渭水)에서 낚시를 했는데 낚싯대를 잡으면 근심 걱정이 많았지만 때가 오고 또 문왕(文王)의 심방을 받았으니 지금부터는 영구히 고생하지 않아도 될 것이다.

■ 판단

문왕(文王)의 현인 강태공이 위수 물가에 있었으니 재물이나 소망하는 일은 마음대로 되고, 교역과 출행도 모두 여의하며, 질병과 구설도 떠나갈 것이다. 이 괘를 얻은 사람은 운수가 좋을 것이다.

【원전소개】

■ 괘상(卦象)

상괘가 간산(艮山)으로 그쳐서 멈추는 기운의 상이요, 하괘는 손풍(巽風)으로 불어 들어가는 바람의 기운을 나타내는 상이다.

산 아래에 바람이 불어와 그치니 맴돌아 나갈 일만 남았다.

■ 괘의(卦意) : 진민육덕(振民育德)

덕을 길러 백성을 구휼하라. 바람이 멈춰 그치니 새로운 바람이 불어오지 않으면 순환이 되지 않아 모든 것이 부패되어 백성이 살아가기 어렵게 되니 남은 일이 나에게까지 왔다면 내 일처럼 마무리하면서 덕을 길러야 할 것이다.

■ 괘사(卦辭)

고(蠱)는 원형(元亨)하니 이섭대천(利涉大川)이니 선갑삼일(先甲三日)하며 후갑삼일(後甲三日)이니라.

고(蠱)는 크게 형통하니 큰 내를 건넘이 이로우니 갑에서 먼저 삼일을 하며 갑에서 뒤로 삼일을 한다.

甲 : 책력의 천간을 기준할 때 시작이 되는 천간이 된다.

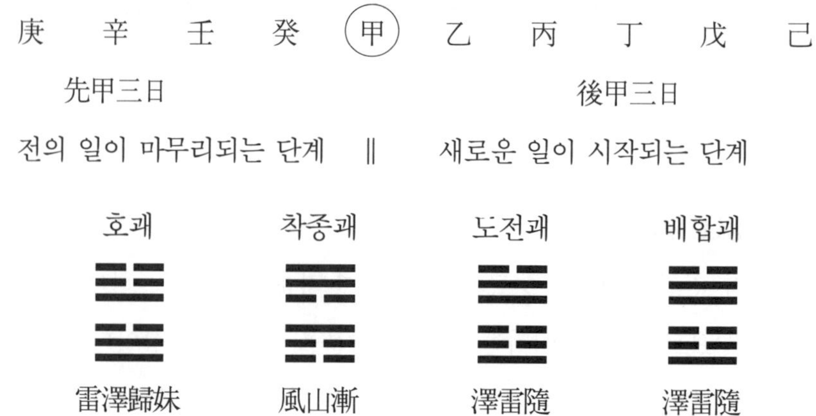

【전래해석】

■ 사야(事也) : 수술 후 안정됨

심신이 지쳐 있고 어려운 환경에 처해 있는 상. 사업부진과 재산 상의 손실로 불안하며 위험. 믿거나 가까운 사람에게 배신당함.

상하의 괘가 소남과 장녀이니 외부는 소남이 안일하고 내부는 장녀가 바람든 상이다. 감독과 관리가 소홀하여 부패했으니 과감한 용단으로 수술하여 재정비 해야겠는데 상처가 너무 커 엄두를 못내고 망설인다. 중년 여인이 소년을 동경하다가 속이 곪았다. 또 간상손하(艮上巽下)이니 손목(巽木)이 간토(艮土)를 극하는 상이라 소화불량이다.

고(蠱)는 무너뜨리는 것이다. 극단에 이르면 일이 있기 때문에 추마차도하는 상이다. 이는 산길을 닦는 사람이 성급하고 심란하여 줄은 반대로 쳐놓고 무리하게 무너뜨리거나 떠밀어 굴리는 것은 당연하지 않은 것이다. 이 괘를 얻은 사람은 반교농졸(反巧弄拙)할 징조이다.

■ 예

옛날에 노평공(魯平公)이 장차 출타하여 맹자를 만나려고 하는데 낙정자(樂正子)가 이 괘를 얻었다. 과연 총애하는 장창(藏倉)이란 여인이 가지 못하게 막아 노평공은 오지 못하였다. 이는 추마차도 하는 상과 같다. 괘 중에 효상(爻象)이 무리하게 다듬은 것과 같으니 당연한 것은 복이 되고 그렇지 않으면 화가 된다. 마음에 유익한 점이 있거든 잠깐만 더디게 하여라. 모든 일은 바쁠 때 착오가 생기는 법이다.

■ 판단

질병과 구설은 걱정 근심거리이고, 혼인은 후에 마음이 변하며, 소망하는 일은 착실하지 못할 것이다. 재물을 구하는 일은 어렵고, 집나간 사람은 돌아오기 어려우며, 출행도 좋을 것이 없다. 아무것도 하지 않는 것이 좋다.

6. 감궁(坎宮) : ☵, 수(水), 중남(中男), 양괘(陽卦)

1) 감위수(坎爲水) : 6+6, 상괘 ☵, 하괘 ☵

2) 수택절(水澤節) : 6+2, 상괘 ☵, 하괘 ☱

3) 수뢰둔(水雷屯) : 6+4, 상괘 ☵, 하괘 ☳

4) 수화기제(水火旣濟) : 6+3, 상괘 ☵, 하괘 ☲

5) 택화혁(澤火革) : 2+3, 상괘 ☱, 하괘 ☲

6) 뇌화풍(雷火豊) : 4+3, 상괘 ☳, 하괘 ☲

7) 지화명이(地火明夷) : 8+3, 상괘 ☷, 하괘 ☲

8) 지수사(地水師) : 8+6, 상괘 ☷, 하괘 ☵

---

1) 감위수(坎爲水) : 6+6, 감수궁(坎水宮)

상괘 ☵ 水·水　　　하괘 ☵ 水·水

【원전소개】

■ 괘상(卦象)

상괘는 끊임없이 흐르고 흐르는 물의 기운을 나타내는 상이요, 하괘도 끊임없이 흐르고 흐르는 물의 기운을 나타내는 상이다.

하괘의 깊고도 깊은 험한 강물을 빠질새라 빠질새라 겨우 건너갔건만 상괘의 깊고도 깊은 험한 강물이 또 기다리고 있다. 험하고 험한 상이 이어지고 또 이어지는 암담한 상황을 나타낸다.

■ 괘의(卦意) : 상덕습교(常德習敎)

안에서도 밖에서도 위에서도 아래서도 변화의 혼란이 닥칠 때는 일상을 익히고 가르치며 덕스럽게 하여 어려운 시절을 극복하라.

■ 괘사(卦辭)

습감(習坎)은 유부(有孚)하야 유심형(維心亨)이니 행(行)하면 유상(有尙)이리라.

매일매일 거듭거듭 익히는 감(坎)은 기쁨이 있으니 오직 한마음으로 제사올리듯 행하면 숭상함이 생길 것이다. 모든 일은 지극한 정성이 있어야 덕이 응결되는 것이다.

호괘	착종괘	도전괘	배합괘
山雷頤	坎爲水	坎爲水	離爲火

【전래해석】

■ 함야(陷也) : 물을 건너니 또 강이 있음

물구덩이에서 이러지도 저러지도 못하는 상. 궁즉통(窮則通)이다. 믿고 기다려라. 더 조심하며 가다듬고 헤쳐나가라.

중남이 겹쳐 있는 상이니 상하가 의사충돌로 매사에 의욕을 잃고 방탕으로 빠질 염려가 있다. 항해 중에 폭풍우를 만난 상태와 다름없이 상하가 전부 물이다. 양이 음에 빠졌으니 비리가 횡행하지만

5효가 양이니 의(義)는 살아 있다. 또 상하가 중감(重坎)이니 장마철과 같다. 날씨가 맑을 때까지 망동하지 말라.

감(坎)은 빠지는 것이다. 너무 험한 것은 공이 없기 때문에 물 밑에서 달을 건져내는 상이다. 이는 명월이 물 속으로 비춰 들어갔다. 그것은 참 좋은 것이었다. 물로 내려가 건지려고 하지만 어떻게 건질 수 있겠느냐. 이 괘를 얻은 사람은 수고만 많고 보람은 없을 징조이다.

■ 예

옛날에 강유(姜維)가 어린 임금을 붙들어 보호하면서 항상 위나라를 엿보며 상대의 적을 칠 기회를 생각하며 이 괘를 얻었다. 과연 침범하기는 했으나 분골쇄신 갖은 고생만 하고 성공하지 못했으니 이는 즉 수저노월(水底撈月)의 상이다. 일륜명월(一輪明月)이 수중에 비치니 다만 그림자만 보고 자취는 보지 못했도다. 어리석은 자가 가치가 있다고 내려가 건지려고 움켜잡아 보았으나 아무것도 없었다.

■ 판단

물 속의 명월은 건질 수 없다. 이 괘를 만났다면 운수가 좋지 못할 것이다. 교역과 출행에 이롭지 못하고, 집나간 행인은 소식이 묘할 것이다. 명예를 구해도 되지 않고, 질병도 치유되지 않으며, 혼인은 성립되지 않는다. 충이 많으니 이롭지 못하리라.

2) 수택절(水澤節) : 6+2, 감수궁(坎水宮)

상괘 ☵ 水 · 水　　하괘 ☱ 澤 · 金

【원전소개】

■ 괘상(卦象)

상괘는 감수(坎水)로 찰랑거리는 물의 기운을 나타내는 상이요, 하괘는 태택(兌澤)으로 연못의 기운을 나타내는 상이다.

연못에 고인 물은 넘치지도 모자라지도 않아야 한다. 언제나 보기 좋게 가득해야 한다.

■ 괘의(卦意) : 제도의덕(制度議德)

들어오고 나감의 적절한 조절은 삶을 풍요롭게 영위하는데 가장 중요한 덕목이다. 그래서 근검절약으로 재앙을 대비하도록 법을 마련하고 덕행을 의논해야 한다.

■ 괘사(卦辭)

절(節)은 형(亨)하니 고절(苦節)은 불가정(不可貞)이니라.

절(節)은 형통하니 괴로운 시절은 가히 바르게 하지 못한다. 절약이란 있는 가운데 행해지는 것인지도 모른다. 생활고에 허덕이는 참담한 상황에서는 절약하고 싶어도 절약할 것이 없기 때문이다. 누구라서 감히 알겠는가? 가난의 슬픔과 고통을. 그러니 있을 때 아끼고 절약할 수밖에 없다.

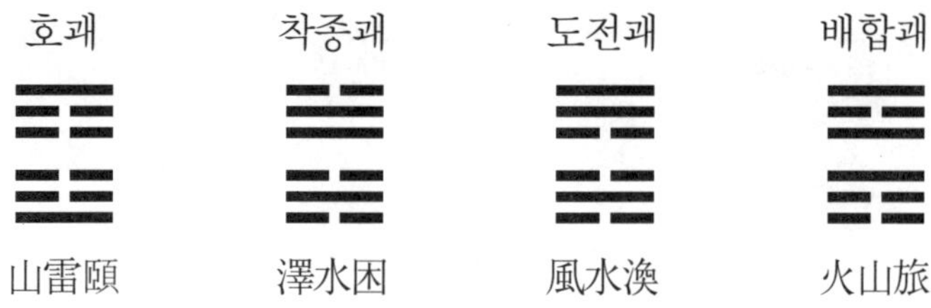

【전래해석】

■ 정야(定也) : 절도를 지키면서 진퇴

절제와 절약을 뜻함. 넘치는 물을 에너지로 바꾸면 크게 발전하지만 절약하지 않으면 쓸모없는 것. 스스로 생활의 규율과 행동의 기준을 정하라.

상하의 괘가 중남과 소녀이니 소녀의 유혹에 중남이 빠질 염려가 있다. 일상생활에서 절도를 지키면서 외부의 고통을 내부의 애정으로 풀어나가라. 그러나 지나치게 절제하면 궁색해 보이고 병도 생기니 수지를 알맞게 하라. 또 감상태하(坎上兌下)이니 연못에 물이 넘쳐 흐르는 상이다. 용도에 따라 적절히 사용하라.

절(節)은 한계가 있어 그치니 참장봉신(斬將封神)하는 상이다. 참장봉신(斬將封神)이란 강태공이 주(紂)를 멸한 뒤 만풍산에서 봉신하는데, 모든 망혼이 대전으로 모여들어 각각 봉을 받고 위를 얻었다. 이 괘를 얻은 사람은 한 가지도 금기가 없을 것이다.

■ 예

옛날에 한신(韓信)이 불우할 때 초(楚)를 버리고 한(漢)으로 갔는데 일찍이 이 괘를 얻었다. 과연 소하(蕭何)의 현인으로 중한 대우를 받고 고조(高祖)에 천거되어 회음후(淮陰侯)에 봉해지니 대에 올라 장수들을 점검하였다. 이는 태공이 봉신한 것과도 같다 하겠다. 때가 되어 운수가 호전되어 기쁨이 생기니 대에 올라 신을 봉한 분은 강태공이었도다. 이 괘를 얻은 사람은 비록 화가 있어도 흉은 되지 않을 것이다.

■ 판단

 태공이 봉신한 것이 비범치 않으니 재물을 구하는 것은 온당하기가 산과 같고, 교역은 합이 많으니 매우 길하며 경사가 있고, 질병과 구설은 사라져 평안하리라. 월령(月令)이 매우 강하니 이름을 크게 떨치리라. 도망간 사람이나 실물은 소식이 있고, 관사도 무방하리라.

---

3) 수뢰둔(水雷屯) : 6+4, 감수궁(坎水宮)

상괘 ☵ 水·水　　하괘 ☳ 雷·木

【원전소개】

■ 괘상(卦象)

 상괘는 감수(坎水)로 건너가야 하는 강물의 험난한 기운을 나타내는 상이요, 하괘는 진뇌(震雷)로 진동하는 우뢰의 기운을 나타내는 상이다.

무극(無極)이 양의(兩儀)로 나누어 끝없이 변하며 돌아가고, 우뢰가 진동하며 비가 오니 세상만물이 생겨날 것이다.

■ 괘의(卦意) : 창세경륜(創世經綸)

하늘과 땅이 열리면서 세상이 창조되니 경영하여 다스리라. 시작하는 어려움을 나타내었다. 양과 음의 기운이 교감하여 만물이 태동하고 소생하니 탄생의 고통이 따르는 어려운 상황을 의미한다.

■ 괘사(卦辭)

둔(屯)은 원형(元亨)코 이정(利貞)하니 물용유유왕(勿用有攸往)이오 이건후(利建侯)하니라.

둔(屯)은 크게 형통하고 바르게 해야 이로우니 제후를 세우는 것이 이롭다. 모든 일은 바르게 하되 직접 하지 말고 이끌어 주고 지혜를 얻을 수 있는 후견인을 두는 것이 이롭다.

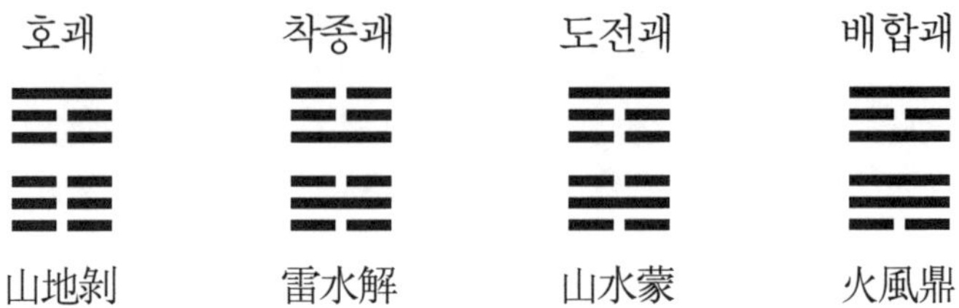

【전래해석】

■ 시야(始也) : 시작의 어려움

막히다. 고민하다. 천둥이 치고 비가 오려하나 마른땅을 적시기에 이르지 못한 상태. 재능과 역량을 발휘하지 못하는 미약한 상이다.

상하의 괘가 중남과 장남이니 남자들의 책임감과 진취성은 있으나 음기가 축적되어 진행하기 힘들다. 또 내괘(內卦)는 진(震)으로 동(動)이요, 외괘(外卦)는 감(坎)으로 함(陷)이니 전도(前途)에 난관이 첩첩이다. 구름이 끼고 천둥이 치지만 비는 오지 않는다. 지금은 어려우나 장래는 유망하니 꾸준하게 하라.

둔(屯)은 만물이 비로소 나서 불우했기 때문에 난사무두(難絲無頭)한 상이다. 이는 한 날틀을 한 곳에 놓고 실을 날르는데 갑자기 광풍이 일어 실을 끊어 왼편으로 끌고 오른편으로 꽈놓아 끝을 찾을 수 없었다. 이 괘를 얻으면 전도착란(顚倒錯亂)하는 상이 된다.

■ 예

옛날에 주화룡(周化龍)이 친척집에 투숙하려고 집을 떠났다가 이 괘를 얻었다. 과연 친척도 받아주지 않고 타향사람에게도 축출당하여 이리저리 배회하다 숙소를 정하지 못하였다. 이는 즉 난사무두(難絲無頭)의 괘와 같다. 광풍이 실을 흐트려 놓아 두서를 찾지 못하니 세 번 엎어지고 네 번 거꾸러져 근심 걱정이 생기도다. 천천히 정성들여 왼편으로 실마리를 찾아야 하는데 성급하게 재촉하면 오히려 자유롭지 못하리라.

■ 판단

엉킨 실의 실마리를 찾기 힘드니 소홀하게 한 일을 추진하는데 잠시 어려움에 봉착할 것이다. 교역과 출행은 좋지 않고, 구하는 재

물도 마음대로 되지 않으리라. 건강도 좋지 않고, 혼인도 성립되지
않을 것이다. 구설은 분분하며 하는 일도 전도됨이 많으리라.

4) 수화기제(水火旣濟) : 6＋3, 감수궁(坎水宮)

상괘 ☵ 水   하괘 ☲ 火

【원전소개】

■ 괘상(卦象)

상괘는 감수(坎水)로 물의 기운을 나타내고, 하괘는 이화(離火)로
불의 기운을 나타내는 상이다.

음양의 기운이 제자리에 있으니 모든 일이 안정된 상태이다. 상괘
의 무겁고 어두운 물의 기운은 아래로 내려오려고 하는 성정과 하
괘의 가볍고 밝은 불의 기운은 위로 오르려 하는 성정이 만나 교
감이 이루어지는 상이다.

■ 괘의(卦意) : 사환예방(思患豫防)

모든 일이 해결되고 정리된 상태를 유지하기 위해서는 예기치 않
은 우환을 미리 대비하는 지혜가 필요하다. 즉 유비무환인 것이다.

■ 괘사(卦辭)

기제(旣濟)는 형(亨)이 소(小) 1 니 이정(利貞)하니 결코 종난(終
亂)하니라.

기제(旣濟)는 형통함이 작으니 바르게 하는 것이 이롭다. 처음은 길하나 마침은 어지럽다. 그러나 현재는 안정되어 있다.

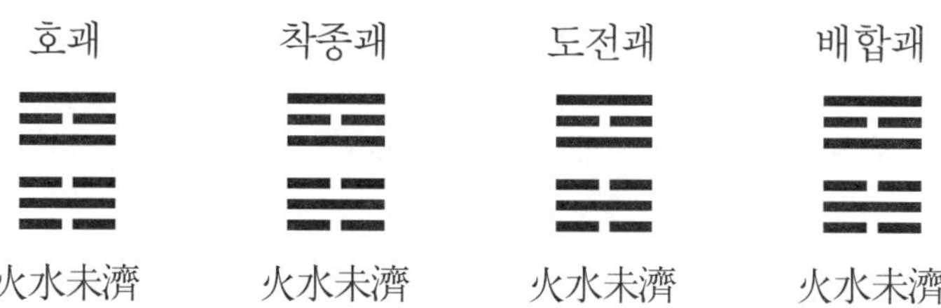

호괘	착종괘	도전괘	배합괘
火水未濟	火水未濟	火水未濟	火水未濟

【전래해석】

■ 합야(合也) : 적정선에 도달

이미 성취했다는 뜻. 현재로는 만족할 만한 상태. 물이 번지는 불길을 잡았으나 불길이 다시 번지게 될지 모른다.

상하의 괘가 중남과 중녀이며 괘효(卦爻)도 각각 정위치를 차지하고 있으니 중년부부의 원만한 생활상이라. 현재 이대로가 가장 알맞은 상태이니 변함없이 유지되도록 노력하라. 또 감상이하(坎上離下)이니 타오르는 불길을 물로 적당하게 억제하는 상이다. 정열을 전부 발산시키려 하지 말고 억제하면서 내실에 최선을 다하라.

기제(旣濟)는 기정사실이기 때문에 금방제명(金榜題名)하는 상이라. 금방제명(金榜題名)이란 예를 들면 과거볼 사람이 상경하여 응시하는데 고시를 세 번이나 치른 뒤 금방(金榜)에 이름이 붙으니 매우 우쭐하였다. 이 괘를 얻은 사람은 길경이 여의할 것이다.

■ 예

옛날에 사마상여(司馬相如)가 고생하며 형설의 공을 쌓아 드디어 평생의 뜻을 성취하였다. 이는 즉 금방제명(金榜題名)한 것과 같다. 고생하며 쌓은 공이 헛되지 않았도다. 이 괘를 만나면 경사가 있고, 일체의 계획과 희망이 크게 형통하리라.

■ 판단

금방제명(金榜題名)의 기쁨이 새로우니 10인을 만나면 9인은 성공할 수 있도다. 지금 운수가 순조롭게 돌아오니 일보일보 과거에 합격하여 높이 승진할 것이다. 월령(月令)이 이미 좋으니 찾는 사람은 만나고, 잃어버린 물건도 돌아오며, 구설도 소산되리라.

> 5) 택화혁(澤火革) : 2＋3, 감수궁(坎水宮)
>
> 상괘 ☱ 澤·金　　하괘 ☲ 火·火

【원전소개】

■ 괘상(卦象)

상괘는 태택(兌澤)으로 연못의 기운을 나타내는 상이요, 하괘는 이화(離火)로 모든 것을 변화시키는 불의 기운을 나타내는 상이다.

상괘의 연못 속에 하괘의 불의 기운이 함께 있으니 연못 속의 물은 뜨거워져 곧 수증기로 화할 수 있는 변화를 나타낸 것이다.

■ 괘의(卦意) : 치력명시(治歷明時)

 변화의 다스림은 분명하게 뚜렷이 구별하여 밝게 다스려라. 어제의 혼란스러움과 오늘의 정돈된 체계가 분명히 구별되어 모든 사람들이 밝은 내일을 약속 받을 수 있도록 다스려야 한다.

■ 괘사(卦辭)

 혁(革)은 이일(已日)이라야 내부(乃孚)하리니 원형이정(元亨利貞)하야 회(悔) 1 망(亡)하니라.

 혁(革)은 반드시 이루어지는 날이라야 이에 믿을 수 있으리니 크게 형통하여 바르게 해야 뉘우침이 없다. 개혁을 하고자 할 때는 끝까지 철저하게 관리하지 않으면 안되기 때문이다.

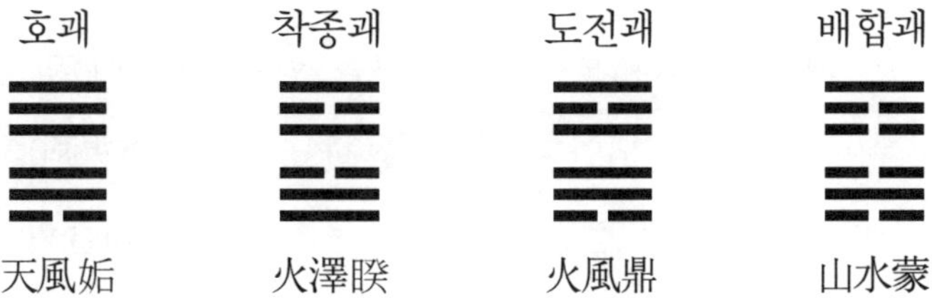

【전래해석】

■ 공야(拱也) : 변화가 기회

 옛것을 버리고 새것을 취하고, 개혁이나 혁명으로 바로잡는다는 상. 현재 모든 것이 부패해 있고, 하던 일에 변화가 있으면 오히려 기회로 삼아라.

 상하의 괘가 소녀와 중녀이니 중녀의 진출을 소녀가 막는다. 내부를 밝게 개혁하고자 함은 좋으나 자금을 준비한 뒤 시기를 잘 선택하라. 너무 일찍 서두르면 후유증이 심하다. 또 태상이화(兌上離火)이니 불은 위로 오르려 하고 물은 위에서 가로막고자 하니 마찰이 생길 수 있다. 항상 내면은 온화하고 외면은 미소로 조화하라.

혁(革)은 변혁하는 것이다. 흉이 길로 변하기 때문에 가뭄에 어린 싹이 비를 얻은 상이다. 이는 봄에 새싹이 오랫동안 가물고 여름에도 비가 오지 않아 시들고 마르다가 다행히 구름이 모여들어 비가 흥건히 내려 싹이 무성하게 자라게 되었다. 이 괘를 얻은 사람은 때가 오면 운수가 좋아질 것이다.

■ 예

옛날에 악비(岳飛)라는 장수가 우두산(牛頭山)에서 곤궁하게 지내다가 이 괘를 얻었다. 과연 그의 아들 악운(岳雲)이 앞에 나가 있다가 부자가 만나게 되었다. 이는 즉 한묘득우(旱苗得雨)하는 괘와 같다. 새싹이 가뭄에 점점 시들어 가는데 다행히 하늘의 은혜로 비가 내렸도다. 근심은 가고 기쁨이 와서 변화가 생겼으니 구하고 계획하며 주관하는 일은 마음대로 성취될 것이다.

■ 판단

가물다가 새싹이 비를 만나 당당하게 자라니 교역과 돈벌이가 상당하리라. 혼인은 합이 두터우니 뜻대로 되고, 관청의 일이나 질병도 무방하다. 출행은 대길하고, 도망간 사람과 실물도 찾고, 집나간 행인에게서는 편지가 오고, 모든 일이 잘 될 것이다.

6) 뇌화풍(雷火豊) : 4+3, 감수궁(坎水宮)

상괘 ☳ 雷·木   하괘 ☲ 火·火

【원전소개】

■ 괘상(卦象)

상괘는 진뇌(震雷)로 모든 사람을 제압할 수 있는 우뢰의 기운을 나타내는 상이요, 하괘는 이화(離火)로 모든 사람의 마음을 밝히는 태양의 기운을 나타내는 상이다.

잘못에 대한 질책은 형벌로 나타나기도 한다. 형벌은 은폐되어 있는 잘못을 밝혀 뉘우치게 하는 힘이 있고, 또 다시 잘못을 저지르지 않게 하는 의미도 있다. 무엇보다 중요한 것은 모든 사람들의 마음 속에 잘못에 대한 체벌을 인식시킴으로써 누구도 잘못을 저지르지 않게 하는데 더 큰 의미가 있는 것이다.

■ 괘의(卦意) : 절옥치형(折獄致刑)

결단하여 감옥을 쓰고 형벌을 이르게 한다. 죄의 경중을 잘 파악하여 억울한 사람이 생기지 않도록 한다.

■ 괘사(卦辭)

풍(豊)은 형(亨)하니 왕(王)이아 격지(假之)하나니 물우(勿憂) 홀전 의일중(宜日中)이니라.

풍(豐)은 형통하니 왕이 이르러 행함이니 마땅히 해가 가운데 하느니라. 풍(豐)이 크고 형통한 것은 왕이 직접 공명정대하게 행하여 천하를 바로잡는데 있기 때문이다.

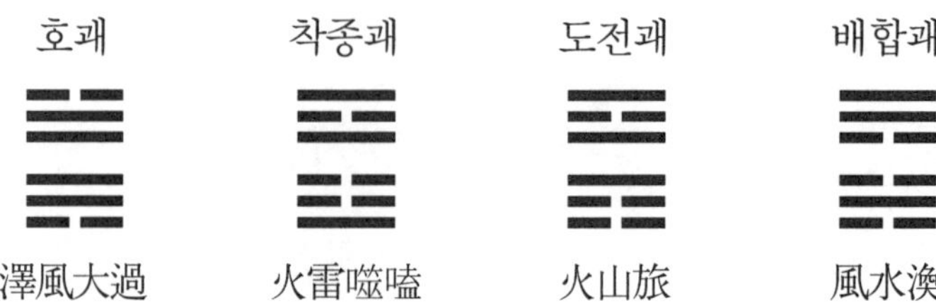

호괘	착종괘	도전괘	배합괘
澤風大過	火雷噬嗑	火山旅	風水渙

【전래해석】

■ 대야(大也) : 풍요 속의 허탈

겉으로는 성대하고 풍만하나 속으로는 복잡하니 내적에 충실을 주력할 것. 천둥소리와 번갯불이 같이 일어나는 상.

상하의 괘가 장남과 중녀이니 외부에서는 장남이 힘차게 활동하고, 내부에서는 중녀가 화려하게 꾸며놓고 살아가는 가정의 상이다. 현실의 풍요에 만족하지 말고 장래 노후의 대책을 지금부터 준비하라. 또 진상이하(震上離下)이니 뇌성이 일면서 번갯불이 번쩍이는 상이다. 경각심을 갖도록 일깨워주니 방심하지 말고 정대하게 처리하라.

■ 예

옛날에 호경덕(胡敬德)이 간신 이도종(李道宗)의 앞니와 어금니 2개를 때려 부러뜨리고 가벌(家閥)까지 떨어뜨렸는데 일찍이 이 괘

를 얻었다. 과연 동쪽으로 찾아가서 국공의 지휘를 회복했었다. 이
는 즉 고경중명(故鏡重明)과 같다. 오래된 거울이 어두침침한 지가
벌써 몇 해 되었는데 하루아침에 갈고닦으니 밝기가 둥근 달과 같
도다. 군자가 일을 도모하는데 이 괘를 만났다면 때가 되어 운수가
호전되어 자연 기뻐하리라.

■ 판단

 오래된 거울이 매우 빛을 발하니 주인의 운수가 목전에 굴러 들
어오리라. 혼인과 재물에는 길경이 많고, 집나간 행인은 그리 멀리
가지는 못했으리라. 출타하면 유익하고, 교역도 유리하며, 질병도
점점 치유되고, 명예를 구하는 일도 반드시 실현될 것이다.

> **7) 지화명이(地火明夷) : 8+3, 감수궁(坎水宮)**
>
> 상괘 ☷ 地·土   하괘 ☲ 火·火

【원전소개】

■ 괘상(卦象)

 상괘는 곤지(坤地)로 어둡고 무거운 대지의 기운을 나타내는 상
이요, 하괘는 이화(離火)로 하늘에서 움직이는 태양의 기운을 나타
내는 상이다.
 태양의 밝은 기운이 지평선 저쪽으로 넘어가니 사방이 어둡고 컴
컴하여 앞을 분간할 수 없는 암울한 상황이 온다.

■ 괘의(卦意) : 용회이명(用悔而明)

어둠을 써서 밝게 하라. 어둠이 지나면 밝은 새벽이 열리니 암울한 시기에는 암울한 시기대로 스스로 노력할 수 있는 시공을 활용하여 밝음을 맞이할 준비를 하라.

■ 괘사(卦辭)

명이(明夷)는 이간정(利艱貞)이니라.

명이(明夷)는 어려운 가운데서도 바르게 해야 이롭다. 천하를 비추는 태양이 땅 속으로 들어가니 소인들이 득세하고 대인들은 피하여 자취를 감추어 밝은 정치가 이루어지지 않는 살기 어려운 시대일수록 바르게 해야 이로울 것이다.

『은나라 말기 주왕의 폭정 속에서 서쪽 지방의 주나라를 다스리던 백작(伯爵, 삼공의 벼슬이름) 문왕(주나라 통일 후 문왕(文王)으로 추존됨)이 주왕의 폭정을 간하다 유리 지방의 옥에 갇히게 되었다. 문왕(文王)은 옥에 갇혀 있으면서 주역의 괘사(卦辭)를 연구해 지었다고 전해 내려오고 있다』 이렇게 명이(明夷)괘는 은나라 말기에서 주나라 초의 역사적인 배경이 괘사(卦辭)에 함축되어 있는 것이 특징이기도 하다.

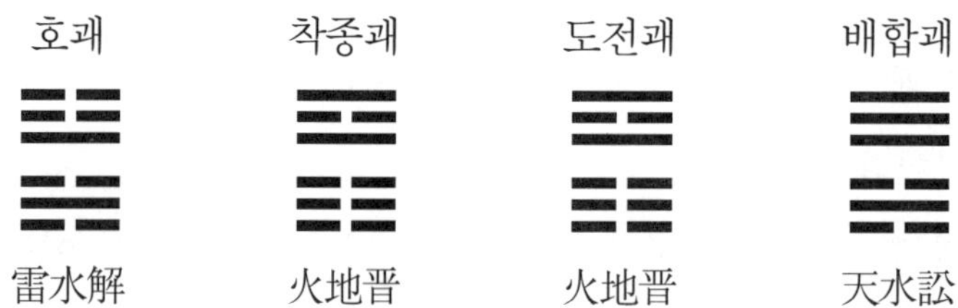

호괘	착종괘	도전괘	배합괘
雷水解	火地晋	火地晋	天水訟

【전래해석】

■ 상야(傷也) : 정의가 무색함

밝은 빛이 어둠 속으로 감추어진다는 상. 태양이 지평선 아래로 져버리는 상. 현명한 것이 방해를 받고 재능을 숨겨야 하는 상태.

상하의 괘가 노모와 중녀이니 쇠퇴무력한 노모에 가려 지성이 충만한 중녀의 활동이 막힌 상이다. 짙은 먹구름이 벗겨질 때까지 실력을 쌓으면서 인내하라. 또 곤상이하(坤上離下)이니 태양이 지평선 넘어 숨는 상이다. 대인이 소인에게 가려 빛을 잃었다. 그러나 머지않아 태양은 다시 떠오르니 인내하라.

명이(明夷)는 상하는 것이다. 밝으나 상하기 때문에 과하절교(過河折喬)하는 상이다. 과하절교(過河折喬)는 다른 사람과 더불어 다리를 고쳐놓고 하천을 건너가는데, 먼저 건너간 사람이 다리를 끊어 갈 수 없게 될 것을 누가 상상이나 했겠는가. 이 괘를 얻은 사람은 일이 난처하게 되고 순조롭지 못할 징조이다.

■ 예

옛날에 조조(曹操)가 조운(趙雲)을 사로잡으려고 하는데 일찍이 이 괘를 얻었다. 과연 당양교(當陽橋)까지 추격해 갔으나 장비의 대갈일성(大喝一聲)을 듣고 후퇴하였다. 장비는 즉시 다리를 끊어버렸다. 즉 이 괘와 같다. 때가 어긋나고 운수가 나빠 달아나지도 못하겠는데 황급히 하천을 건너고는 다리를 끊어버렸다. 은인이 의가 없어 오히려 원수가 되니 모든 일이 공은 없고 헛수고이다.

■ 판단

하천을 건너가 다리를 끊은 것이 매우 상심되고, 교역과 출행에 재앙이 있을 것이다. 재물을 구하는 일은 공연히 심력만 허비하고, 혼인도 상당치 못하다. 집나간 행인은 오지 않고, 두서를 차리지 못하리라. 구설은 피하고, 모든 일은 마음에 합당하거든 하여라.

8) 지수사(地水師) : 8+6, 감수궁(坎水宮)

상괘 ☷ 地·土   하괘 ☵ 水·水

【원전소개】

■ 괘상(卦象)

상괘는 곤지(坤地)로 유순한 대지의 기운을 나타내고, 하괘는 감수(坎水)로 끝없이 흘러 내려가는 물의 기운을 나타내는 상이다.

대지 밑에 잠복되어 있는 호수를 나타내는 상이다. 필요를 느낄 때는 언제나 쓸 수 있도록 저장해 놓은 생명수이다.

■ 괘의(卦意) : 용민휵중(容民畜衆)

백성들을 받아들여 군사로 기른다. 군사가 전쟁을 수행할 수 있기까지는 칼날 같은 군율 아래 엄청나게 고된 훈련이 필요하다. 그러므로 미리 백성들을 받아들여 길러야 한다.

■ 괘사(卦辭)

사(師)는 정(貞)이니 장인(丈人)이라야 길하고 무구(无咎)하리라.

사(師)는 바름이니 어른이라야 길하고 허물이 없다. 국가의 존익을 위한 전쟁이라면 바른 것이다. 그러므로 군사로 쓰는 데는 어른을 받아들여야 허물이 없고, 어린아이를 쓰면 허물이 된다.

호괘	착종괘	도전괘	배합괘
地雷復	水地比	水地比	天火同人

【전래해석】

■ 중야(衆也) : 지도자의 자격

땅 속에 필요한 수분이 지하수를 이루는 상. 기밀을 유지하고 충분한 훈련과 작전으로 승전한다.

상하의 괘가 노모와 중남이니 외유내강이라. 내실을 튼튼히 하라. 내괘(內卦)의 중심에 있는 1양이 5음을 상대로 하여 용출하려는 형상으로 아직 힘이 부족하고 때가 이르다. 또 곤상감하(坤上坎下)이니 지하수와 같으므로 지하수를 지상으로 끌어올릴 때까지 인내와 노력이 필요하다. 대중을 이끌고 나가는데 따르는 여러 가지의 어려움을 극복하면서 나아가라. 희망이 있다.

사(師)는 군사가 많은 것이다. 싸워서 이기지 않는 것이 없다. 마

도성공(馬到成功)이란 말(言)처럼 말(馬)이 도착하여 성공하는 상
이다. 한 장수가 명령을 받들고 대군으로 적도를 토벌하는데 역전
분투 크게 전승을 거두었다. 이 괘를 얻은 사람은 모든 일이 성공
할 것이다.

■ 예

옛날에 관공(關公)이 유비(劉備)를 따라가 연회자리에서 이 괘를
얻었다. 과연 말을 타고 뛰어나가 곧 화웅을 그 자리에서 참하고
돌아오니 먹던 술이 아직도 식지 않았다고 한다. 이는 즉 마도성공
(馬到成功)하는 괘라. 힘센 장수가 명령을 받고 출정하는데 힘센
말을 타고 굳센 활을 잡아 달렸도다. 백 보에서 뚫어지게 날려 표
적을 맞췄으니 화살 속의 금전에는 기쁨이 생겼도다.

■ 판단

마도성공(馬到成功)에 의기양양하니 구명취리(救命取利)하는데는
크게 길창하리라. 혼인은 합이 많아 방해는 없을 것이고, 교역과 출
행도 순조로울 것이다. 질병은 매우 좋아질 것이고, 도망간 사람은
돌아오며, 출타한 사람도 편지가 올 것이다. 만사가 잘될 것이다.

7. 간궁(艮宮) : ☶, 토(土), 소남(小男), 양괘(陽卦)

1) 간위산(艮爲山) : 7+7, 상괘 ☶, 하괘 ☶

2) 산화비(山火賁) : 7+3, 상괘 ☶, 하괘 ☲

3) 산천대축(山天大畜) : 7+1, 상괘 ☶, 하괘 ☰

4) 산택손(山澤損) : 7+2, 상괘 ☶, 하괘 ☱

5) 화택규(火澤暌) : 3+2, 상괘 ☲, 하괘 ☱

6) 천택리(天澤履) : 1+2, 상괘 ☰, 하괘 ☱

7) 풍택중부(風澤中孚) : 5+2, 상괘 ☴, 하괘 ☱

8) 풍산점(風山漸) : 5+7, 상괘 ☴, 하괘 ☶

---

1) 간위산(艮爲山) : 7+7, 간토궁(艮土宮)

상괘 ☶ 山·土   하괘 ☶ 山·土

【원전소개】

■ 괘상(卦象)

 상괘는 간산(艮山)으로 멈춘 산의 기운을 나타내는 상이요, 하괘도 간산(艮山)으로 멈춘 산의 기운을 나타내는 상이다.

 산 넘어 산이다. 끝없는 고난의 연속으로 험난한 상황이다. 욕심을 버리고 마음을 비워 조용하게 매사를 관조하며 정신적인 평정을 찾아야 할 것이다.

■ 괘의(卦意) : 무사무위(無思無爲)

생각도 없고 행도 없다. 비우고 비워라. 말 그대로 모든 것이 멈춘 상태를 이른다.

■ 괘사(卦辭)

간기배(艮其背)면 불획기신(不獲其身)하며 행기정(行其庭)하야도 불견기인(不見其人)하야 무구(无咎) ㅣ리라.

등에 그치면 그 몸을 얻지 못하고, 뜰을 거닐어도 그 사람을 만나지 못하여 허물이 없을 것이니라. 피하여 은둔된 삶은 나를 잡으러 온다고 하여도 만나지 못하고 지나가 버리니, 오히려 안된 것이 지나고 나면 더 잘된 것인지도 모른다.

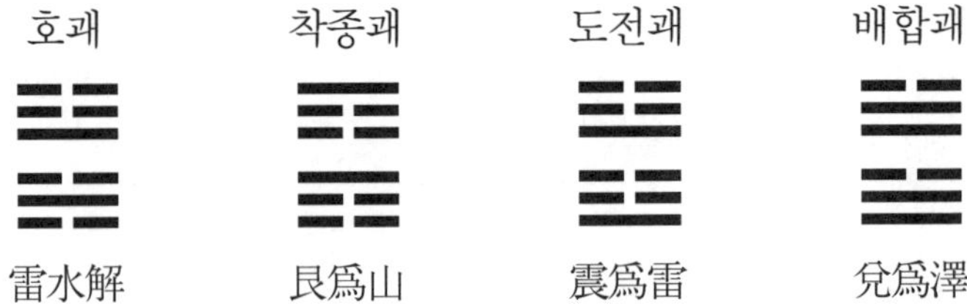

호괘	착종괘	도전괘	배합괘
雷水解	艮爲山	震爲雷	兌爲澤

【전래해석】

■ 지야(止也) : 우뚝 솟아오른 산

산이 중첩되어 요지부동의 상. 지금은 어려운 상황. 능력은 알아주지 않고 할 일은 겹침. 현재로는 모든 일을 중지하고 재충전 할 때.

상하의 괘가 소남과 소남이니 철없는 소남끼리 조금도 양보하지 않고 다투어 올라서려는 상이다. 매사 신중을 기하여 자신의 능력을 길러야 하며 조금이라도 의타심은 금물이다. 또 간상간하(艮上艮下)이니 산 넘어 산이요. 소남이 산정에 올라 있는 상이라. 태산 같은 부동의 자세로 관망하면서 피차의 화합을 도모하라.

간(艮)은 그치는 것이다. 극에 달해 나아가지 못하기 때문에 난장이가 대추나무를 휘어잡는 상이다. 이는 한 난장이가 대추를 따먹고자 급히 대추나무를 찾아 갔으나 의외로 나무는 높고 사람의 키는 짧아 하늘만 쳐다보고 따지는 못하였다. 이 괘를 얻은 사람은 주로 일이 다 되어 가다가 순조롭지 못할 것이다.

■ 예

옛날에 조조(曹操)가 칼을 품고 가서 동탁(童卓)을 찔러 죽이려고 계획하던 중에 이 괘를 얻었다. 실행하던 중 조조(曹操)는 동탁(童卓)에게 들켰는데, 동탁이 뭐하냐고 문책하자 조조는 칼을 헌납하러 왔다고 거짓말을 하고 도망쳐 버렸다. 이는 좌파구조와 같다. 재물은 항상 마음을 충동시켜 놓았으나 아! 아깝구나. 빤히 보고도 입수하기는 곤란하구나. 마음대로 되지 않을 때는 잠시 생각해보고 또 인내하여라. 그래서 할 일 없게 되어도 말을 하지 말라.

■ 판단

좌파구조라 가지를 휘기 어렵다. 교역과 재물을 구하는 일은 가장 힘들 것이고, 혼인은 합이 많으나 모두 허사가 될 것이다. 호사도 성취되기 어려울 것이다. 모든 일은 모름지기 근신해야 하고, 교재도 절도 있게 하면 자연 화하리라.

2) 산화비(山火賁) : 7+3, 간토궁(艮土宮)

상괘 ☶ 山·土　　하괘 ☲ 火·火

【원전소개】

■ 괘상(卦象)

상괘는 간산(艮山)으로 멈춰 움직이지 않는 산의 기운을 나타내고, 하괘는 이화(離火)로 중천을 떠돌다 지는 태양의 아름다움을 나타내는 상이다. 산 위에서 온 천하를 아름답게 물들이며 지는 석양 노을은 자연이 제공하는 또 하나의 경이로움일 것이다.

■ 괘의(卦意) : 무감절옥(无敢折獄)

감옥을 과감하게 부숴 없애라. 감옥이 필요하고 감옥의 역할이 있다 하더라도 없는 것만 못하다. 감옥이 필요없도록 사회를 아름답게 정화해야 할 것이다.

■ 괘사(卦辭)

비(賁)는 형(亨)하니 소리유유왕(小利有攸往)하니라.

비는 형통하니 가는 바를 둠이 조금 이롭다. 죄인을 심판하고 옥을 쓴다는 것은 형통하나 조금 이로운 것이니라. 그러므로 죄의 경중을 잘 파악하여 덕으로 밝게 하여 형벌과 감옥을 씀에 신중해야 할 것이다.

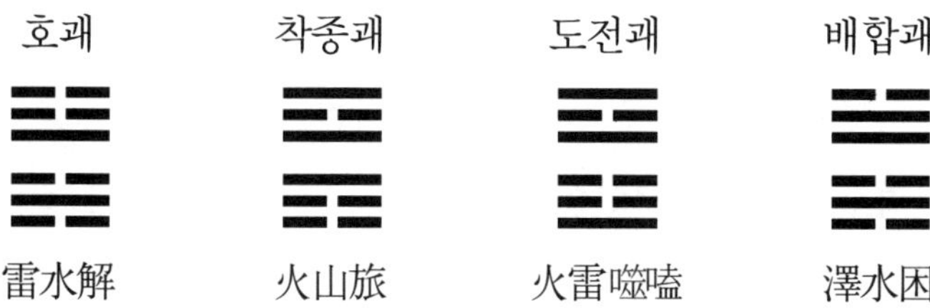

【전래해석】

■ 식야(飾也) : 문명기의 사치

산 아래 저무는 태양이 아름답게 비추는 상이요, 아름답게 장식하나 만물을 비추는 열기가 없는 상이다. 덕을 베풀되 경솔한 결정은 삼가하라.

상하의 괘가 소남과 중녀이니 철없는 소남이 너무 허식에만 몰두할 염려가 있으니 분수에 맞게 내실을 기하라. 내면이 맑은 상이니 학문과 지덕을 닦는 일에는 좋다. 또 간상이하(艮上離下)이니 산기슭에 비치는 저녁노을의 상이라. 이미 태양은 산 너머로 모습을 감춘 상태이니 곧 어둠이 온다는 것을 잊지 말라.

비(賁)는 꾸미는 것이다. 수물(水物)로 꾸미기 때문에 가득한 상이다. 이는 주(周)나라의 문왕(文王)이 태어나면서부터 성덕이 있고, 또 성녀(聖女) 사씨를 얻어 배필로 삼았다. 여기에 있어 안으로 집을 증제하고 밖으로 나라를 잘 다스려 삼분천하에 그 ⅔를 차지하였다. 이 괘를 얻은 사람은 마음대로 될 징조이다.

■ 예

 옛날에 남용(南容)이 공자의 제자가 되어 일찍이 이 괘를 얻었다. 과연 어렵고 힘들 때 성인이 이를 어질게 여겨 그 형의 딸로 사위를 삼게 하였다. 즉 기쁨이 문에 가득한 상이라, 때가 와서 운수가 호전되어 기상이 호협하니 요조숙녀는 좋은 군자의 짝이로다. 이 괘를 얻은 자 기쁨이 임박하리라.

■ 판단

 도모하는 일을 잘되게 하는 길신이 운에 들어 있으니 비록 흉한 일이 있어도 흉이 되지 않는다. 혼인은 합이 많으니 점점 좋아질 것이고, 마음만 먹으면 재원도 날마다 증가될 것이다.

> 3) 산천대축(山天大畜) : 7+1, 간토궁(艮土宮)
>
> 상괘 ☶ 山·土   하괘 ☰ 天·金

【원전소개】

■ 괘상(卦象)

 상괘는 간산(艮山)으로 멈추어 그쳐 있는 산의 기운을 나타내는 상이요, 하괘는 건천(乾天)으로 팽창하여 커지는 맑고 가벼운 하늘의 기운을 나타내는 상이다. 상괘의 산이 하괘의 하늘을 품었으니 산이나 산이 아니고 하늘도 품을 수 있는 크나큰 마음의 정신세계일 것이다.

■ 괘의(卦意) : 다식휵덕(多識畜德)

많이 배우고 익힌 지식을 덕으로 길러라. 지식을 알고 있는 것으로 끝나지 말고 성인의 언행을 본받고 실천하여 덕을 길러라.

■ 괘사(卦辭)

대축(大畜)은 이정(利貞)하니 불가식(不家食)하면 길하니 이섭대천(利涉大川)하니라.

대축(大畜)은 바르게 함이 이로우니 집에서 밥을 먹지 않으면 길하여 큰 내도 건널 수 있느니라. 크게 쌓인 기운으로 사회와 국가와 민족을 위하여 헌신적으로 일을 해도 될만큼 기량이 충분하니 집에서 기운을 아끼지 말고 넓은 세상으로 나아가 뜻을 펼쳐라.

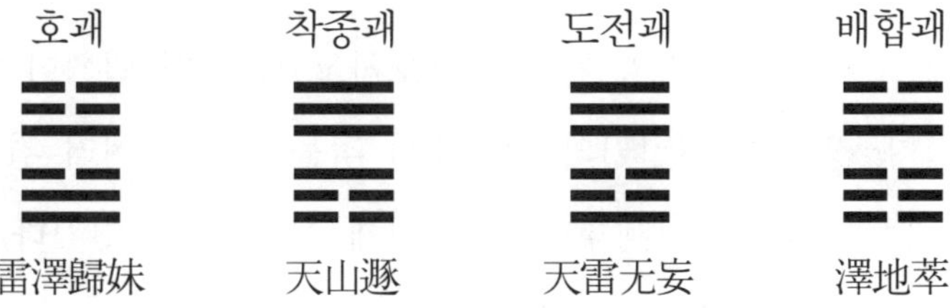

【전래해석】

■ 적야(積也) : 힘을 길러 준비

산이 하늘을 찌를 듯하니 품을 것이 많은 상. 지금까지의 노력이 결실을 맺는다. 봄에 씨를 뿌리는 농부에게 가을의 풍년을 약속하는 상.

상하의 괘가 소남과 노부이니 안으로는 건실한 힘을 축적하고, 외부로 서서히 활동을 펼친다. 내부가 순양(純陽)이니 기반이 단단하다. 안정된 바탕에서 진행되니 계속 발전하여 성공한다. 또 간상건하(艮上乾下)이니 산이 우뚝 솟아 있는 형상이다. 위용이 당당하니 오랫동안 내면을 충실히 다져둔 것이니 무형의 자산이다.

대축(大畜)은 쌓은 바의 축적이기 때문에 진세득개(陣勢得開)하는 상이다. 광성자(廣成子)는 등광진(燈光陳)에서 곤란을 당하고 있을 때 급히 천인제(天仁祭)를 지내고 나서 적의 군선진을 격파하고 진(陳)을 열었다. 이 괘를 얻은 사람은 두 번 다시 없을 상당한 기회가 올 징조이다.

■ 예

옛날에 조자룡이 유비의 가족을 보호하고 있을 때 일찍이 이 괘를 얻었다. 장판파(長板坡)의 대전에서 적을 죽이고 여러 겹의 호위망을 뚫고나와 아두(阿斗)를 안전하게 보호할 수 있었다. 이는 즉 진개득세(陣勢得開)하는 상이라.

■ 판단

이 괘를 얻으면 육합이 되니 질병과 구설이 점점 없어지겠고, 혼인은 모두 여의하며, 재물도 구할 수 있을 것이다. 사귀어 놓은 행인이라 집을 떠나도 대길하리라. 좋은 운수는 통째로 오겠고, 백 세까지 화순하게 지내리라.

4) 산택손(山澤損) : 7+2, 간토궁(艮土宮)

상괘 ☶ 山·土   하괘 ☱ 澤·金

【원전소개】

■ 괘상(卦象)

상괘는 간산(艮山)으로 우뚝 솟아 보물을 품은 산의 기운을 나타 내는 상이요, 하괘는 태택(兌澤)으로 신선한 연못의 기운을 나타내 는 상이다. 산의 풍요로움은 끊임없이 솟는 샘물이 있어 이루어지 는 것이다. 샘물이 솟아 흘러온 산을 풍요롭게 만들어 주니 흐름으 로 인하여 보태어 살찌우는 것이다.

■ 괘의(卦意) : 징분질욕(懲忿窒欲)

분한 생각을 경계하고 욕심을 막아라. 풍요로움은 비우고 자족하 는 데서부터 시작하고, 이루어진다고 할 수 있으니 순간적으로 생 기는 신경의 변화를 잠시 잠재면 모든 것이 순조로우면서도 순리 대로 두루두루 이익이 될 것이다.

■ 괘사(卦辭)

손(損)은 유부(有孚) 1 면 원길(元吉)코 무구(无咎)하야 가정(可 貞)이라. 이유유왕(利有攸往)하니 갈지용(曷之用)이리오 이궤(二 簋) 1 가용향(可用享)이니라.

손(損)은 기쁨을 두면 크게 길하고, 허물이 없도록 해야 가히 바른 것이다. 가는 바를 둠이 이로우니 칡의 쓰임으로 만들어 보태어 쓰니 2개의 그릇으로도 정성들여 제사를 지낼 수 있음과 같으니라. 이웃을 도울 때도 기쁘게 해야 보람이 크다. 생색을 내면 가히 바르다 할 수 없을 것이다. 만수산에 엉켜 사는 쓸모없는 칡도 2개의 제기로 정성들여 제사를 올리고자 할 때 요긴하게 쓰이니 흔한 칡의 쓰임이 고귀해지는 것과 같다.

【전래해석】

■ 익야(益也) : 먼저 주고 뒤에 많이 받음

단순한 손해가 아니라 봉사를 뜻함. 아래의 것을 덜어서 위를 늘린다는 의미도 있다. 처음에 하는 일이 어려워도 나중에 보람을 찾고 이익이 될 수 있는 상.

상하의 괘가 소남과 중녀이니 순진한 남녀가 미래를 개척하기에 많은 봉사와 희생정신으로 새로운 경험과 의지를 길러 얻은 상이라 장래가 유망하다. 적은 것에 구애받지 말고 크게 멀리 보고 힘차게 전진하라. 또 간상태하(艮上兌下)이니 산 아래에 맑은 연못이 있는 상이라. 항상 웃음을 간직하면서 모든 사람에게 혜택을 준다.

손(損)은 줄어든다는 것이다. 안에서는 손해를 밖에서는 이익을 보기 때문에 추차조이하는 상이다. 추차조이란 한 마부가 수레를 밀어 산 언덕 아래로 내려가는데 중간쯤 내려간 것은 생각지 않고 내려가는 수레의 뒤를 달아매니 좌우로 뒤뚱거려 편하지 못하였다. 이 괘를 얻은 사람은 힘만 들 징조이다.

■ 예

옛날에 황충(黃忠)이 상사(常沙)에 있을 때 장수가 되고 일찍이 이 괘를 얻었다. 적진에 출정했으나 관공(關公)이 말에게 앞발을 밟혀 기회를 놓치고 영(營)으로 되돌아 왔다. 이는 추아조이 괘와 같다 하겠다. 시운이 오지 않아 자꾸만 마음을 쓰게 되니 비유하면 수레를 미는데 꺾이고 갈리는 것과 같도다. 산길이 기구하여 내려가는 수레의 아래 귀를 달아매니 좌우로 뒤뚱거려 평안치 못하다.

■ 판단

수레를 미는데 귀를 달아매니 길을 갈 수가 없구나. 심중에 타산은 있으나 역부족이로다. 군자가 이런 시시한 괘를 얻었다면 비록 재해는 없다 하더라도 곤궁하리라. 운이 좋은데도 하지 못했는데, 하지 말라고 한들 어찌하리요. 절기가 바뀌고 달이 지나면 자연 좋아지리라.

5) 화택규(火澤睽) : 3+2, 간토궁(艮土宮)

상괘 ☲ 火·火   하괘 ☱ 澤·金

【원전소개】

■ 괘상(卦象)

상괘는 이화(離火)로 위에서 위로 오르려 하는 불의 기운을 나타내는 상이요, 하괘는 태택(兌澤)으로 아래에서 아래로 내려가는 연못의 기운을 나타내는 상이다. 따뜻한 물은 있어도 차가운 불은 없으니 불과 물의 상하 위치가 부당하여 서로 어긋날 수밖에 없는 것이다.

■ 괘의(卦意) : 동동이이(同同異異)

같은 것은 같은 것끼리 다른 것은 다른 것끼리, 서로 다르게 응하고 있는 것은 같이 응하는 것끼리 묶어 생기는 화를 풀어갈 수 있는 실마리가 될 수 있는 것이다.

■ 괘사(卦辭)

규(睽)는 소사(小事)는 길하리라.

규(睽)는 작은 일은 길할 것이다. 작은 일들이 쌓여 큰 일을 치르는데 장애가 될 수 있으므로 작은 일이라 소홀히 하지 말라. 작은 것부터 해결하여 큰 일을 할 때 방해되지 않도록 한다.

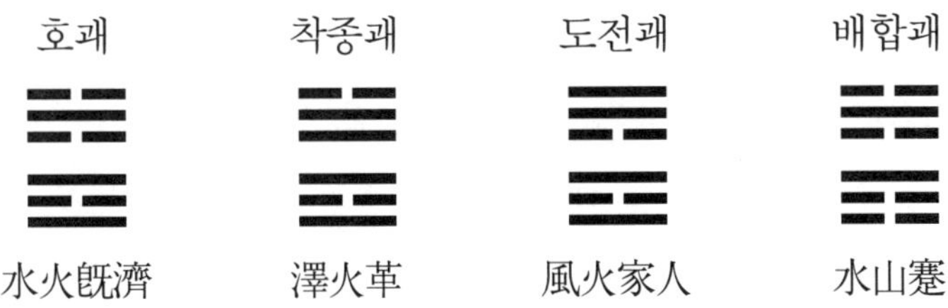

【전래해석】

■ 배야(背也) : 반목과 질시

 다툼이 있고 언행을 조심해야 할 상. 불은 위로 향하고 물은 아래로 행하는 상.

 상하의 괘가 중녀와 소녀이니 사리의 대소를 완전히 파악하지도 못하고 서로 고집만 앞세워 자신의 주장만 하니 형제끼리 반목하고 있는 상이라. 5효와 2효의 음양이 제자리를 잃으니 빨리 주종의 관계를 분명히 하여 협조하라. 또 이상태하(離上兌下)이니 상하의 속마음은 점점 멀어진다.

 규(睽)는 어긋나는 것이다. 성질이 서로 어긋나고 다르기 때문에 돼지와 염소를 판매하는 상이다. 판매저양(販賣猪羊)이란 강태공이 불우할 때 돼지를 팔 때는 빠르고, 양을 팔 때는 더디고, 돼지와 양을 같이 팔 때는 잡지 않기로 하였다. 이 괘를 얻은 사람은 일이 여의치 못하여 농교반졸(弄巧反拙)의 징조가 있다.

■ 예

 옛날에 정정옥(鄭廷玉)이 과거보러 가는데 여비가 부족하여 중도에 친척집으로 가서 투숙하려 했는데 이 괘를 얻었다. 과연 최천상의 거절을 당해 어쩔 수 없이 부끄러움을 당하고 나왔다. 이는 강태공의 불우와도 같다. 이 괘를 얻었다면 운수가 어긋날 징조이다.

■ 판단

판매저양(販賣猪羊)은 마음대로 되지 않는 운수다. 집나간 행인은 돌아오지 못하리라. 교역과 출행도 좋지 않고, 혼인과 재물도 순조롭지 못하다. 이름이 불리하고, 병도 치유되지 못하고, 일하기도 어려울 것이다.

---

6) 천택리(天澤履) : 1+2, 간토궁(艮土宮)

상괘 ☰ 天·金　　하괘 ☱ 澤·金

【원전소개】

■ 괘상(卦象)

상괘는 건천(乾天)으로 양강한 하늘의 기운을 나타내고, 하괘는 태택(兌澤)으로 음유한 연못의 기운을 나타내는 상이다. 상괘가 서북방 금(金)이요, 하괘는 서방 금(金)으로 백호의 기운을 나타낸다 (후천팔괘 도상 참고).

■ 괘의(卦意) : 변정민지(辯定民志)

백성의 뜻을 정리하여 바로잡아 다스려야 한다. 백성들도 배고프면 밥을 주기를 원하고, 추우면 따뜻하게 해주기를 원한다. 그렇다고 원하는대로 모두 들어줄 수는 없으니 질서와 예에 기본을 두고 다스려야 한다.

■ 괘사(卦辭)

이호미(履虎尾)라도 부질인(不咥人)이라 형(亨)하니라.

호랑이 꼬리를 밟았어도 사람을 물지 않으니 형통하다. 호랑이 꼬리를 밟은 것처럼 숨막힐 듯한 초조한 기운이 감돌아 위태로운 지경에 이른다 하더라도 예로써 다하면 모면할 수 있다는 것이다.

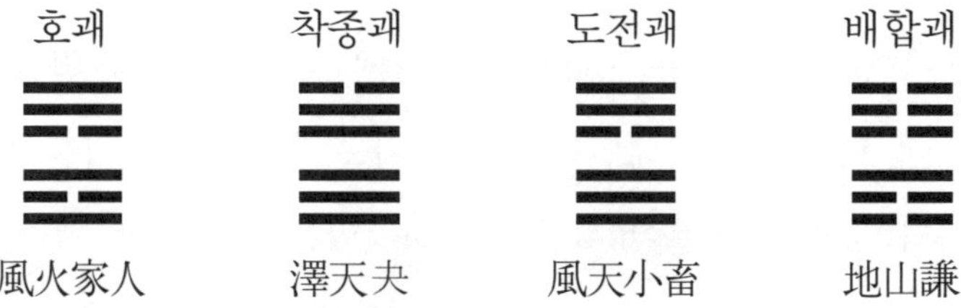

【전래해석】

■ 예야(禮也) : 호랑이 꼬리를 밟음

밟는다. 실천한다. 실천하는데는 위험이 따른다. 하늘 아래 연못은 평안해 보이나 제압당하는 상이다.

상하의 괘가 노부와 소녀로써 윗자리의 연장자가 소녀의 감응에 매혹되어 일시행동에 일을 그르칠 염려가 있으니 호랑이 꼬리를 밟는 것처럼 신중을 기하고, 철없이 권력과 명예에 맹종하는 상대에게 탈도됨이 없도록 보호 지도하고, 강렬한 충동을 억제하라. 또 건상태하(乾上兌下)이니 항상 겉으로 건전하고 안으로 희열을 간직하여 이성을 키워야 성공한다.

이(履)는 예(禮)이다. 신을 신지 않아 나가지 못했으나 봉(鳳)이 기산(岐山)에서 우는 상이라. 이 봉황은 상서로운 새다. 사람은 항상 볼 수 없는 것인데, 홀연 기산 위에서 울어 드디어 문왕(文王)을 세상에 보내어 치국하는데 사적을 성덕이라고 칭송하였다. 이 괘를 얻은 사람은 왕과 국가의 경사가 있을 것이다.

■ 예

옛날에 가정(嘉靖, 명나라 세종)이 임금이 될 때, 태양의 머리를 감는 꿈을 꾼 뒤 자엄숭(子嚴嵩)에게 물어보아 이 괘를 얻었다. 과연 북경에 도착하여 국태민안하였다. 이는 즉 봉황이 기산에 응하는 상이라 하겠다. 봉황이 기산에 내려앉았는데 몇 번을 울어서 성현을 냈던고. 하늘이 문왕(文王)을 내려보내 대업을 열었으니 영화를 팔백 년 누렸다.

■ 판단

봉(鳳)이 기산에 울어 사방을 열었으니 이 괘를 얻은 자 만나면 크게 길하고 창성하리라. 집나간 행인은 소식을 전해올 것이고, 재물도 얻으리라. 출행은 유익하고, 질병도 쾌유되며, 모든 일이 평안무사하리라.

7) 풍택중부(風澤中孚) : 5+2, 간토궁(艮土宮)

상괘 ☴ 風・木　　하괘 ☱ 澤・金

【원전소개】

■ 괘상(卦象)

상괘는 손풍(巽風)으로 쭉 뻗어오른 나무의 기운을 나타내는 상이요, 하괘는 태택(兌澤)으로 연못의 기운을 나타내는 상이다.

풍(風)은 어디든지 불어서 들어가는 바람의 상이다. 불어 움직이는 바람은 나뭇잎의 움직임과 함께 하므로 나무의 상이기도 하다. 나뭇잎이 바람에 살랑거리고, 연못이 있어 풍요로운 정경은 암컷이 알을 낳고 품는 포근한 보금자리의 조건이기도 하다. 오직 품은 알이 깨질까 두려운 마음으로 조심스럽게 믿음으로 대해야 한다.

■ 괘의(卦意) : 의옥완사(議獄緩死)

감옥에 보낼 일이 있으면 의논해서 시행하고, 죽일 일이 있으면 느리게 하라. 세상에 안될 일 못할 일이 어디 있겠는가. 만인의 편안을 위하여 행해야 하니, 오직 법을 기준으로 삼아 정하여 억울한 일이 생기지 않도록 중정한 마음으로 심사숙고해서 다스려야 한다.

■ 괘사(卦辭)

중부(中孚)는 돈어(豚魚) 1 면 길하니 이섭대천(利涉大川)하고 이정(利貞)하니라.

중부(中孚)는 돼지나 물고기까지도 믿게 하면 길하니 큰 내를 건너는 것이 이롭고, 곧고 바르게 해야 한다. 중부(中孚)는 사람뿐 아니라 동물까지도 믿음을 돈독하게 하니 그 덕이 풍부함은 가히 큰내도 건널 수 있다는 것이다. 동물들도 사람이 무서워 도망가지 않고 친근하게 따르는 마음, 중부의 마음이다.

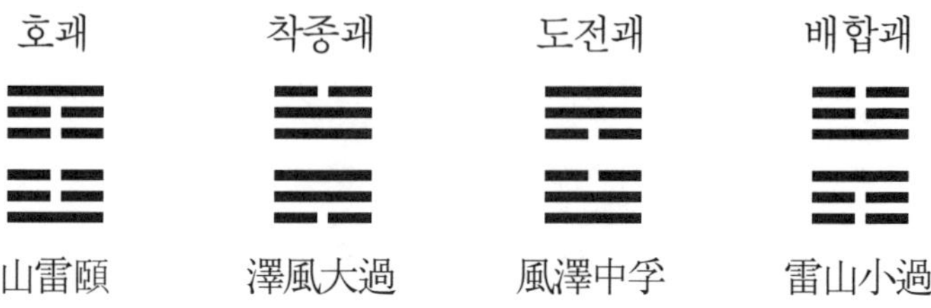

호괘	착종괘	도전괘	배합괘
山雷頤	澤風大過	風澤中孚	雷山小過

【전래해석】

■ 신야(信也) : 지성이면 감천

마음에 성실함이 넘치고, 정직하며 부지런하고, 정성을 다하는 상. 연못 위에 바람이 불어 물결이 춤을 추는 상.

상하의 괘가 장녀와 소녀이니 장녀는 항상 소녀를 감싸며 보살피고, 소녀는 기쁘게 장녀에게 순응하는 상이다. 서로 뜻이 통해 협조하니 지성이면 감천으로 만사가 성취된다. 또 손상태하(巽上兌下)이니 입을 맞대고 정답게 대화하는 상이요, 연못가의 버드나뭇가지가 바람에 나부끼는 상이다. 서로 성의를 다하니 일이 순조롭다.

중부(中孚)는 믿음이다. 따라서 얇은 얼음 위를 걸어 빨리가는 상이다. 이는 한 사람이 하천을 건너가려는데 다리가 없어 얼음 위로 갔다. 중간쯤 가서 그 얼음이 매우 얇은 줄은 전혀 생각하지 못했기에 마음 속으로 무서워하는 것과 같다. 이 괘를 얻은 사람은 일을 할 때는 천천히 해야 된다. 급히 하면 안된다.

■ 예

옛날에 진우량(陳友亮)이 강무재(康茂才)의 서책을 얻고 이 괘를 얻었다. 과연 유백온(劉伯溫)의 계략에 빠져 번양호(番陽湖) 전투에서 대패하고 도망쳤다. 이는 즉 행주박빙(行走薄氷)하는 상과 같다. 노상행인은 바쁜데 다리가 없어 얇은 얼음 위로 건너가야 했다. 조심하나 한 걸음이라도 헛딛으면 물 속으로 빠질 것이다.

■ 판단

행인이 얼음 위로 빨리가는데 얇은 얼음을 걱정하니 교역과 출행은 학식과는 반대이고, 혼인은 대의로 그만 두어야 하고, 관사구설은 화해하는 것이 좋다. 얇은 얼음은 위험하니 행인은 가지 않을 수도 없다. 군자가 이 괘를 얻으면 만사를 조심하라.

---

8) 풍산점(風山漸) : 5+7, 간토궁(艮土宮)

상괘 ☴ 風·木　　　하괘 ☶ 山·土

【원전소개】

■ 괘상(卦象)

상괘는 손풍(巽風)으로 위로 불어오르는 바람의 기운을 나타내고, 하괘는 간산(艮山)으로 멈추어 그친 산의 기운을 나타내는 상이다.

산기슭에 부는 바람은 온 산을 풍요로운 정감으로 넘치게 한다. 점점 오르려 하는 바람의 기운은 은혜로운 덕으로 골고루 불어준다.

■ 괘의(卦意) : 거덕선속(居德善俗)

이웃을 배려하는 아름다운 풍속을 선양하여 평소에도 덕이 쌓여 윤택한 삶을 살아갈 수 있도록 조성한다.

■ 괘사(卦辭)

점(漸)은 여귀(女歸) ㅣ 길하니 이정(利貞)이니라.

점(漸)은 여자가 시집감이 길하니 바르게 하는 것이 이롭다. 여자가 시집을 가면 예전 생활과는 완전히 다르다. 새로운 사람과 인연을 맺어 한 집안의 가통을 이어받고, 또 자손대대로 이어가도록 책임과 의무를 다해야 하니 참으로 중대한 일이다. 예의와 풍속에 맞추어 바르게 나아가야 길한 것이 마땅하다.

호괘	착종괘	도전괘	배합괘
火水未濟	山風蠱	雷澤歸妹	雷澤歸妹

【전래해석】

■ 달야(達也) : 점진적인 발전

순리를 따라 착실하게 성장하는 것. 작은 것이 쌓여 큰 것을 이룸.

산에 나무가 견실하게 자라는 상.

상하의 괘가 장녀와 소남이니 내부의 소남이 다 자랄 때까지 외부에서 장녀가 보살펴 주는 상이라. 소남이 성장하듯이 매사가 순서를 어기지 않고 점진적 발전의 도상이다. 결국 계획대로 추진되어 성공한다. 또 손상간하(巽上艮下)이니 산 위의 나무가 바람에 나부끼듯 과년한 여인이 연하의 남성에게 연정을 품는다.

점(漸)은 나아가는 것이다. 점점 전진하는 까닭에 재간있는 새가 새장을 탈출하는 상이다. 이는 한 준조(雋鳥)가 새장에 갇혀 항상 우울하고 답답하게 지냈는데, 홀연 구경하던 어린애가 새장문을 열어놓자 기회를 놓치지 않고 자유롭게 날아갔다. 이 괘를 얻는 사람은 경사가 있을 징조이다.

■ 예

옛날에 매중(梅中)이 죄인이 되어 몸에 칼을 쓰고 옥중에 있을 때 이 괘를 얻었다. 과연 매세영(梅世英)이 감옥에서 구해 주었다. 이는 준조출롱(雋鳥出籠)한 상과 같다. 재간있는 새가 다행히 새장을 벗어날 수 있으니 재난을 이탈하고 위풍을 나타냈도다. 하루아침에 득의하고 복력에 이르니 동서남북 어디든 자유롭게 갈 수 있도다.

■ 판단

재간있는 새가 새장을 벗어나 만 리나 날아갔으니 교역과 출행이 길창하리라. 사람을 찾는 것은 애만 쓰고, 도망간 사람도 좇기 어려우며, 관사와 질병은 모두 무방하리라. 합이 많으니 혼인은 여의하

고, 이사도 마음대로 되며, 매매가 흥왕하니 재물을 구하는 일도 만
족하리라.

8. 곤궁(坤宮) : ☷, 토(土), 노모(老母), 음괘(陰卦)

1) 곤위지(坤爲地) : 8+8, 상괘 ☷, 하괘 ☷

2) 지뢰복(地雷復) : 8+4, 상괘 ☷, 하괘 ☳

3) 지택림(地澤臨) : 8+2, 상괘 ☷, 하괘 ☱

4) 지천태(地天泰) : 8+1, 상괘 ☷, 하괘 ☰

5) 뇌천대장(雷天大壯) : 4+1, 상괘 ☳, 하괘 ☰

6) 택천쾌(澤天夬) : 2+1, 상괘 ☱, 하괘 ☰

7) 수천수(水天需) : 6+1, 상괘 ☵, 하괘 ☰

8) 수지비(水地比) : 6+8, 상괘 ☵, 하괘 ☷

> ### 1) 곤위지(坤爲地) : 8+8, 곤토궁(坤土宮)
>
> 상괘 ☷ 地·土   하괘 ☷ 地·土

【원전소개】

■ 괘상(卦象)

상괘는 곤지(坤地)로 수용하고 유순하게 따르는 대지의 기운을
나타내는 상이요, 하괘도 곤지(坤地)로 수용하고 유순하게 따르는

대지의 기운을 나타내는 상이다.

수용하고 유순한 덕은 바로 아버지를 따르는 어머니의 유순함이
요, 만물을 포용하고 길러내는 대지는 자손에게 풍요로움을 약속하
는 어머니의 은혜로운 후덕함이다.

■ 괘의(卦意) : 후덕재물(厚德載物)

만물이 시작되는 대지의 은혜로움은 헤아릴 수 없다. 두터운 땅만
큼 두터운 덕이다.

■ 괘사(卦辭)

곤(坤)은 원(元)코 형(亨)코 빈마지정(牝馬之貞)이니 군자의 유유
왕(有攸往)이니라. 선(先)하면 미(迷)하고 후(後)하면 득(得)하리
니 주리(主利)하니라. 서남(西南)은 득붕(得朋)이요, 동북(東北)은
상붕(喪朋)이니 안정(安貞)하여 길하니라.

곤(坤)은 크고 형통하고 암말의 바름이니 군자가 갈 바가 있다.
먼저 하면 갈피를 잡지 못해 헤매고, 나중에 하면 이루어지니 많은
사람을 이롭게 한다. 서남은 친구를 얻고, 동북은 친구를 잃어버리
니 이에 바르게 해야 길하니라.

하늘의 기운과 대지의 기운이 만나 만물이 생긴다. 생긴 만물은
바람과 우뢰와 비와 번개의 조화로움으로 풍요로워지니 우리 인간
도 그 중 하나일 뿐이다. 12월괘 중에서 음력으로 10월인 해(亥)월
의 기운을 나타낸다.

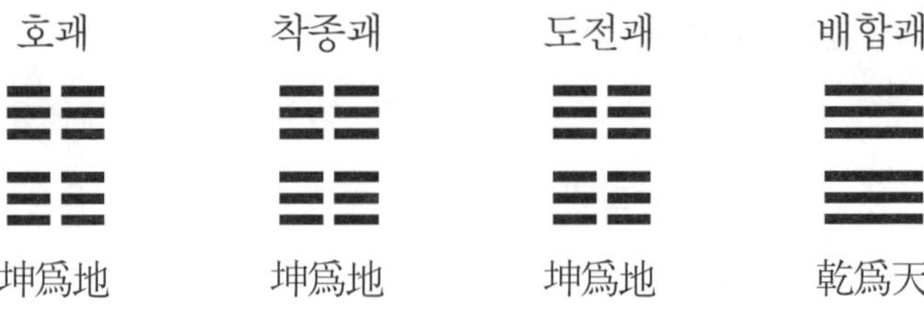

【전래해석】

■ 덕야(德也) : 대지의 아량

생명력의 어머니인 대지에 해당. 대지는 언제나 하늘 아래 있으면서 하늘의 모든 일에 순응하는 상태.

상하의 괘가 전부 음이니 유순과 관용이다. 지(地)는 재물이요 음물(陰物)이요 함축이니, 물질과 내조에는 길하나 외부활동은 부족하다. 명예와 공훈은 양보하고 잠시 물러서서 조용히 전체를 포용하라. 모든 공이 서서히 전부 돌아온다. 피로함을 참고 견뎌라.

곤(坤)은 순한 것이다. 내괘(內卦)와 외괘(外卦)가 순음(純陰)으로 그 성질이 유순하기 때문에 굶주린 범이 먹이를 얻은 상이다. 이는 굶주린 한 마리의 범이 먹이를 찾는데 뜻밖에 무리를 잃고 헤매는 살찐 양 한 마리가 나타나 잡아먹었다. 이 괘를 얻은 사람은 순조롭고 이로울 것이다.

■ 예

옛날에 유비가 사람으로 하여금 장송(長松)을 영접하는데 이 괘를 얻었다. 과연 먼저 서천(西川)을 얻고 나서 뒤에 그 땅까지 차지하였다. 이는 즉 아호득식(餓虎得食)하는 상이라 하겠다. 살찐 양이 무리를 잃고 산 언덕으로 들어갔는데 굶주린 범이 잡아먹고자 입을 벌렸다. 입맛이 당겨 배부르게 먹고나니 퍽 기뻤도다. 이 괘를 얻은 사람은 크게 길하여 창성하리라.

■ 판단

굶주린 범이 먹이를 얻으니 기쁘다. 명예를 구하고 시험을 보면 높은 자리로 옮길 것이다. 집을 나가면 길하고, 집나간 행인은 돌아오며, 시비구설도 간섭하지 말라. 사람을 찾으면 만날 수 있고, 궁금한 사람은 소식이 오며, 질병은 점점 좋아지고, 만사가 순조롭다.

---

2) 지뢰복(地雷復) : 8+4, 곤토궁(坤土宮)

상괘 ☷ 地 · 土　　　하괘 ☳ 雷 · 木

【원전소개】

■ 괘상(卦象)

상괘는 곤지(坤地)로 만물을 태동시키는 대지의 기운을 나타내고, 하괘는 진뇌(震雷)로 솟아오르려는 생명의 기운을 나타낸다.

대지는 씨앗을 품는다. 대지의 씨앗은 끈질긴 생명력으로 두터운 땅을 뚫고 솟아오르려 한다. 보이지 않는 곳에서부터 시작되는 힘찬 기운은 새로운 탄생을 약속한다.

■ 괘의(卦意) : 지일폐관(至日閉關)

동짓날은 문을 굳게 잠그고 움직임을 삼가하라. 동지는 일양이 시
생하는 날이다. 생긴 일양이 잘 자라나도록 보호하기 위해서 조용
히 문을 잠그고 움직임을 아낀다.

■ 괘사(卦辭)

복(復)은 형(亨)하니 출입에 무질(无疾)하야 붕래(朋來)라야 무구
(无咎) 1 리라. 반복기도(反復其道)하야 7일에 내복(來復)하니 이유
유왕(利有攸往)이니라.

복(復)은 형통하여 출입에 장애가 없어 친구가 찾아와도 허물이
없다. 순서로 기운이 돌아와 7일만에 회복하니 가는 바가 이롭다.

『지뢰복(地雷復)괘는 12월괘 중에서 음력 11월로 동짓달의 기운이
다. 음력 11월 동짓달은 매우 추운 계절인 겨울의 음기운으로 이루
어진 가운데 겨우 1개의 양이 태동하여 따뜻한 봄을 잉태하게 되
므로 음 가운데 양 1개의 상서로운 기운을 소중하게 생각한다. 또
한 거기에 내포된 또 다른 의미를 생각해보면 소인배들이 득실거
리는 가운데 대인이 하나 있어 암울한 가운데서도 지혜를 얻을 수
있기 때문이기도 하다. 』

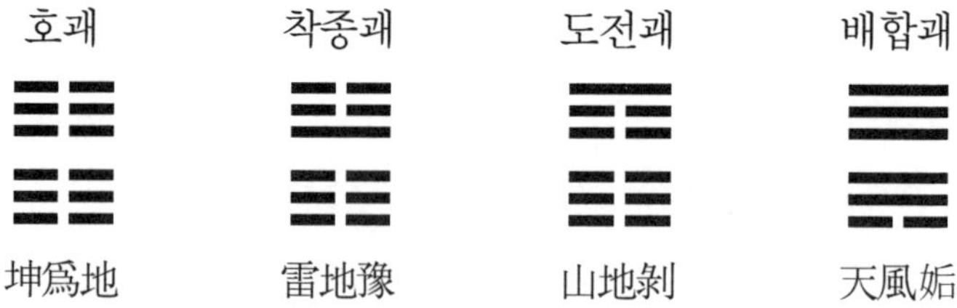

【전래해석】

■ 반야(返也) : 차차 회복됨

 우뢰의 기운이 아직 땅 속에 남아 있고, 땅을 파서 금을 얻고 나 그네가 돌아오는 상.

 상하의 괘가 노모와 장남이니 외정내동(外靜內動)의 상이라. 내부에서 장남이 강력히 움직일 태세다. 양 1개가 중음을 헤치고 올라오니 겨울이 지나고 봄을 맞이한 상이며 발전의 단계라. 또 곤상진하(坤上震下)이니 지하에서 미진이 일어나는 것과 같이 변화의 징조라. 동지 후로 일조 시간이 차츰 길어지는 것과 같이 무리하지 말고 현실의 변화에 적응하라.

 복(復)은 배반하는 것이다. 반목하여 안정되지 못하기 때문에 부처반목(夫妻反目)하는 상이다. 이는 강태공이 오랫동안 불우할 때 심히 곤궁하고 군색했는데, 그의 아내 마씨가 어질지 못하여 항상 바가지를 긁어 떠들어댔다. 이 괘를 얻은 사람은 화목하지 못하고 반목무정할 징조이다.

■ 예

 옛날에 황소(黃巢)가 반란을 일으켜 주온(朱溫)한테 궁을 수색하고, 원(院)을 죽이라고 명령할 때 이 괘를 얻었다. 원(院)을 죽이고 그의 아내를 도로 찾고, 칙지(勅旨)를 배반하고 탈출 도피했다가 스스로 대량왕(大梁王)이 되었다. 즉 부처반목의 괘라. 은인이 의리가 없어 원수가 되니 시비는 평지풍파를 일으킬 것이다.

■ 판단

 부처반목(夫妻反目)은 정에 온순한 것이 못되니 괘를 만나면 도모하는 소망은 성공하지 못한다. 관사는 놀라며 두려움이 있고, 금전은 탕진되며 집안 일은 평안하지 못하다. 현재는 불길하여 심사가 만족할 수 없으나 절기가 바뀌고 달이 바뀌면 자연 안식하리라.

3) 지택림(地澤臨) : 8+2, 곤토궁(坤土宮)

상괘 ☷ 地·土　　하괘 ☱ 澤·金

【원전소개】

■ 괘상(卦象)

 상괘는 곤지(坤地)로 풍요로움을 상징하는 대지의 기운을 나타내는 상이요, 하괘는 태택(兌澤)으로 대지를 적셔 만물을 윤택하게 하는 연못의 기운을 나타내는 상이기도 하다.

■ 괘의(卦意) : 용민무강(容民无疆)

 백성의 마음을 얻으려면 강하게 하면 안된다. 백성은 우매하니 가르치고 포용해야 한다. 우격다짐으로 제압하는 권위의식에서 벗어나 사람의 마음을 감동시키는 것이 부드러움이다.

■ 괘사(卦辭)

 임(臨)은 원형이정(元亨利貞)하니 지우팔월(至于八月)하야 유흉

(有凶)하리라.

임(臨)은 크게 형통하고 바르게 해야 이로우니 팔월에 이르면 흉하리라. 『지택림(地澤臨)괘는 12월괘 중에서 음력 12월 축(丑)월에 해당하는 기운의 양상이다. 지뢰복(地雷復)괘에서 1개의 양이 생겨나고 지택림(地澤臨)괘에서 2개의 양이 생기는 이치를 말한다. 이렇게 점점 양의 기운이 자라지만 때가 지나면 양기운도 사라지고 오(午)월이 되면 음기운이 생겨 자라나는 것이 만상의 이치이므로 8월에는 음기운이 왕성하여 양기운이 약해짐을 의미하니 그렇게 예민하게는 생각하지 말라. 』

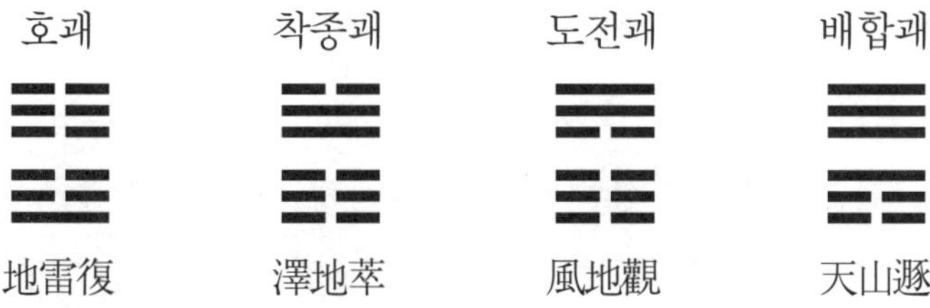

【전래해석】

■ 혁야(奕也) : 큰 포부로 군림함

군림하다. 윗사람이 아랫사람을 포용하는 상태. 재능과 실력을 쌓아야 한다. 대지에서 연못을 내려다보는 상이다.

상하의 괘가 노모와 소녀이니 어머니가 어린 딸을 정성껏 키우고, 소녀는 티없이 밝게 자라는 상이다. 내괘(內卦)의 양효(陽爻) 2개가 4개의 음효(陰爻)를 뚫고 올라오니 봄철에 생명력이 약동함과 같다. 앞으로 가을과 겨울을 보고 진행하라. 또 곤상태하(坤上兌下)이니 지하의 대호가 숨어 있는 상이라. 대괘(大卦) 진(震)으로 동(動)이니 유전과도 연관된다.

임(臨)은 위가 아래에 임하는 것이다. 곤(坤)이 태(兌) 위에 있는 것이 백성에 임한 뜻과 같으니, 정치하는데 인(仁)을 베푸는 상이다. 이는 상조(商朝)의 백성이 주왕(紂王)의 학정에 못견뎌 도탄에 빠진 것과 같더니 홀연 문왕(文王)의 선정을 보고 안심하고 평안히 살 수 있었다. 이 괘를 얻으면 시운이 형통한다.

■ 예

옛날에 고회덕(高懷德)이 불우할 때 모자가 밥을 얻어먹으며 지냈는데 일찍이 이 괘를 얻었다. 조광윤(趙匡胤)을 만나 왕부(王府)에 접근 진출하면서 인정을 받아 친밀하게 되어 함께 부귀를 누렸다. 이는 즉 발정시인(發政施仁)의 괘와 같도다. 군왕이 무도하여 백성이 비상한 고통을 받으니 항상 구름을 없애고 천의(天意)를 보리라고 생각했었다. 다행히 명군의 착한 정치를 만나 중히 여기고, 또 편안하게 살게 되니 자연 즐거움이 있도다.

■ 판단

발정시인(發政施仁)은 지량이 높은 것이다. 출타하여 구재하는 것도 뜻대로 되리라. 교역과 혼인도 크게 유익하고, 집나간 행인은 소식이 있을 것이다. 구설은 관청에 가게 되고, 질병은 차차 치유되며, 명예를 구하면 뜻대로 되고, 가정도 평안하리라.

4) 지천태(地天泰) : 8+1, 곤토궁(坤土宮)

상괘 ☷ 地·土　　하괘 ☰ 天·金

【원전소개】

■ 괘상(卦象)

　상괘는 곤지(坤地)로 아래로 내려오려고 하는 무거운 기운을 나타내는 상이요, 하괘는 건천(乾天)으로 위로 오르려고 하는 가벼운 기운을 나타내는 상이다.

　아래로 내려오려고 하는 무거운 음의 기운과 위로 오르려 하는 가벼운 양의 기운이 서로 만나 교감을 이루어 만물이 태동되는 신비스러운 기운의 양상이다.

■ 괘의(卦意) : 보상천지(輔相天地)

　천기와 지기는 서로서로 도와주고 받음으로 삼라만상이 원활하게 잘 돌아 천하가 태평하다. 음기운이 위에 있다는 것은 소외된 계층을 잘 돌보는 것이며, 양기운이 아래 있다는 것은 지배계층의 겸손함이 아름답게 어우러져 조화를 이루는 현상이다.

■ 괘사(卦辭)

　태(泰)는 소(小) 1 왕(往)코 대(大) 1 내(來)하니 길하야 형(亨)하니라.

태(泰)는 작은 것은 가고 큰 것은 오니 형통하다. 작고 사소한 일에 목숨걸지 말고 좀더 진취적이고 여유있는 심법을 갖추어 크게 생각해야 개인에서 가정, 가정에서 사회, 사회에서 국가로 그 이익이 확대될 것이다. 지천태괘(地天泰卦)는 12월괘 중에서 삼양(三陽)이 시생(始生)되는 음력 1월인 인(寅)월의 기운을 나타낸다.

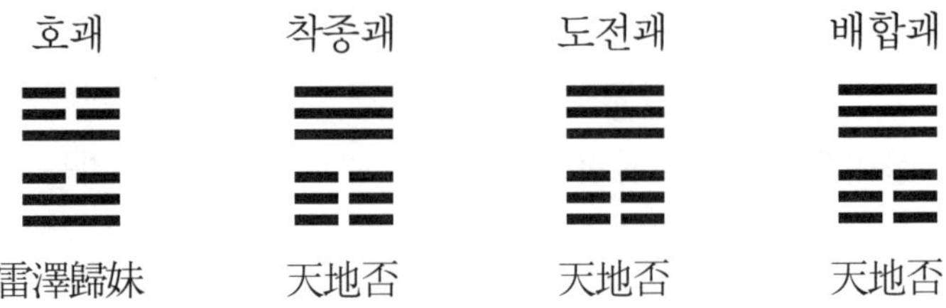

호괘	착종괘	도전괘	배합괘
雷澤歸妹	天地否	天地否	天地否

【전래해석】

■ 통야(通也) : 평화시대의 원만

땅과 하늘이 화합하는 상. 큰 것을 이루어 순풍에 돛단 격이다.

상하의 괘가 노모와 노부로 원만한 부부생활이라. 외유내건이며 정신적인 결합이다. 외괘(外卦) 토(土)가 내괘(內卦) 금(金)을 생하니 내실이 견고하다. 또 곤상건하(坤上乾下)이니 불합리한 것처럼 보이나, 천기는 상승하고 지기는 하강하여 다정하게 교합한 상이라. 상대의 효와도 음양이 상배하니 전체가 결속되어 원만하다.

태(泰)는 통태(通泰)한 것이다. 모든 일이 통하여 자랑스럽기 때문에 희보삼원(喜報三元)하는 상이다. 이는 과거를 보는 사람이 삼장이나 고시를 보고, 그 이튿날 새벽에나 발표될 것으로 짐작했는데 갑자기 어떤 사람이 3번 장원했다고 소식을 전해줘 득의양양하였다. 이 괘를 얻은 사람은 대길할 것이다.

■ 예

옛날에 낙의(樂毅)가 제연왕(齊燕王)을 정벌할 때 이 괘를 얻었다. 마음 속으로 크게 기뻐하고 강력히 전투를 벌여 진(陣)을 모조리 깨트리고 승전했다. 이는 희보삼원(喜報三元)하는 상이다. 이제는 수심도 번민도 사라지고, 평지의 우뢰소리를 듣고 기뻐하였다.

■ 판단

희보삼원(喜報三元)은 운기가 강한 것이다. 도모하고 소망하는 일은 크게 길하리라. 교역과 여행은 크게 득의하고, 시비구설도 모두 무방하리라. 혼인은 늦게 성사되고, 집나간 행인은 곧 돌아오며, 잃어버린 물건은 찾을 수 있고, 모든 일이 여의할 것이다.

---

5) 뇌천대장(雷天大壯) : 4+1, 곤토궁(坤土宮)

상괘 ☳ 雷·木   하괘 ☰ 天·金

【원전소개】

■ 괘상(卦象)

상괘는 진뢰(震雷)로 뇌성벽력인 강한 우뢰의 기운을 나타내는 상이고, 하괘는 건천(乾天)으로 양강(陽强)한 하늘의 기운을 나타내는 상이다. 상괘도 강하고 하괘도 강하다. 무조건 강하게 거침없이 나가다가 해를 당할까 염려된다.

■ 괘의(卦意) : 비례불리(非禮不履)

예(禮)가 아니면 밟지 마라. 본인의 생각만 믿고 씩씩하게 나가다 소인들의 작은 생각에 밀려 다칠 수 있다. 예가 아니면 행하지 말고, 오로지 자중자애하라.

■ 괘사(卦辭)

대장(大壯)은 이정(利貞)하니라.

씩씩하게 나아가는 것은 오직 예의바르게 해야 이로울 뿐이다. 『우뢰가 하늘 위에 있는 것이 대장이니 군자가 이를 본받아 예가 아니면 밟지 않는다. 』

뇌천대장(雷天大壯)괘는 12월괘 중에서 음력 2월인 묘(卯)월의 괘로 4개의 양(陽)이 생겨나 양기운의 왕성한 기운을 나타낸다.

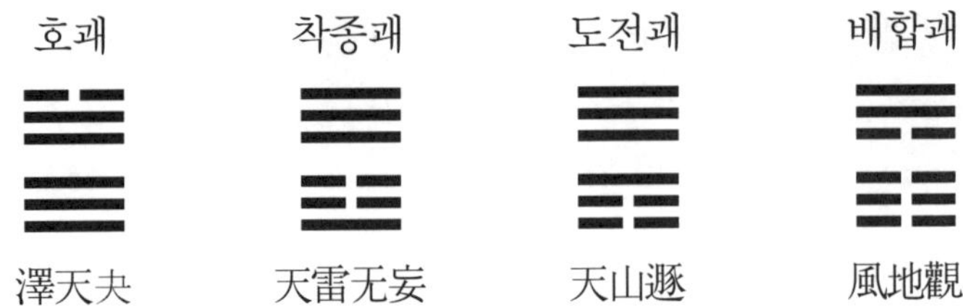

【전래해석】

■ 지야(志也) : 승리해도 실리는 없음

오랜 가뭄에 비가 오기를 애타게 기다리나 우뢰소리만 들리고 비는 오지 않는 상태.

상하의 괘가 장남과 노부이니 강건함을 바탕으로 힘차게 동(動)하는 상이라. 양 대 양으로 마찰 우려가 있고, 소리만 크지 실속이 없다. 그러나 정의가 사(邪)를 추방하고자 함에는 이롭다. 또 진상건하(震上乾下)이니 공중에서 뇌성만 크게 일어나고 기다리는 비는 내리지 않으니 초조하고 안타깝다. 서두르지 마라.

대장(大壯)은 뜻이다. 대장(大壯)은 이(利)하고 정(貞)하기 때문에 목수가 나무를 얻는 상이다. 공사득목(工師得木)이란 목수가 입산한 지 오래되었지만 생계를 꾸려나가지 못하다가, 하루는 큰 나무가 톱으로 다듬어져 땅에 있는 것을 얻고서 크게 생활이 되었다. 이 괘를 얻은 사람은 운기가 점차 도래할 것이다.

■ 예

옛날에 지왕이 비웅(飛熊)을 꿈꾸고 나서 이 괘를 얻었다. 과연 비호산(飛虎山)에서 이존효(李存孝)를 잡고 흥당멸소(興唐滅巢)의 공을 세웠다. 즉 공사득목(工師得木)한 괘와 같다. 이 괘로 목수가 큰 나무를 얻었으니 높은 길을 달릴 것이다. 때가 오면 운수가 호전되어 순조로움이 많을 것이니, 일이 있거든 자영으로 마음놓고 하여라.

■ 판단

공사득목(工師得木)은 기쁨이 크다. 매매와 구하는 재물은 크게 형통할 것이고, 혼인은 합이 많으니 모두 여의하며, 일체의 도모하고 소망하는 일은 모두 성공하리라. 여행은 길하고, 구설도 멀리가며, 질병은 모두 치유되고, 행인은 곧 돌아올 것이다.

6) 택천쾌(澤天夬) : 2+1, 곤토궁(坤土宮)

상괘 ☱ 澤·金   하괘 ☰ 天·金

【원전소개】

■ 괘상(卦象)

상괘는 태택(兌澤)으로 연못의 기운을 나타내는 상이고, 하괘는 건천(乾天)으로 하늘의 기운을 나타내는 상이다.

하늘 위의 연못을 나타낸 괘상으로, 연못은 높이 오르면 오를수록 그 물줄기의 은혜를 받는 폭이 넓어지는 것이다.

■ 괘의(卦意) : 시록거덕(施祿居德)

상과 재물을 베풀어 덕이 있는 사회가 되도록 힘쓴다.

■ 괘사(卦辭)

쾌(夬)는 양우왕정(揚于王庭)이니 호부유려(孚號有厲) ㅣ 니라. 고자읍(告自邑)이오 불리즉융(不利卽戎)이며 이유유왕(利有攸往)하니라.

쾌(夬)는 왕과 함께 하면 이름을 드날릴 것이니 믿고 큰 소리로 호령하면 위태롭다. 스스로 읍으로 가서 알리고 직접 오랑캐와 맞서면 불리하며 가는 바를 둠이 이롭다.

 결단은 사사로이 할 것이 아니라 왕의 뜰에서 공명정대하게 이루어져야 하니, 왕과 뜻을 같이 하여 소인배를 처단한다면 그 이름이 빛나고, 조용하게 결단을 내려야 문제가 확대되지 않아 위태롭지 않다. 또 혼자 오랑캐와 싸우려고 하지 말고 읍에다 알리고 끝까지 마무리를 잘해야 이롭다.

 택천쾌(澤天夬)괘는 12월괘 중에서 음력 3월인 진(辰)월의 괘로 5개의 양기운이 생겨 막바지의 끝나가는 양기운을 나타낸다.

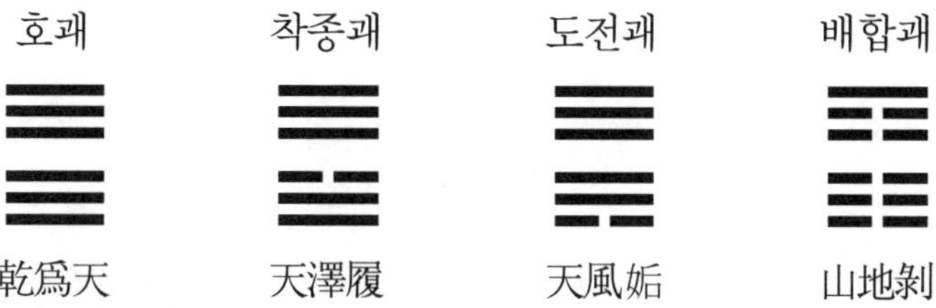

【전래해석】

■ 결야(決也) : 독재와 비리 추방

 타개한다. 현재의 강한 상대만 믿고 분별없이 추진하면 고배를 들 수 있다. 위를 밀어내고 그 자리에 올라서는 강건한 상. 사업이 잘 되어도 지나치게 확장시키려는 욕심을 절제하라.

 상하의 괘가 소녀와 노부이니 철없는 소녀가 원만한 노부를 무시하니 노부가 정의를 앞세워 소녀의 비행을 추방하고자 결단을 내리는 상이다. 내면을 충실히 하고 내부의 의견을 존중하여 결행하

라. 자칫하면 미숙한 여왕에게 노여움만 받을 염려가 있다. 또 태상건하(兌上乾下)이니 하늘에 짙은 구름이 끼어 곧 비가 내릴 상이라. 이성을 조심하라.

쾌(夬)는 결단하는 것이다. 강건하고 기뻐하기 때문에 노니는 벌이 그물을 벗어나는 상이다. 이는 한 떼의 유봉이 꽃을 뚫고 버드나무를 지나다 잘못하여 거미줄에 걸렸는데 다행히 큰 바람이 불어와 거미줄이 끊어져 마음대로 날아갈 수 있었다. 이 괘를 얻은 사람은 길경이 여의할 징조이다.

■ 예

옛날에 맹상군(孟嘗君)이 진(秦)나라에 볼모로 잡혀가 있을 때 이 괘를 얻었다. 과연 한밤중에 몰래 탈출하여 함관(函關)에 당도하자 마침 닭이 울어 탈출하게 되었다. 이는 즉 유봉탈망(遊峰脫網)하는 괘와 같다 하겠다. 거미가 하늘을 가리도록 그물을 탄탄하게 쳐놓아 놀던 벌이 거미줄에 걸렸도다. 다행히 큰 바람이 불어와 그물을 끊어 재난을 벗어나 유유자적하게 되었도다.

■ 판단

유봉탈망(遊峰脫網)은 기쁨이 한량없다. 재물이 불어나고 인구도 증가하여 복록이 진진할 것이다. 밖은 통달하고 안은 순하니 부귀영화가 전보다 나을 것이다. 소송은 종결되고, 질병은 말끔히 치유되며, 재물을 구하면 들어오고, 일을 시작하면 마음대로 되리라.

7) 수천수(水天需) : 6+1, 곤토궁(坤土宮)

상괘 ☵ 水·水 하괘 ☰ 天·金

【원전소개】

■ 괘상(卦象)

상괘는 감수(坎水)로 아래로 내려오려고 하는 무거운 기운을 나타내는 상이요, 하괘는 건천(乾天)으로 위로 오르려고 하는 가벼운 기운을 나타내는 상이다.

하늘 위에서 떠도는 구름이 물방울로 이루어진 다음 비가 되어 내릴 때까지는 기다릴 수밖에 없는 것이다.

■ 괘의(卦意) : 음식연락(飮食宴樂)

음식을 먹으면서 여유롭게 기다리라. 기다린다는 것은 때로는 사람의 마음을 조급하게 만들기도 하니, 자신을 다스리는 법을 터득하여 적당한 때가 올 때까지 여유있게 기다려야 된다는 것이다.

■ 괘사(卦辭)

수(需)는 유부(有孚)하야 광영(光亨)코 정길(貞길)하니 이섭대천(利涉大川)하니라.

수(需)는 믿음이 있어 빛나고 형통하여 바르게 하여 길하니 큰 내를 건넘이 이롭다. 마음 속에 자리 잡은 불안감의 요소를 애써 감추는 것이 아니라, 큰 마음 속에는 불안감의 요소가 차지하는 범위

가 작을 것이다. 대인의 중정한 능력으로 큰 문제도 시와 때를 잘
활용한다면 쉽고 가볍게 해결될 것이다.

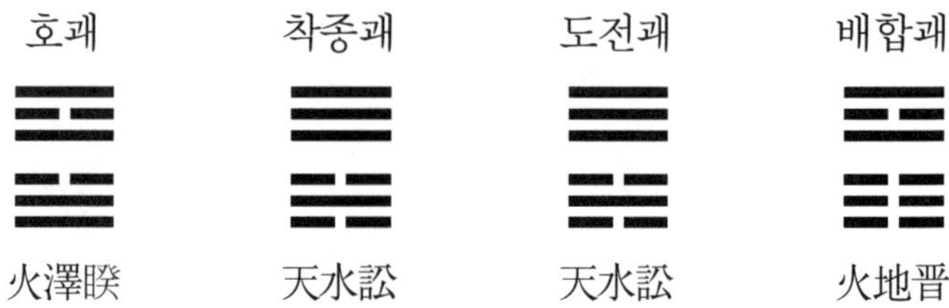

<table>
<tr><td>호괘</td><td>착종괘</td><td>도전괘</td><td>배합괘</td></tr>
<tr><td>火澤睽</td><td>天水訟</td><td>天水訟</td><td>火地晋</td></tr>
</table>

【전래해석】

■ 대야(待也) : 인중유복(忍中有福)

 기다림을 필요로 한다. 능력과 지략이 있어도 아직은 인정받거나
활동할 시기가 아니다. 하늘의 수증기가 물방울이 된 상이며, 성숙
되는 시기를 기다려 몸과 마음을 닦는 일.

 상하의 괘가 중남과 노부로 양이니 노인처럼 자중하고 중남과 같
은 지나친 용기는 때가 올 때까지 참고 기다려야 한다. 또 감상건
하(坎上乾下)이니 하늘 위에 물이라. 구름이 끼어 있으나 기다리는
비는 아직 오지 않는다. 강행하면 외괘(外卦)가 함(陷)이니 불의지
사(不意之事)에 빠진다. 심한 곤란은 없으니 먹고 쓰면서 답답하더
라도 태연하게 더 기다려라. 명주(明珠)가 출토되는 상이다.

 수(需)는 필요한 것이다. 때를 기다려 동(動)하기 때문에 명주출
토(明珠出土)되는 상이다. 명주(明珠) 하나가 진애(塵埃)에 묻힌지
오래되어 심히 광명치 못하다가, 홀연 바람이 불어와 흙을 치워 명
주(明珠)가 또렷하고 선명하게 나타나니 보는 사람마다 진기하게

여기고 사랑하였다. 이 괘를 얻은 사람은 시운이 형통할 징조이다.

■ 예

옛날에 악비(岳飛)가 종택(宗澤)의 휘하에서 장수가 되었을 때 이 괘를 얻었다. 과연 종택(宗澤)이 인(印)을 수여하고 원사(元師)로 삼아 그 용맹스러운 재주를 발전시켜 공이 천하를 덮었다. 즉 명주 출토(明珠出土)되는 괘와 같다. 명주(明珠)가 흙에 묻혀 빛을 내지 못하는데 큰 바람이 불어와 흙을 날려버리니 자연 나타나고 또 거듭 새롭도다.

■ 판단

명주(明珠)가 진애(塵埃) 속에서 나왔으니 구설 관사는 모두 소산 되고, 집을 나간 행인도 당연히 만나볼 것이다. 교역은 성공하고, 재앙도 없어질 것이다. 도모하고 소망하는 일은 성공하고, 혼인은 가장 적합하며, 재물을 구하면 여의하니 의기양양할 것이다.

> ## 8) 수지비(水地比) : 6+8, 곤토궁(坤土宮)
> 상괘 ☵ 水水　　　하괘 ☷ 地土

【원전소개】

■ 괘상(卦象)

상괘는 감수(坎水)로 흐르는 물의 기운을 나타내는 상이요, 하괘는 곤지(坤地)로 두터운 대지의 기운을 나타내는 상이다.

흐르는 물길을 막는 것도 토(土)이지만 물이 흘러갈 수 있도록 물길을 제공하는 것도 토(土)이다. 삭막한 대지를 적셔 기름진 옥토를 만들어 만물을 살아가게 한다. 그래서 물과 흙은 상반된 작용으로 서로를 유익하게 돕는 것이다.

■ 괘의(卦意) : 건국친후(建國親候)

나라를 세운 후 지방의 제후와 친분을 두텁게 한다. 시끄러운 무리들을 제거하고 이제는 태평시대가 오고 있다. 이러한 상황에서 태평한 시대를 영원히 유지하려면 지방 제후들과 믿음을 돈독하게 쌓아야 한다.

■ 괘사(卦辭)

비(比)는 길하니 원서(原筮)호대 원영정(元永貞)이면 무구(无咎) 1 리라. 불령(不寧)이어야 방래(方來)니 후(後) 1 면 부(夫) 1 라도 흉이리라.

비(比)는 길하니 점괘가 나온 그대로를 으뜸으로 생각하면서 곧게 나가면 허물이 없을 것이다. 안녕하지 못해야 법을 부르니 나중에 하면 장부라도 흉하리라.

비(比)괘는 길하니 처음 점을 하여 이 괘를 얻었으면 믿고 굳게 나가야 허물이 없을 것이다. 친분을 돈독하게 맺어야 할 자리라면 지체하지 말라. 서둘러 행하면서 눈치보고 시간을 보내다 문제가 생기면 방책을 써야 하니 흉하다.

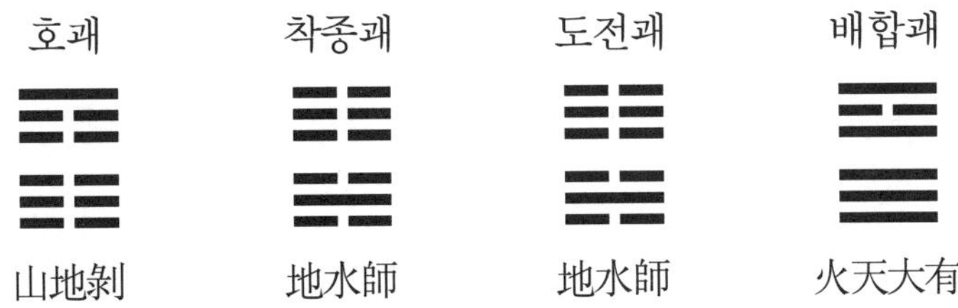

【전래해석】

■ 화야(和也) : 자애포덕(慈愛布德)

두 사람이 나란히 서 있는 형상으로 서로 친밀하게 돕는다는 뜻. 공동의 힘으로 목적을 이루고, 세력있는 사람의 주위에 사람이 많이 모여드는 상.

상하의 괘가 중남과 노모이니 외강내정이고, 위엄으로 인화를 유지한다. 외괘(外卦) 5효의 군왕위에 양이 있어 많은 음들이 따른다. 또 감상곤하(坎上坤下)이니 지상으로 유유히 흘러가는 물의 형상이다. 평화와 여유를 뜻하나 좋은 기회를 안일하게 보낼 염려가 있다. 항상 많은 음의 뜻을 충족시켜 줄 수 있도록 자세를 갖춰라.

비(比)는 화(和)하는 것이다. 서로 도와주니 배가 순풍을 만나는 상이다. 이는 양곡을 실은 한 척의 배가 전력을 다해 노를 저었으나 짐은 무겁고 물은 얕아 꼼짝하지 못하다가 홀연 순풍이 불어와 전혀 힘이들지 않았다. 이 괘를 얻은 사람은 어디를 가나 이롭다.

■ 예

옛날에 주유(周瑜)가 화공계(火攻計)를 써서 조조를 격파하고자 하나 바람이 없음을 근심하다 이 괘를 얻었다. 과연 때가 되니 순풍이 불어와 불로 전선을 불태워 크게 승전하였다. 하늘도 회오리 바람이 불도록 도와주니 마음대로 해도 크게 형통하리라.

■ 판단

배가 순풍을 만나고 회오리바람까지 불어오니 투기로 향하는데 표준이 있거든 출행하는 것도 좋다. 교역이나 재물을 구하는 일은 크게 이로울 것이고, 도모하고 소망하는 일은 크게 성공할 것이다. 잃어버린 물건도 찾을 수 있고, 관사도 유리하며, 혼인과 명예를 구하는 일도 반드시 기쁨을 볼 것이다.

제3장. 육효(六爻)의 기초이론

1. 작괘(作卦)

1. 작괘(作卦)할 때의 마음가짐

육효(六爻)점은 신명점이므로 장난이나 조급한 마음으로 하면 안 되고, 본인의 생각대로 되기 원하는 마음보다 시간과 공간이 주는 메시지를 겸허하게 수용하는 자세가 무엇보다 필요하다. 옳고 바른 답이 내려지기를 원하는 마음으로 주변을 정리하고, 기도하는 자세로 괘를 내야 한다.

— 심신이 정결할 때 괘를 낸다.

— 조금이라도 믿기지 않으면 괘를 내지 않는다.

— 한 가지 사안만 갖고 괘를 낸다.

— 정성이 깃들면 언제든 신명이 응하니 시간에 얽매이지 말라.

― 시간이나 절기의 분기점은 유의한다.

― 기도나 목욕은 생활에서 항상 하는 것이니 먼저 손을 씻는다.

― 향이 준비되어 있으면 피운다.

― 계사상전(繫辭上傳) 제9장을 읽으면서 마음을 가다듬는다.

계사상전(繫辭上傳) 제9장을 소개하면 "천일지이(天一地二) 천삼지사(天三地四) 천오지육(天五地六) 천칠지팔(天七地八) 천구지십(天九地十)이니 천수 1 오(天數l五) 지수 1 오(地數l五) 1 이니 오위상득(五位相得)하며 이각유합(而各有合)하니 천수(天數) 1 이십유오(二十有五) 1 오 지수(地數) 1 삼십(三十)이라. 범천지지수(凡天地之數) 1 오십유오(五十有五) 1 니 차(此) 소이성변화(所以成變化)하며 이행귀신야(而行鬼神也) 1 라"이다.

풀이하면 하늘 하나, 땅 둘, 하늘 셋, 땅 넷, 하늘 다섯, 땅 여섯, 하늘 일곱, 땅 여덟, 하늘 아홉, 땅 열이니 천수(天數 : 陽數)가 5요, 지수(地數 : 陰數)가 5이다. 5자리가 서로 얻으며 각각 합하니 천수(天數)가 25요 지수가 30이다. 무릇 천지의 수가 55이니, 이것이 변화하며 귀신을 행한다는 뜻이다.

2. 작괘(作卦)의 종류

계사상전(繫辭上傳)에 이런 말이 있다. 공자가 말하였다. 글은 말을 다하지 못하고, 말은 생각을 다하지 못한다. 그러면 성인의 생각을 볼 수 없는가? 공자가 말하였다. 성인은 상을 세워 생각을 나타내고, 괘를 베풀어 참과 거짓을 가리며, 글귀를 붙여 그 말을 다하고, 변하여 통하게 하여 이로움을 다하고, 북치며 춤추어서 신을 다한다고 하였다. 성인의 말도 이러하듯 작괘(作卦)란 어떤 사건이나 사안을 정한 뒤 신명에게 말로 다할 수 없고 글로 쓸 수 없는 메시지를 받기 위하여 하는 행위라고 생각한다.

 괘를 얻는 방법은 아주 다양하다. 학자마다 나름대로 독특한 방법을 고안하여 활용하고, 선인들이 활용했던 방법들 중에서 모르는 것을 고서나 문헌을 통하여 찾아낸다. 그 중에서도 주나라 때부터 활용하여 온 설시법(揲蓍法)이 있다. 설시법(揲蓍法)은 주로 의리역법(義理易法)에서 연구하고 활용한다.

 의리역법(義理易法)은 주나라에서 춘추전국시대의 공자에게로 전해졌고, 주로 통치자들이 갖추어야 하는 덕목으로 유가와 도가에 흡수되어 수행의 차원에서 발전한 작괘법이다. 여기서는 의리역(義理易)보다는 상수역(象數易)에 비중을 두고 설명하고자 한다. 작괘에는 서죽작괘, 동전작괘(척전법), 시간작괘, 숫자작괘 등이 있다.

1) 서죽(筮竹)작괘

① 서죽 50개를 준비한다. 중국서점이나 불구점에서 살 수 있다.

② 서죽마다 숫자를 적는다.

③ 문점자가 남자이면 먼저 왼손으로 서죽 하나를 뽑아 상괘로 정하고, 여자이면 먼저 오른손으로 서죽 하나를 뽑는다. 뽑은 서죽

에 적힌 숫자가 8 이상이면 8로 나누어 남은 숫자로 정한다.

④ 다음은 오른손으로 하나를 뽑아 하괘로 정한다. 뽑은 숫자가 8 이상이면 8로 나누어 나머지 숫자로 정한다.

⑤ 마지막으로 왼손으로 하나를 뽑아 동효(動爻)로 정하고, 뽑은 숫자가 6 이상이면 6으로 나눈 후 나머지 숫자로 동효(動爻)의 위치를 정한다.

⑥ 괘반(卦盤)을 작성한다. 오른손과 왼손의 순서는 남좌여우의 원리에 기준한 것이다.

예를 들어 문점자가 남자이면,

① 왼손으로 뽑은 서죽에 31이 써 있으면 31÷8=3…7에서 나머지 7을 선택하여 7번째가 되는 간산괘(艮山卦)가 된다(상괘).

② 오른손으로 뽑은 서죽에 19가 써 있으면 19÷8=2…3에서 나머지 3을 선택하여 3번째가 되는 이화괘(離火卦)가 된다(하괘).

③ 왼손으로 뽑은 서죽에 7이 써 있으면 7÷6=1…1에서 나머지 1을 선택하여 초효(初爻)가 동효(動爻)가 된다.

괘반(卦盤)을 작성하면 간토궁(艮土宮)에 산화비괘(山火賁卦)가 초효(初爻)가 동(動)하여 간위산괘(艮爲山卦)가 된다.

간위산(艮爲山) / 산화비(山火賁) 간토궁(艮土宮)

━━ 　寅

━ ━ 　子應　　　월건과 일진을 쓴다.

━ ━ 　戌

━━ 　亥　　　공망과 육친은 언급하지 않았다.

━ ━ 　丑 世

━━ 　卯 (初九爻) → 동효(動爻)

2) 동전작괘(척전법)

　동전의 양면을 음과 양으로 정한 후, 동전 3개를 6번 던져 6개의 효를 구한다. 음면이 1개, 양면이 2개이면 음효, 양면이 1개, 음면이 2개이면 양효로 정한다. 동전 3개가 모두 양면이 나오면 양효가 동한 것이고, 동전 3개가 모두 음면이 나오면 음효가 동한 것이다.

○ : 陽　　　● : 陰

예를 들면, 미제(濟未) / 산풍고(山風蠱)

상효 6　● ○ ●　━━ 　寅 應

5효 5　● ○ ○　━ ━ 　子

4효 4　● ● ●　━ ━ 　戌　　　(동효)음이 동하여 양이 됨.

3효 3　○ ○ ○　━━ 　酉 世　　　(동효)양이 동하여 음이 됨.

2효 2　● ● ○　━━ 　亥

초효 1　○ ○ ●　━ ━ 　丑

3) 시간작괘

문의하는 시간을 기준으로 괘반(卦盤)을 작성해본다.

■ 동효는 초침으로 잡는다.

초효동 : 1~10초	2효동 : 11~20초
3효동 : 21~30초	4효동 : 31~40초
5효동 : 41~50초	상효동 : 51~60초

■ 하괘는 분침으로 잡는다.

곤괘(坤卦) :　05분 1초~10분	태괘(兌卦) : 10분 1초~20분
건괘(乾卦) : 20분 1초~25분	감괘(坎卦) : 25분 1초~35분
간괘(艮卦) : 35분 1초~40분	진괘(震卦) : 40분 1초~50분
손괘(巽卦) : 50분 1초~55분	이괘(離卦) : 55분 1초~05분

■ 상괘는 시침으로 잡는다.

이괘(離卦) : 11~1시	곤괘(坤卦) : 1~2시
태괘(兌卦) : 2~4시	건괘(乾卦) : 4~5시
감괘(坎卦) : 5~7시	간괘(艮卦) : 7~8시
진괘(震卦) : 8~10시	손괘(巽卦) : 10~11시

　상괘는 시침으로 잡는데, 괘의 구분은 위에서 설명한 분침과 같이 나눈다. 예를 들면 어떤 문의가 있을 때 먼저 초침을 본다. 시계가 15시 48분 25초를 지나면 25초를 동효(動爻)를 내는 숫자로 먼저 정해놓고, 그 다음 시침과 분침을 보고 괘를 낸다. 괘가 정해지는

시계의 영역은 위와 같다. 여기서 주의할 것은 분과 분 사이의 기준은 초침으로 정하고, 시간과 시간 사이의 기준은 분침으로 한다.

괘반(卦盤)을 작성해보자. 시침이 15시를 가리키면 오후 3시이니 태괘(兌卦)의 영역이니 상괘는 태괘(兌卦)가 되고, 분침이 48분이면 진괘(震卦)의 영역에 머물고 있다. 그래서 하괘는 진괘(震卦)가 된다. 그러면 이제 동효(動爻)가 남았는데 동효(動爻)는 초침으로 정해지므로 25초이면 초침이 21~30초 사이를 지날 때이니 앞에서 설명한 것처럼 3효동으로 정한다.

■ 택화혁(澤火革) / 택뢰수(澤雷隨) 진목궁(震木宮)

上卦	▬ ▬	未 (上六爻)		應
	▬▬▬	酉 (九五爻)		
	▬▬▬	亥 (九四爻)		
下卦	▬ ▬	辰 (六三爻)	動爻	世
	▬ ▬	寅 (六二爻)		
	▬▬▬	子 (初九爻)		

4) 숫자작괘

숫자 3개를 가지고 괘반(卦盤)을 작성하는 방법이다. 문점자가 원하는 숫자로 하는데, 가능하면 30 이하로 한다.

① 처음 부른 숫자를 상괘로 정한다.

② 2번째 부른 숫자를 하괘로 정한다.

③ 3번째 부른 숫자를 동효(動爻)로 정한다.

상괘와 하괘를 작성할 때 8 이상이면 8로 나눈 후 남은 숫자로 정하고, 동효(動爻)로 부른 숫자가 6 이상이면 6으로 나눈 후 남은 숫자로 동효의 위치를 정한다. 만일 문점자가 26, 30, 17를 택했으면,

26 :상괘 26÷8 = 3…2(나머지 2를 선택하면 태괘(兌卦)가 된다.)

30 :하괘 30÷8 = 3…6(나머지 6을 선택하면 감괘(坎卦)가 된다.)

17 :동효 17÷6 = 2…5(나머지 5를 선택하면 5번째 효(爻)가 동효(動爻)가 된다.)

※ 상괘와 하괘를 그려보면 태금궁(兌金宮)에 택수곤괘(澤水困卦)가 된다.

택수곤괘(澤水困卦)가 5효가 동하여 뇌수해(雷水解)가 된 괘반을 작성해보면 다음과 같다.

■ 택수곤(澤水困) / 뇌수해(解 水 雷) 태금궁(兌金宮)

상괘 ▬ ▬　　未(上六爻)

　　 ▬▬▬　　酉(九五爻)　　動爻

　　 ▬▬▬　　亥(九四爻)　　應

하괘 ▬ ▬　　午(六三爻)

　　 ▬▬▬　　辰(九二爻)

　　 ▬ ▬　　寅 (初六爻)　　世

※ 9는 양의 대표수이고, 6은 음의 대표수이다.

상하괘를 8로 나누는 것은 괘가 8괘이기 때문이고, 동효(動爻)를 낼 때 6으로 나누는 것은 6개의 효(爻) 중에서 변하기 때문이다. 서죽작괘, 숫자작괘, 시간작괘법은 효를 1개만 동하지만, 동전작괘는 동효가 없을 수도 있고, 6개가 모두 동할 수도 있다.

2. 육효(六爻) 전문용어 익히기

1. 팔효(八爻)

① 정효(正爻) : 하나의 괘를 이루는 6개의 기본효를 말한다.

② 세효(世爻) : 정효(正爻) 중 자신으로 나타나는 효를 말한다.

③ 응효(應爻) : 정효(正爻) 중 상대나 목적을 나타내는 효가 될 수도 있다.

④ 동효(動爻) : 정효(正爻) 중에서 발동한 효를 말한다.

⑤ 변효(變爻) : 동효(動爻)가 화출(化出)한 효를 말한다.

⑥ 정효(靜爻) : 정효(正爻) 중에서 발동하지 않고 가만히 있는 안정된 효를 말한다.

⑦ 간효(間爻) : 세효(世爻)와 응효(應爻) 사이에 있는 효를 말한다.

⑧ 대효(對爻) : 서로 짝이 된 효를 말한다. 예를 들면 초효와 4효, 2효와 5효, 3효와 상효 등이다.

2. 수괘(首卦)와 비신(飛神)·육친(六親)·세효(世爻)·응효(應爻)

순서	괘명	음양오행	설정	상효	5효	4효	3효	2효	초효
1	乾爲天	+(金)	세응	世	-	-	應	-	-
			괘상	―	―	―	―	―	―
			비신	戌	申	午	辰	寅	子
			육친	父	兄	官	父	才	孫
2	兌爲澤	-(金)	세응	世	-	-	應	-	-
			괘상	― ―	―	―	― ―	―	―
			비신	未	酉	亥	丑	卯	巳
			육친	父	兄	孫	父	才	官
3	離爲火	-(火)	세응	世	-	-	應	-	-
			괘상	―	― ―	―	―	― ―	―
			비신	巳	未	酉	亥	丑	卯
			육친	兄	孫	才	官	孫	父
4	震爲雷	+(木)	세응	世	-	-	應	-	-
			괘상	― ―	― ―	―	― ―	― ―	―
			비신	戌	申	午	辰	寅	子
			육친	才	官	孫	才	兄	父
5	巽爲風	-(木)	세응	世	-	-	應	-	-
			괘상	―	―	― ―	―	―	― ―
			비신	卯	巳	未	酉	亥	丑
			육친	兄	孫	才	官	父	才
6	坎爲水	+(水)	세응	世	-	-	應	-	-
			괘상	― ―	―	― ―	―	―	― ―
			비신	子	戌	申	午	辰	寅
			육친	兄	官	父	才	官	孫
7	艮爲山	+(土)	세응	世	-	-	應	-	-
			괘상	―	― ―	― ―	―	― ―	― ―
			비신	寅	子	戌	申	午	辰
			육친	官	才	兄	孫	父	兄
8	坤爲地	-(土)	세응	世	-	-	應	-	-
			괘상	― ―	― ―	― ―	― ―	― ―	― ―
			비신	酉	亥	丑	卯	巳	未
			육친	孫	才	兄	官	父	兄

十二地支	子	丑	寅	卯	辰	巳	午	未	申	酉	戌	亥
陰陽	+	-	+	-	+	-	+	-	+	-	+	-

상효에 세(世)가 붙는 수괘(首卦)에는 항상 3번째 효에 응(應)이 붙는다. 수괘(首卦)의 세효(世爻)는 어느 궁을 막론하고 상효(上爻)에 지세(持世)한다. 각 효에 붙는 지지(地支)를 비신(飛神)이라 한다. 비신(飛神)은 어느 괘의 효가 변하면서 괘가 변하여 본괘의 지지(地支)가 변한 괘의 지지(地支)로 바뀌는데, 날아다니며 변하는 것처럼 보여 비신(飛神)이라 부르는 것으로 짐작한다.

양괘(陽卦, 乾震坎艮)에는 양지지(陽地支, 子寅辰午申戌)가 적용되는데, 건괘(乾卦)를 중심으로 진감간(震坎艮) 순서로 순행하며 변해간다. 건괘(乾卦)와 진괘(震卦)의 비신(飛神)은 똑같이 적용된다. 그러나 괘의 오행궁(五行宮)은 다르다. 즉 건괘(乾卦)는 오행이 금궁(金宮)이고, 진괘(震卦)는 목궁(木宮)이다.

음괘(陰卦, 兌離巽坤)에는 음지지(陰地支, 丑卯巳未酉亥)가 적용되는데, 배열순서는 건괘(乾卦)와의 교합으로 각 효마다 음지지(陰地支)가 자리한다. 즉 건괘(乾卦)의 상괘와 곤괘(坤卦)의 하괘와의 합으로 곤괘(坤卦)의 하괘 비신(飛神)이 정해지고, 건괘(乾卦)의 하괘와 곤괘(坤卦)의 상괘와의 합으로 곤괘(坤卦)의 상괘 비신(飛神)이 정해진다.

비신(飛神)의 변화

陽 —				陰 --				
艮	坎	震	乾	坤	兌	離	巽	괘명
土	水	木	金	土	金	火	木	오행
寅 — 子 -- 戌 --	子 -- 戌 — 申 --	戌 -- 申 -- 午 —	戌 — 申 — 午 —	酉 -- 亥 -- 丑 --	未 -- 酉 — 亥 —	巳 — 未 -- 酉 —	卯 — 巳 — 未 --	上卦
申 — 午 -- 辰 --	午 -- 辰 — 寅 --	辰 -- 寅 -- 子 —	辰 — 寅 — 子 —	卯 -- 巳 — 未 --	丑 -- 卯 — 巳 —	亥 — 丑 -- 卯 —	酉 — 亥 — 丑 --	下卦

3. 팔신(八神)

팔신(八神)은 6개의 효로 구성된 가운데 각 효의 작용이 서로 연결되어 설정된 관계를 8가지로 분류한 것이다.

① 용신(用神) : 구하고자 하는 사안에서 목적이 되는 오행이다.

② 원신(元神) : 용신(用神)을 생하는 오행이다.

③ 기신(忌神) : 용신(用神)을 극하는 오행이다.

④ 구신(仇神) : 기신을 돕는 오행이다.

⑤ 비신(飛神) : 정괘(正卦)에 접목되는 십이지지(十二地支)로 팔신(八神)의 중심이 된다.

⑥ 복신(伏神) : 정괘(正卦)에 드러나지 않고 숨어 있는 효이다.

⑦ 진신(進神) : 동효(動爻)가 변효(變爻)로 전진하는 십이지지(十
二地支)이다.

⑧ 퇴신(退神) : 동효(動爻)가 변효(變爻)로 퇴보하는 십이지지(十
二地支)이다.

4. 삼전(三傳)과 효(爻)와의 관계

삼전(三傳)이란 태세(太歲)와 월건(月建)과 일진(日辰)을 말한다.
육효(六爻)에서 태세(太歲)를 적용할 때 장기적인 사안이나 먼 훗
날을 예측할 때 중요시 한다. 또 출산점과 같이 시각을 다투는 점
사에는 시진(時辰)을 중요시 한다. 그 외는 주로 월건(月建)과 일
진(日辰)으로 점단한다.

월건(月建)은 육효를 칠 때 해당하는 달로 월령(月令)을 말한다.
─ 정월은 입춘에 인월령(寅月令)이 시작한다.
─ 2월은 경칩에 묘월령(卯月令)이 시작한다.
─ 3월은 청명에 진월령(辰月令)이 시작한다.
─ 4월은 입하에 사월령(巳月令)이 시작한다.
─ 5월은 망종에 오월령(午月令)이 시작한다.
─ 6월은 소서에 미월령(未月令)이 시작한다.
─ 7월은 입추에 신월령(申月令)이 시작한다.
─ 8월은 백로에 유월령(酉月令)이 시작한다.
─ 9월은 한로에 술월령(戌月令)이 시작한다.

ㅡ 10월은 입동에 해월령(亥月令)이 시작한다.

ㅡ 11월은 대설에 자월령(子月令)이 시작한다.

ㅡ 12월은 소한에 축월령(丑月令)이 시작한다.

월건(月建)은 모든 효(正爻, 動爻, 變爻)를 생극충합(生剋沖合)할 수 있다. 월건(月建)이 효를 생부(生扶)하면 유기(有氣)하다 하고, 극설(剋泄)되면 무기(無氣)하다고 한다. 단 일진(日辰)의 생부(生扶)를 받으면 다르다. 월건(月建)에 효가 충된 것을 파(破)되었다고 하는데, 일진(日辰)의 생부(生扶)를 받는 효는 월령(月令)에 충되어도 파되었다고 하지 않는다.

월건(月建)에서 효를 생부(生扶)해도 일진(日辰)의 충극(沖剋)을 받으면 동효(動爻)의 생극(生剋)을 살펴 유기한지 무기한지를 가늠해야 한다. 월령(月令)의 생으로 왕해진 효는 그 월령(月令)이 지나면 무력해지고, 월령(月令)의 극으로 약해진 효는 그 월건(月建)이 지나 때를 만나면 유력해진다.

일진(日辰)은 육효괘를 얻을 때 해당하는 날을 말하고, 월건(月建)과 동등한 힘을 갖는다. 일진(日辰)에 임한 효는 괘 중에서 가장 유력한 효이다. 그래서 일진(日辰)에 임한 효는 월파(月破)되거나, 다른 효의 충극(沖剋)을 받아도 쉽게 무너지지 않는다. 월건(月建)의 충극(沖剋)을 받으면 월파(月破)라고 한다.

효가 일진(日辰)의 생부(生扶)를 받으나 월건(月建)에서 충극(沖剋)되면 동효(動爻)의 생극(生剋)을 살펴 유기(有氣)한지 무기(無氣)한지를 가린다. 일진(日辰)이 정효(靜爻)를 충하면 효의 왕쇠에 따라 암동(暗動)도 되고 일파(日破)도 된다. 월건(月建)의 생부(生扶)를 받아 왕해진 효는 그 월령(月令)이 지나면 무력해지나, 일진(日辰)의 생부(生扶)를 받아 왕해진 효는 월령(月令)이 바뀌어도 장구한 힘을 갖는다. 괘에 용효(用爻)가 나타나지 않을 때 복신(伏神)을 찾는 방법도 있지만, 월령(月令)이나 일진(日辰)의 효를 용효(用爻)로 정하기도 한다.

3. 육효(六爻) 풀이의 기초

1. 생극제화(生剋制化)와 왕상휴수사(旺相休囚死)

1) 생극제화(生剋制化)의 기본원리

육효학(六爻學)은 오행의 원리를 담은 명리학의 기초이론에 주역의 음양이론을 접목한 상수역(象數易)이므로 명리학을 알면 알수록 잘 활용할 수 있는 학문이다. 육효학(六爻學)의 원리가 되는 오행의 기초이론을 요약하면 다음과 같다.

천간(天干)과 지지(地支)의 오행(五行) 관계

五行	木		火		土		金		水	
陰陽	陽	陰	陽	陰	陽	陰	陽	陰	陽	陰
天干	甲	乙	丙	丁	戊	己	庚	辛	壬	癸
地支	寅	卯	午	巳	辰戌	丑未	申	酉	子	亥
相生	火		土		金		水		木	
相剋	土		金		水		木		火	

2) 오행(五行)과 육친(六親)의 원리

■ 일간(日干)을 나로 하였을 때

— 나와 같은 오행을 비견(比肩)이라 한다.

— 나와 같고 음양이 다른 오행을 겁재(劫財)라 한다.

— 내가 생하고 음양이 같은 오행을 식신(食神)이라 한다.

— 내가 생하고 음양이 다른 오행을 상관(傷官)이라 한다.

— 내가 이기고 음양이 같은 오행을 편재(偏財)라 한다.

— 내가 이기고 음양이 다른 오행을 정재(正財)라 한다.

— 나를 이기고 음양이 같은 오행을 편관(偏官)이라 한다.

— 나를 이기고 음양이 다른 오행을 정관(正官)이라 한다.

— 나를 생하고 음양이 같은 오행을 편인(偏印)이라 한다.

— 나를 생하고 음양이 다른 오행을 정인(正印)이라 한다.

— 비견(比肩)과 겁재(劫財)를 비겁(比劫)이라 한다.

— 식신(食神)과 상관(傷官)을 식상(食傷)이라 한다.

— 편재(偏財)와 정재(正財)를 재성(財星)이라 한다.

— 편관(偏官)과 정관(正官)을 관성(官星)이라 한다.

— 편인(偏印)과 정인(正印)을 인수(印受)라 한다.

■ 육친(六親)과 상생(相生)의 원리

— 비겁(比劫)은 식상(食傷)을 생한다.

— 식상(食傷)은 재성(財星)을 생한다.

— 재성(財星)은 관성(官星)을 생한다.

— 관성(官星)은 인수(印受)를 생한다.

— 인수(印受)는 비겁(比劫)을 생한다.

■ 육친(六親)과 상극(相剋)의 원리

— 비겁(比劫)은 재성(財星)을 극한다.

— 재성(財星)은 인수(印受)를 극한다.

— 인수(印受)는 식상(食傷)을 극한다.

— 식상(食傷)은 관성(官星)을 극한다.

— 관성(官星)은 비겁(比劫)을 극한다.

■ 효의 육친(六親) 관계

— 비견(比肩)과 겁재(劫財)는 형효(兄爻)가 된다.

— 식신(食神)과 상관(傷官)은 손효(孫爻)가 된다.

— 편재(偏才)와 정재(正財)는 재효(才爻)가 된다.

— 편관(偏官)과 정관(正官)은 관효(官爻)가 된다.

— 편인(偏印)과 정인(正印)은 부효(父爻)가 된다.

■ 상생(相生)의 관계에서 살펴보면

— 형효(兄爻)는 손효(孫爻)를 생한다.

— 손효(孫爻)는 재효(才爻)를 생한다.

— 재효(才爻)는 관효(官爻)를 생한다.

— 관효(官爻)는 부효(父爻)를 생한다.

— 부효(父爻)는 형효(兄爻)를 생한다.

■ 생극(生剋)의 관계에서 살펴보면

— 형효(兄爻)는 재효(才爻)를 극한다.

— 재효(才爻)는 부효(父爻)를 극한다.

― 부효(父爻)는 손효(孫爻)를 극한다.

― 손효(孫爻)는 관효(官爻)를 극한다.

― 관효(官爻)는 형효(兄爻)를 극한다.

효(爻)의 육친작용과 생극작용

육친 \ 종류		爻·六親	相生		相剋	
			六親	爻	六親	爻
比劫	比肩	兄爻	食傷	孫爻	財星	財爻
	劫財					
食傷	食神	孫爻	財星	才爻	官星	官爻
	傷官					
財星	偏財	才爻	官星	官爻	印綬	父爻
	正財					
官星	偏官	官爻	印星	父爻	比劫	兄爻
	正官					
印星	偏印	父爻	比劫	兄爻	食傷	父爻
	正印					

■ 왕상휴수사(旺相休囚死)

― 비겁(比劫)의 협조로 힘이 커질 때를 왕(旺)의 관계라 한다.

― 인수(印受)의 생부로 힘이 커질 때를 상(相)의 관계라 한다.

― 식상(食傷)의 기운으로 힘이 빠질 때를 휴(休)의 관계라 한다.

― 재성(財星)의 기운으로 힘이 극할 때 수(囚)의 관계라 한다.

― 관성(官星)의 기운으로 힘이 극받을 때 사(死)의 관계라 한다.

<h2 align="center">왕상휴수사(旺相休囚死) 조견표</h2>

		比劫	食傷	財星	官星	印星
		兄爻	孫爻	才爻	官爻	父爻
比劫	兄爻	旺	相	死	囚	休
食傷	孫爻	休	旺	相	死	囚
財星	才爻	囚	休	旺	相	死
官星	官爻	死	囚	休	旺	相
印星	父爻	相	死	囚	休	旺

육효학에서는 천간(天干)은 활용하지 않고 지지(地支)의 관계만을 적용한다. 단 일간(日干)은 육수(六獸)를 적용하는 기준이 된다.

<h2 align="center">육합(六合) · 삼합(三合) · 충(沖)의 관계</h2>

지지 관계	子	丑	寅	卯	辰	巳	午	未	申	酉	戌	亥
六合	丑	子	亥	戌	酉	申	未	午	巳	辰	卯	寅
六沖	午	未	申	酉	戌	亥	子	丑	寅	戌	酉	巳
三合	水의 三合			木의 三合			火의 三合			金의 三合		
	申子辰			亥卯未			寅午戌			巳酉丑		

합(合)은 합하여 변하는 오행이 있으나, 충(沖)은 오직 깨지는 작용만 있을 뿐 변하는 오행은 없다.

2. 삼전(三傳)과 세응(世應)과의 관계

삼전(三傳)에 대해서는 앞에서 삼전(三傳)과 효와의 관계에서 설명하였다. 여기서는 세(世)와 월건(月建)과 일진(日辰), 그리고 응(應)과 월건(月建)과 일진(日辰)에 대하여 설명하고자 한다.

— 육효(六爻)에서는 점사의 주체인 나를 세(世)라고 한다.

— 세(世)는 곧 당사자가 처한 기운을 의미한다.

— 점사를 풀이할 때도 먼저 세(世)의 강약을 살펴야 한다.

— 세효(世爻)의 강약은 월건(月建)과 일진(日辰)을 중심으로 살피는데, 월건(月建)과 일진(日辰)이 세(世)를 생하거나 비화(比和)되면 왕상(旺相)하므로 강하다고 할 수 있다.

— 세효(世爻)와 월건(月建)과의 관계를 왕상휴수사(旺相休囚死)로 파악하고, 세효(世爻)와 일진(日辰)과의 관계를 왕상휴수사(旺相休囚死)로 파악한다.

— 어떤 목적이든 세(世)가 왕상(旺相)하면 유력하게 성취한다.

— 6개의 효에서 본괘의 수괘(首卦)를 중심으로 초효(初爻)부터 변해가는 순서대로 세효(世爻)의 위치를 정한다.

— 세효(世爻)가 정해지는 원리를 파악했으면 외워두는 것이 좋다.

■ 응(應)과 월건(月建), 일진(日辰)

— 응효(應爻)란 점사의 주체인 세효(世爻)의 상대방을 말한다.

— 상대방이란 사람이 될 수도 있고, 물건이 될 수도 있고, 점친 사건의 공간이 될 수도 있다.

— 세효(世爻)의 위치가 정해지면 자동적으로 세효(世爻)의 대효(對爻)가 되는 위치에 있는 효가 응효(應爻)가 된다(1과 4, 2와 5, 3과 6의 관계가 된다). 다시 말해 응효(應爻)의 위치는 세효

(世爻)의 위치를 포함한 4번째 자리이다.

— 응효(應爻)와 월건(月建)과의 관계를 왕상휴수사(旺相休囚死)
로 파악하고, 응효(應爻)와 일진(日辰)과의 관계를 왕상휴수사
(旺相休囚死)로 파악한다.

— 목적이 되는 용신(用神)과 응효(應爻)의 관계를 확실하게 분별
하기보다는 사안에 따라 같이 살펴보는 것이 도움이 될 때도
있다. 확연하게 지칭할 수 없는 포괄적인 물음에 대한 것은 언
제나 응(應)을 용신(用神)으로 하여 볼 수도 있다.

— 화합을 원하는 점사는 세(世)와 응(應)이 생합(生合) 관계이면
좋고, 경쟁자 관계는 세(世)는 왕하고 응(應)은 쇠약해야 좋다.

3. 세응(世應)과 육친(六親)과의 관계

육효학에서 세(世)와 응(應)을 분별하는 것은 주객을 구분하는 것
이고, 본괘의 오행을 중심으로 모든 효에 육친관계가 성립된다. 특
히 세효(世爻)와 응효(應爻), 그리고 동효(動爻), 암동효(暗動爻)에
주어진 육친에 따라 현재의 상황판단이나 결론을 얻을 수 있어 육
효(六爻)의 오묘하고도 신비로운 변화의 조화를 알게 하는 것이다.

육친이 설정되는 방법

괘순서	1	2	3	4	5	6	7	8
괘이름	乾	兌	離	震	巽	坎	艮	坤
오행	金	金	火	木	木	水	土	土

예를 들어 태금궁(兌金宮)의 택산함괘(澤山咸卦)의 비신(飛神)과
육친의 관계를 알아보자. 택산함(澤山咸)괘의 비신(飛神)에 육친
(六親)을 붙여보면 다음과 같다. 택산함(澤山咸)괘는 태궁(兌宮)
소속이고, 오행은 금(金)이므로 육친을 정할 때는 괘궁의 오행인
금(金)이 기준이 된다.

각 효에 설정되는 육친

관계／위치	六親	卦宮五行과 飛神의 相生相剋	飛神	卦象	世應
상효	父(印綬)	土生金	未(土)	--	應
5효	兄(比劫)	卦宮과 같은 오행은 比劫	酉(金)	—	-
4효	孫(食傷)	金生水	亥(水)	—	-
3효	兄(比劫)	卦宮과 같은 오행은 比劫	申(金)	—	世
2효	官(官星)	火剋金	午(火)	--	-
초효	父(印綬)	土生金	辰(土)	--	-

4. 지세(持世)한 육친에 따른 해석

상수역(象數易)의 점단법은 일월(日月)과 6개의 효에 수반되는 오
행 및 육친의 생극(生剋)법칙으로 판단한다.

■ 부모가 지세(持世)하면 노고지신으로 몸과 마음이 힘들다.
— 인수(印綬＝父爻)는 비겁(比劫＝兄爻)을 생한다(父生兄).
— 관성(官星＝官爻)은 인수(印綬＝父爻)를 생한다(官生父).

— 재성(財星＝才爻)은 인수(印綬＝ 父爻)를 극한다(才剋父).
— 인수(印綬＝父爻)는 자손(子孫＝孫爻)을 극한다(父剋孫).

　재물과 아내, 첩 그리고 자손을 구하는 데는 어렵다. 그러므로 재물 때문에 애를 태우지 말고, 자손문제도 서두르지 말라. 시험점에서는 관(官)이 동하고 재(才)가 왕하면 성취할 수 있다.

■ 형제효가 지세(持世)하면 재물을 구하기 어렵다.

— 비겁(比劫＝兄爻)은 식상(食傷＝孫爻)을 생한다(兄生孫).
— 인수(印綬＝父爻)는 비겁(比劫＝兄爻)을 생한다(父生兄).
— 비겁(比劫＝兄爻)은 재성(財星＝才爻)를 극한다(兄剋才).
— 관성(官星＝官爻)은 비겁(比劫＝兄爻)을 극한다(官剋兄).

— 관귀(官鬼)가 발동하여 세(世)를 극하면 근심걱정이 생긴다.
— 형효(兄爻)가 지세(持世)하면 아내와 재물이 불리하다.
— 형효(兄爻)가 지세(持世)하고 부효(父爻)의 생이 있으면 재물은 불리하나 건강과 수명은 유리하다.
— 형효(兄爻)가 지세(持世)하고 관이 동하고 주작(朱雀)이 따라오면 관재구설이 염려된다.

■ 자손이 지세(持世)하면 근심이 사라지고 편안해진다.

　그러나 자손이 지세(持世)했는데 극만 받고 생을 받지 못하면 오히려 흉하다.

— 비겁(比劫＝兄爻)은 식상(食傷＝孫爻)을 생한다(兄生孫).
— 식상(食傷＝孫爻)은 재성(財星＝才爻)을 생한다(孫生才).
— 식상(食傷＝孫爻)은 관성(官星＝官爻)을 극한다(孫剋官).
— 인수(印綬＝父爻)는 식상(食傷＝孫爻)을 극한다(父剋孫).

공명점에서는 자손의 지세(持世)나 발동을 매우 싫어한다. 소송 관재는 끝날 수 있고, 손효(孫爻)가 지세(持世)하고 생을 받으면 잃어버린 물건은 찾을 수 있다. 기업의 창업과 경영에서는 더없이 좋은 기운이다. 생을 받아 왕하면 모든 일이 길하다.

■ 재성(才星)이 지세(持世)하면 부모와 학문은 이익이 없다.
— 식상(食傷＝孫爻)은 재성(財星＝才爻)을 생한다(孫生才).
— 재성(財星＝才爻)은 관성(官星＝官爻)을 생한다(才生官).
— 재성(財星＝才爻)은 인수(印綬＝父爻)를 극한다(才剋父).
— 비겁(比劫＝兄爻)은 재성(財星＝才爻)을 극한다(兄剋才).

— 재효(才爻)가 지세(持世)하면 재물에는 길하다.
— 손효(孫爻)의 생을 받으면 재물의 길작용이 오래 유지된다. 소
  송관재에서 재(才)가 왕하면 주변상황이 좋아진다.
— 지세(持世)한 재(才)가 동하여 형효(兄爻)로 변하면 흉하다.

■ 관귀(官鬼)가 지세(持世)하면 매사가 불안하다.

— 관성(官星＝官爻)은 인수(印綬＝父爻)를 생한다(官生印).

— 재성(財星＝才爻)은 관성(官星＝官爻)을 생한다(才生官).

— 관성(官星＝官爻)은 비겁(比劫＝兄爻)을 극한다(官剋兄).

— 식상(食傷＝孫爻)은 관성(官星＝官爻)을 극한다(孫剋官).

— 직장을 구하는 경우에는 재성(財星)의 생을 받음이 길하다.

— 관효(官爻)가 지세(持世)하면 공명에 가장 길하다.

— 관효(官爻)가 지세(持世)하고 입묘(入墓)되면 걱정과 근심이 끊이지 않는다.

— 신수점에 관귀(官鬼)가 지세(持世)하면 질병과 재앙이 염려된다. 세(世)가 유기(有氣)하면 관(官)이 되고 무기(無氣)하면 귀살(鬼殺)이 된다.

5. 십이운성(十二運星)

사람이 태어나 무덤으로 갈 때까지를 12단계로 나누어 기운의 진퇴를 나타낸 것을 십이운성(十二運星)이라 한다. 중요한 것은 묘(墓)에서 끝나는 것이 아니라 계속 운행되는 가운데 기운이 생멸한다는 것이다. 쉽게 말하면 1년은 12달인데 달마다 절기에 따른 기운이 끊임없이 생성소멸되며 이어진다는 것이다. 그러므로 자연의 일부분인 사람도 자연과 같이 각자의 타고난 운기와 함께 끊임없이 변한다는 것이다.

육효학(六爻學)에서는 십이운성(十二運星) 중 주로 장생(長生)법을 많이 활용한다. 명리학에서 다루는 신강과 신약, 또는 육친의 강약을 알기 위해서라기 보다는 오행 운기의 진퇴, 나아가서는 생성 소멸의 단계를 접목시켜 좀더 쉽게 판별하기 위해서이다.

십이운성(十二運星)은 절(絶)·태(胎)·양(養)·생(生)·욕(浴)·대(帶)·관(官)·왕(旺)·쇠(衰)·병(病)·사(死) ·묘(墓)로 나눈다. 육효학(六爻學)에서는 십이운성(十二運星) 중 생(生)·왕(旺)·묘(墓)·절(絶)을 많이 활용한다. 오행에 따른 생왕묘절(生旺墓絶)을 분류해보면 다음과 같다. 삼합(三合)의 원리가 적용되며 삼합(三合) 다음에 오는 지지(地支)가 바로 절(絶)이 된다.

— 목(木)은 해(亥)에 생(生), 묘(卯)에 왕(旺), 미(未)에 묘(墓), 신(申)에 절(絶)이 된다.

— 화(火)는 인(寅)에 생(生), 오(午)에 왕(旺), 술(戌)에 묘(墓), 해(亥)에 절(絶)이 된다.

— 금(金)은 사(巳)에 생(生), 유(酉)에 왕(旺), 축(丑)에 묘(墓), 인(寅)에 절(絶)이 된다.

— 수(水)는 신(申)에 생(生), 자(子)에 왕(旺), 진(辰)에 묘(墓), 사(巳)에 절(絶)이 된다.

— 토(土)는 신(申)에 생(生), 자(子)에 왕(旺), 진(辰)에 묘(墓), 사(巳)에 절(絶)이 된다.

■ 십이운성법(十二運星法)에서 유의할 점

 양간(陽干)을 기준으로 십이운성(十二運星)을 활용하는데, 생극제화(生剋制化)법을 우선으로 하고 장생(長生)법은 차선으로 적용한다. 욕대양쇠병태(浴帶養衰病胎)의 작용은 거의 활용성이 없다.

 금(金)이 무기(無氣)할 때는 사(巳)에 장생(長生)이 되지 않고 극으로 작용한다. 명리학에서 화토(火土) 공존의 원리를 적용한다면 육효학(六爻學)에서는 수토(水土) 공존의 원리를 적용한다. 그러므로 명리학에서 토(土)는 화(火)와 같이 생왕묘절(生旺墓絶)이 같이 가고, 육효학(六爻學)에서 토(土)는 수(水)와 같이 생왕묘절(生旺墓絶)이 같이 간다. 그러나 토(土)가 무기(無氣)할 때는 사(巳)에서 절(絶)이 되고, 자(子)에 왕(旺)이 되지 않는다.

 장생(長生)을 찾는 방법은 계절을 주관하는 월령(月令)을 기준으로 하기도 하고, 일진(日辰)을 위주로 하기도 하는데 육효학에서는 주로 일진(日辰)을 위주로 찾는다.

4. 공망(空亡)과 합충(合沖)

1. 공망(空亡)이 되는 경우

 공망(空亡)이란 갑(甲)에서 계(癸)까지 끝나는 육십갑자(六十甲子)의 일순(一旬) 내에서 천간(天干)과 짝을 이루지 못하고 남는 지지(地支)를 말한다. 공망(空亡)을 나열해보면 다음과 같다.

■ 갑자순(甲子旬)

천간(天干) 계(癸)가 지지(地支) 유(酉)에서 끝나므로 유(酉) 다음에 오는 술해(戌亥)가 공망(空亡)이 된다. 갑자(甲子) 을축(乙丑) 병인(丙寅) 정묘(丁卯) 무진(戊辰) 기사(己巳) 경오(庚午) 신미(辛未) 임신(壬申) 계유(癸酉) 다음에 오는 술해(戌亥)가 공망(空亡)이 된다.

■ 갑술순(甲戌旬)

천간(天干) 계(癸)가 지지(地支) 미(未)에서 끝나므로 미(未) 다음에 오는 신유(申酉)가 공망(空亡)이 된다. 갑술(甲戌) 을해(乙亥) 병자(丙子) 정축(丁丑) 무인(戊寅) 기묘(己卯) 경진(庚辰) 신사(辛巳) 임오(壬午) 계미(癸未) 다음에 오는 신유(申酉)가 공망(空亡)이 된다.

■ 갑신순(甲申旬)

천간(天干) 계(癸)가 지지(地支) 사(巳)에서 끝나므로 사(巳) 다음에 오는 오미(午未)가 공망(空亡)이 된다. 갑신(甲申) 을유(乙酉) 병술(丙戌) 정해(丁亥) 무자(戊子) 기축(己丑) 경인(庚寅) 신묘(辛卯) 임진(壬辰) 계사(癸巳) 다음에 오는 오미(午未)가 공망(空亡)이 된다.

■ 갑오순(甲午旬)

천간(天干) 계(癸)가 지지(地支) 묘(卯)에서 끝나므로 묘(卯) 다음에 오는 진사(辰巳)가 공망(空亡)이 된다. 갑오(甲午) 을미(乙

未) 병신(丙申) 정유(丁酉) 무술(戊戌) 기해(己亥) 경자(庚子) 신축(辛丑) 임인(壬寅) 계묘(癸卯) 다음에 오는 진사(辰巳)가 공망(空亡)이 된다.

■ 갑진순(甲辰旬)

천간(天干) 계(癸)가 지지(地支) 축(丑)에서 끝나므로 축(丑) 다음에 오는 인묘(寅卯)가 공망(空亡)이 된다. 갑진(甲辰) 을사(乙巳) 병오(丙午) 정미(丁未) 무신(戊申) 기유(己酉) 경술(庚戌) 신해(辛亥) 임자(壬子) 계축(癸丑) 다음에 오는 인묘(寅卯)가 공망(空亡)이 된다.

■ 갑인순(甲寅旬)

천간(天干) 계(癸)가 지지(地支) 해(亥)에서 끝나므로 해(亥) 다음에 오는 자축(子丑)이 공망(空亡)이 된다. 갑인(甲寅) 을묘(乙卯) 병진(丙辰) 정사(丁巳) 무오(戊午) 기미(己未) 경신(庚申) 신유(辛酉) 임술(壬戌) 계해(癸亥) 다음에 오는 자축(子丑)이 공망(空亡)이 된다.

2 공망(空亡)의 의미

육효(六爻)에서 공망(空亡)은 매우 중요하므로 좀더 자세히 살펴보고자 한다. 공망(空亡)이란 비어서 없는 것으로 작용하지 못하는 것이다. 일단 유용한 공망(空亡)인지 무용한 공망(空亡)인지를 먼저 살펴본다. 비공(非空)은 유용의 공망(空亡)으로 쓸 수 있는 공망(空亡)이고, 진공(眞空)은 무용의 공망(空亡)으로 쓸 수 없는 공망(空亡)을 말한다. 공망(空亡)의 작용과 종류는 아주 많고 다양하다. 다음은 상황에 따라 다르게 변하여 일어나는 작용에서 몇 가지 중요한 것만 간추려 보았다.

— 비공(非空) : 일월(日月)의 힘을 얻어 공망(空亡)이 되지 않아 쓸 수 있는 것을 말한다. 공망(空亡)에서 벗어나는 경우는 충되거나 치(置)가 되어 출공(出空)이 되면 공망(空亡)에서 벗어나 작용이 살아난다.

— 충공(沖空) : 공망(空亡)된 효가 충을 만났을 때를 말한다. 만약 왕상(旺相)하고 생부(生扶)되면 전실(塡實)이 되어 쓸 수 있고, 극되고 휴수(休囚)되면 전실(塡實)이 불완전한 것으로 본다.

— 동공측비공(動空測非空) : 공망(空亡)된 효가 발동하면 공망(空亡)에서 벗어난다.

— 치공(置空) : 같은 오행이 임하여 공망(空亡)에서 벗어나는 경우를 말한다. 그러나 변효(變爻)가 공망(空亡)이면 동효(動爻)도 공망(空亡)이 된다.

— 진공(眞空) : 공망(空亡)된 효가 월건(月建)과 일진(日辰)에게 충극(沖剋)되면 진공(眞空)으로 도저히 효를 쓸 수 없다.

— 극공(剋空)은 월건(月建)에게 극되는 공망(空亡)을 말한다. 일진(日辰)과 동효(動爻)의 생부를 받으면 진공(眞空)보다 쓰임이

있다.

― 상공(傷空)은 극공(剋空)보다 더 무력하다. 왜냐하면 극공(剋空)은 월건(月建)에게 극되는 공망(空亡)으로 월건(月建)이 공망(空亡)된 효에 임하는 달 공망(空亡)에서 벗어날 수 있으나, 상공(傷空)은 동효(動爻)와 일진(日辰)에게 극되는 공망(空亡)으로 그렇지 못하기 때문이다.

― 목적하는 용효(用爻)가 일시적으로 공망(空亡)되었을 때는 공망(空亡)이 출공(出空) 또는 충공(沖空)되는 날을 응기(應期)로 잡기도 한다.

― 기신(忌神)이 공망(空亡)되면 길하고, 희신(喜神)이 공망(空亡)되면 흉하다.

― 세응(世應)이 모두 공망(空亡)되면 상대와 내가 구하는 것이 이루어지지 않고, 중개인을 중시하는 사안도 간효(間爻)가 공망(空亡)되면 싫어한다.

― 결혼점에서 남자(陽)가 공망(空亡)되면 활동이 무력하고, 여자(陰)가 공망(空亡)되면 질병을 조심해야 한다.

― 복신(伏神)이 공망(空亡)되면 먼 일이 좋지 않다.

3. 공망(空亡)을 쉽게 찾는 방법

육효(六爻)에서는 일진(日辰)을 기준으로 공망(空亡)을 찾는다.

1) 손가락으로 찾는 방법

남녀 모두 왼손을 사용한다. 약지 맨 밑 끝마디 주름에 자(子)를 얹고, 중지 맨 끝마디 주름에 축(丑)을 얹고, 검지 맨 끝마디 주름에 인(寅)을 얹고, 검지 셋째 마디에 묘(卯)를 얹고, 검지 둘째 마디에 진(辰)을 얹고, 검지 맨 위 끝마디에 사(巳)를 얹고, 중지 맨 위 끝마디에 오(午)를 얹고, 약지 맨 위 끝마디에 미(未)를 얹고, 새끼손가락 맨 위 끝마디에 신(申)을 얹고, 새끼손가락 둘째 마디에 유(酉)를 얹고, 새끼손가락 셋째 마디에 술(戌)을 얹고, 새끼손가락 셋째 끝마디 주름에 해(亥)를 얹는다. 지금 왼손 손가락에 얹은 십이지지(十二地支)의 위치는 항상 고정된다.

예를 들어 경신(庚申)의 공망(空亡)을 손가락에서 찾아보면 먼저 신(申)의 자리인 왼손 새끼손가락 맨 위 끝에 경(庚)을 얹고, 순서대로 새끼손가락 둘째마디 유(酉)의 자리에 신(辛)을 얹고, 셋째마디에 술(戌)의 자리에 임(壬)을 얹고, 셋째마디 맨 밑 끝주름 해(亥)의 자리에 계(癸)를 얹는데 천간(天干) 십간(十干)은 계(癸)에서 끝나므로 여기서도 계(癸)로 끝나는 다음 지지(地支) 자리 자축(子丑)이 공망이 된다. 공망(空亡)은 항상 2개씩 묶여 자축(子丑)·인묘(寅卯)·진사(辰巳)·오미(午未)·신유(申酉)·술해(戌亥)가 되므로 축(丑)이 공망(空亡)이면 자(子)도 같이 공망(空亡)이 되고, 유(酉)가 공망(空亡)이면 신(申)도 같이 공망(空亡)이 된다. 다른 지지(地支)에 해당하는 공망(空亡) 작용도 이와 같고, 공망(空亡)에서 풀릴 때도 2개가 동시에 풀린다.

2) 순서수로 찾는 방법

 일진(日辰)을 기준으로 지지(地支) 월 순서수에서 천간(天干) 순서수를 빼면 공망(空亡)이 된다.

천간(天干)의 순서 : 甲 乙 丙 丁 戊 己 庚 辛 壬 癸
　　　　　　　　　 1　2　3　4　5　6　7　8　9　10

지지(地支)의 월 순서 : 寅 卯 辰 巳 午 未 申 酉 戌 亥 子 丑
　　　　　　　　　　　 1　2　3　4　5　6　7　8　9　10　11　12

 예를 들어 신해(辛亥)일의 공망(空亡)을 찾아보면 지지(地支) 해(亥)의 월 순서는 10월이므로 10이 되고, 천간(天干) 신(辛)의 순서는 8번째이므로 8이 된다. 그러면 지지(地支) 월 순서수 빼기 천간(天干) 순서수 공식에 의하여 10-8=2가 되므로 2월인 묘(卯)가 공망(空亡)이 된다. 위에서 설명한 것처럼 묘(卯)가 공망(空亡)이면 인(寅)도 자동으로 공망(空亡)이 되므로 인묘(寅卯)가 같이 공망(空亡)이 되는 것이다.

 또 갑인(甲寅)일의 공망(空亡)을 찾아보면 지지(地支) 인(寅)의 월 순서는 1월이므로 1이 되고, 천간(天干) 갑(甲)의 순서도 1번째 1이 되므로 지지(地支) 순서수 빼기 천간(天干) 순서수의 공식에 따라 1-1=0이 된다. 0이 될 때는 자축(子丑)이 공망(空亡)이다.

 또 임인(壬寅)일의 공망(空亡)을 찾아보면 지지(地支) 인(寅)의

월 순서는 1월이므로 1이 되고, 천간(天干) 임(壬)의 순서는 9번째이므로 9가 된다. 지지(地支) 순서수 빼기 천간(天干) 순서수의 공식에 의하여 1-9=-8이 된다. 이럴 때는 월 순서수에다 12를 더하여 빼주면 된다. 1년은 12달이므로 (1+12)-9=4(巳)가 되므로 진사(辰巳)가 공망(空亡)이 된다.

5. 육합괘(六合卦)와 육충괘(六沖卦)

1. 합(合)과 충(沖)

합은 화합하는 것을 말하고, 충은 흩어지는 것을 말한다. 합과 충은 주로 일의 성사를 주관하는데, 합한다고 모두 길하지도 않고, 충한다고 모두 흉한 것도 아니다. 왜냐하면 합은 묶여서 안되는 수가 있고, 충은 흩어져 자유로워지니 좋아질 수도 있기 때문이다. 그래서 효나 괘가 합되거나 충될 때는 항상 합충을 동시에 잘 살펴야 한다. 명리에서 얻은 내용으로 결정하기 곤란할 때 육효점(六爻占)을 많이 활용하는데, 명확한 결론을 내릴 때는 합은 충으로 풀고 충은 합으로 푼다. 합과 충에는 괘의 충합과 효의 충합이 있다.

■ 육합괘(六合卦) : 대효(對爻)끼리 합이 되는 괘를 말한다.
자축합(子丑合), 인해합(寅亥合), 묘술합(卯戌合), 진유합(辰酉合), 사신합(巳申合), 오미합(午未合).

합에는 생합(生合)과 극합(剋合)이 있다. 생합(生合)은 스스로 좋아서 합하는 것이고, 극합(剋合)은 어쩔 수 없이 합하는 것이다. 합이 풀리면 다시 극작용을 하므로 종국에는 파경이 예견된다. 결국 극합(剋合)은 불행을 잉태한다는 것이 된다. 특히 동업이나 불륜의 관계, 그리고 연애나 결혼, 사업상 함께 하는 동거인이 거론되는 상황에서는 반드시 중요한 내부의 사정을 들여다 볼 수 있다.

— 생합(生合)에는 인해합(寅亥合)·진유합(辰酉合)·오미합(午未合)이 있고, 극합(剋合)에는 자축합(子丑合)·묘술합(卯戌合)·사신합(巳申合)이 있다.

— 극합(剋合) 중에서도 사신합(巳申合)은 더 고약한 것으로 당사자를 매우 힘들게 한다.

— 일진(日辰)과 월건(月建)은 각 효를 합하거나 충할 수 있다.

— 동효(動爻)와 동효(動爻), 동효(動爻)와 변효(變爻)는 합하거나 충할 수 있다.

— 동효(動爻)가 일진(日辰)에게 합되면 묶여서 작용하지 못한다. 이를 합반(合絆)이라고 한다.

— 정효(靜爻)는 일진(日辰)이나 월건(月建)과는 합하지만 동효(動爻)와는 합하지 않는다.

— 정효(靜爻)가 일진(日辰)과 합되면 가만히 있던 것이 작용한다(암동효과).

— 출행점이나 행인점에서 합되면 묶여서 움직이지 못하거나, 움직이지 못하게 될 것을 암시한다.

— 질병점에서는 근래에 생긴 병점이 합되면 오래 가고, 오래된 병
이 합되면 낫는다. 그래서 근병은 충되어야 낫고, 오래된 병은
합되어야 낫는다.

2. 육합(六合)과 합처봉충(合處逢沖)

앞에서 설명한 것처럼 육합괘(六合卦)는 대효(對爻)끼리 합하는
것을 말한다. 대효(對爻)끼리 합하는 육합괘(六合卦)가 일진(日辰)
이 충할 때나 월건(月建)과 충할 때, 동효(動爻)가 화출(化出)한
변효(變爻)와 대효(對爻)가 충되면 합처봉충(合處逢沖)이라 한다.
　합처봉충(合處逢沖)이 되면 일이 성취될 것 같다가 어그러지는
경우가 많다. 특히 혼인점에서 합처봉충(合處逢沖)이 되면 마침내
깨지고, 공명점이나 문서점이나 구재점에서도 합에 충이 되면 반드
시 변동이 생긴다. 그러나 소송점이나 질병점에서는 오히려 합처봉
충(合處逢沖)을 기뻐한다. 합은 일이 성사되는 것이고, 충은 재앙이
소멸되는 것이며, 질병점에서도 합에 충은 죽을 것 같다가도 다시
살아나는 경우가 생길 수 있음을 암시한다. 길신을 합한 효를 충하
는 것은 마땅치 않고, 흉신이 합된 것은 오히려 충을 기뻐한다.

■ 육충괘(六沖卦) : 대효(對爻)끼리 충되는 괘를 말한다.
자오충(子午沖) · 축미충(丑未沖) · 인신충(寅申沖) · 묘유충(卯酉
沖) · 진술충(辰戌沖) · 사해충(巳亥沖).

충이란 흩어지고 무산되는 작용이지만 길흉을 잘 살펴야 한다. 일진(日辰)과 월건(月建)은 모든 효를 충한다. 공망(空亡)된 효가 유기할 때 일진(日辰)에게 충되어 열리면 공망(空亡)에서 벗어난다.

3. 육충(六冲)과 절처봉생(絶處逢生)

절처봉생(絶處逢生)이란 용효(用爻)가 절(絶)이 되어 무기(無氣)한 경우에 일진(日辰)이나 동효(動爻), 변효(變爻) 등의 생을 받아 회생한다는 뜻이다. 지금은 어렵고 곤궁해도 머지않아 어려움에서 벗어나는 형상을 예견하는 것으로, 죽을 고비에서 지푸라기라도 잡을 수 있다는 뜻이다.

출산점에서는 손효(孫爻)가 절처봉생(絶處逢生)이 되면 자손이 죽을 위기에서도 살아나고, 재효(才爻)가 절처봉생(絶處逢生)이 되면 아내가 위험하다가도 살아난다. 출산점 뿐 아니라 구재점·공명점·송사점·문서점·가택점·질병점 등에서도 마찬가지이다.

유의해야 할 것은 가택점과 질병점이다. 가택점에서 길신이 절처봉생(絶處逢生)되면 집안이 흥하고, 흉신이 절처봉생(絶處逢生)되면 재앙이 물러났다가 다시 온다. 질병점에서는 용효(用爻)가 길신과 더불어 절처봉생(絶處逢生)되면 죽음이 가까워지다가도 다시 살아나고, 관귀(官鬼)가 길신과 함께 절처봉생(絶處逢生)되면 나아지다가도 다시 위태로워진다.

6. 용신(用神)과 용효다현(用爻多現)

1. 용신(用神)

육효학(六爻學)에서의 용신(用神)은 점사의 가장 중요한 목적이 되는 육친(六親)이다. 자기의 사안을 알고 싶으면 세(世)가 용신(用神)이 되고, 재물에 대해 알고 싶으면 재(才)가 용신(用神)이 되고, 부모의 일을 알고 싶으면 부효(父爻)가 용신(用神)이 된다. 대개의 점사에서 본인과 용신(用神)과는 대부분 밀접한 관계가 있으므로 알고자 하는 목적이 제1 용신(用神)이고, 세(世)가 제2 용신(用神)이 된다.

예를 들면 본인의 재물에 대하여 알고 싶으면 재효(才爻)와 세효(世爻)가 같이 용신(用神)이 되는데, 재효(才爻)는 제1 용신(用神)이 되고, 세효(世爻)는 제2 용신(用神)이 되는 것이다. 용신(用神)이나 세효(世爻)가 쇠약하거나 서로 무정하면 잡힐듯 잡힐듯 하면서도 잡히지 않는다.

모든 점사의 길흉과 성패는 여러 가지의 요인이 있으나 간단하게 정리하면 용신(用神)의 쇠약과 세(世)와의 관계이다. 용신(用神)과 삼전(三傳), 용신(用神)과 동효(動爻)의 향방 그리고 용신(用神)의 공망(空亡) 유무, 복신(伏神), 용신(用神)을 위주로 성립되는 동효(動爻)와 변효(變爻)의 관계 등에 의하여 좌우된다. 그러므로 육효괘(六爻卦)를 작성하기 전에 먼저 용신(用神)을 정하는 것이 중요하다. 용신(用神)을 정하면 점사의 길흉과 성패를 가늠하는 일은 체계적으로 정립된 이론과 법칙에 따라 가리면 된다.

용신(用神)에 대하여 몇 가지 더 보충하면 나와 상대가 관련된 일이면 세효(世爻)와 응효(應爻)가 모두 용신(用神)이 된다. 자신의 가족에 관한 사안이라면 해당되는 육친효(六親爻)를 용신(用神)으로 한다. 사안의 핵심을 잘 파악하여 해당하는 육친(六親)을 용신(用神)으로 하면서 항상 세(世)와 연결하여 길흉성패를 가리도록 한다. 그러나 실전에서는 사회가 복잡한 구조로 돌아가다보니 용신(用神)을 정하기가 애매하고 어려운 경우가 많다.

2. 용신(用神)과 육친(六親)의 관계

■ 부효(父爻)가 용신(用神)이면

부모와 같은 위치에 있는 친족과 은혜나 자비를 베푸는 사회의 윗어른이다.

— 조부모·백부·숙부·고모·이모·시모·장모·스승·의사·
   보호자·상사·존장·선배 등.

— 문서·공부·시험점수·지위·일자리 등.

— 성(城)·집·건물·담장·배·자동차·화물·의복·우산·명주
   비단 등.

— 천시점(天時占)에서는 만물을 적셔주는 비나 눈을 의미한다.

■ 형효(兄爻)가 용신(用神)이면

나와 같은 위치이면서 친하거나 경쟁하는 관계를 말한다.

— 형제·친구·동료·동서·처남·매형·동업자적 경쟁자 등.

— 천시점(天時占)에서는 바람과 구름을 의미한다.

■ 손효(孫爻)가 용신(用神)이면

내가 기르고 원하는 것이니 수복의 원천을 말한다.

— 자식·손자·조카·며느리·사위·문하생·제자·종교인·충
　신·병졸 등.

— 짐승·술·그릇·살림·기계·약재·가축·복덕 등.

— 천시점(天時占)에서는 일월성진을 의미한다.

■ 재효(才爻)가 용신(用神)이면

내가 관리하고 소유한 재물이나 사람을 의미한다.

— 처·첩·애인·고용인·하인 등.

— 돈·재물·식량·음식·전답·토지·상품·자원·육체 등.

— 천시점(天時占)에서는 맑음을 의미한다.

■ 관귀효(官鬼爻)가 용신(用神)이면

나를 이기고 구속하는 것을 말한다.

— 공명·명예·권력·직장·소속·단체·남편·신(神)·귀신 등.

— 도적·재앙·형벌·질병·사고·죽음·관재·시체·도박·역
　모 등.

— 천시점(天時占)에서는 뇌성·폭풍·재해 등을 의미한다.

3. 용효다현(用爻多現)

용효다현(用爻多現)이란 용효(用爻)가 여러 개 나타나는 것을 말한다. 이런 경우에는 한 가지를 취해야 하는데 순서는 다음과 같다.

① 일진(日辰)이나 월건(月建)에 임하거나 합된 효

② 월파(月破)나 암동(暗動)이나 공망(空亡)된 효

③ 지세(持世)한 효나 응효(應爻)에 임한 효

④ 동효(動爻)

⑤ 변효(變爻)

■ 용효다현(用爻多現)의 의미

응효(應爻)가 여러 개 있으면 의미가 있으니 잘 살펴야 한다.

— 재물점에서 형효(兄爻)는 파재를 의미하므로 형효(兄爻)가 중첩되면 소비가 늘어난다는 뜻이다. 재물점에서 재효(才爻)가 중첩되면 가고오는 재리의 현상을 나타낸다.

— 자손점에서 손효(孫爻)가 중첩되면 친자식과 양자를 말한다.

— 소송점에서 관귀(官鬼)가 중첩되면 재판이 한 번 이상 있다는 뜻이다.

— 질병점에서 본괘에 나타난 관귀(官鬼)와 복신(伏神)된 관귀(官鬼)가 중첩되면 오래된 병과 새로운 병이 겹친다는 뜻이다.

— 문서점의 계약서에 관한 문제에서 부효(父爻)가 중첩되면 계약
  서 때문에 논란이 생긴다는 뜻이다.
— 시험점에서 부효(父爻)가 중첩되면 시험을 계속 쳐야 한다는
  뜻이다.
— 가택점에서 관귀(官鬼)가 중첩되면 2~3대의 성씨가 같이 산다.
— 분묘점에서 관귀(官鬼)가 중첩되면 망자 2명을 합장한다.
— 혼인점에서 관귀(官鬼)가 중첩되면 경쟁자가 있다는 뜻이다.

7. 동효(動爻)와 변효(變爻)

1) 동효(動爻)

— 정효(靜爻)가 발동하여 음양이 바뀌는 효를 말한다.
— 동효(動爻)는 왕쇠(旺衰)에 관계없이 결과가 나타난다.
— 동효(動爻)는 다른 효에 생극(生剋)작용을 할 수 있다. 그러나
  월건(月建)이나 일진(日辰), 공망(空亡)된 효나 복신(伏神), 변
  효(變爻)는 생극하지 못한다.
— 동효(動爻)나 변효(變爻)가 일진(日辰)에게 충되면 일시적으로
  작용이 무력해지나 없어지지는 않는다.
— 동효(動爻)가 비화(比和)되면 진신(進神)인지 퇴신(退神)인지
  복음(伏吟)인지를 가려 작용력을 가늠해야 한다.
— 동효(動爻)가 변효(變爻)에게 생되면 회두생(回頭生)이라 하여
  동효(動爻)의 작용이 왕해진다.

— 동효(動爻)가 변효(變爻)에게 극되면 회두극(回頭剋)이라 하여
동효(動爻)의 작용이 무력해진다.
— 동효(動爻)가 합되면 충이 올 때 사건이 발생하거나 해결된다.
— 동효(動爻)는 약해도 정효(靜爻)를 생이나 극할 수 있으나, 정
효(靜爻)는 아무리 왕해도 동효(動爻)를 생이나 극할 수 없다.

2) 변효(變爻)

— 동효(動爻)가 변하여 변효(變爻)가 된다. 동효(動爻)가 원인이
라면 변효(變爻)는 결과라고 할 수 있다.
— 변효(變爻)는 자신을 화출(化出)한 동효(動爻)에 대해서만 작용
하고, 다른 효에는 작용하지 않는다.

3) 암동(暗動)

암동(暗動)은 월건(月建)에서 생을 받고, 일진(日辰)에게 충을 당
하는 것을 말한다. 암(暗)이 어두워 보이지 않는다는 뜻이 있는 것
처럼 길이 오는지 흉이 오는지 본인은 모르지만, 보이지 않는 기운
이 분명 움직이고 있다는 것을 효는 알려주는 것이다. 그래서 암동
(暗動)한 효가 길인지 흉인지를 잘 살펴보고, 세(世)를 생하는지
응(應)을 생하는지를 잘 살펴서 그 뜻을 추리해야 한다. 만약 암동
(暗動)이 흉살을 만나 괘신(卦神)을 상하고 세효(世爻)를 극하면
해당하는 사안이 마땅치 않으나, 길신이 합세(合世)하고 생세(生
世)하면 구하는 일이 성취될 것이다. 예를 들면 다음과 같다.

— 혼인점에 암동(暗動)이 나타나면 중간에 사람이 나타나 연결해
  준다. 그러나 흉하면 방해자가 나타나 깨진다.

— 송사점에서 암동(暗動)한 효가 길하면 도와주는 사람이 생기고,
  흉하면 상대가 몰래 수작을 부리니 동태를 잘 살펴야 한다.

— 실물점에서 길하면 물건을 찾을 수 있고, 흉하면 다른 사람이
  취했거나 찾을 수 없다.

— 가택점에서 길하면 집안이 점점 번창하고, 흉하면 재앙이 온다.

4) 진신(進神)과 퇴신(退神)

 진신(進神)은 기운이 점점 강해지는 것이고, 퇴신(退神)은 기운이
점점 약해지는 것이다. 단 동효(動爻)와 변효(變爻)의 오행이 같은
가운데 일어나는 변화를 말한다.

子丑寅卯辰巳午未申酉戌亥子丑寅卯辰巳午未

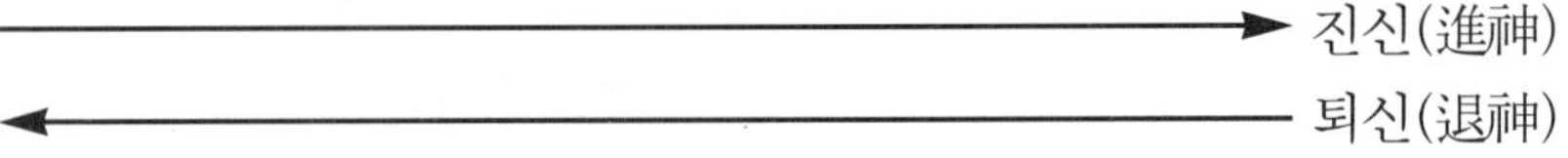

진신(進神)
퇴신(退神)

— 인목(寅木)이 동하여 묘목(卯木)이 되면 진신(進神)이 된 것으
  로, 목(木) 기운이 강해지는 것이다.

— 묘목(卯木)이 동하여 인목(寅木)이 되면 퇴신(退神)이 된 것으
  로, 목(木) 기운이 약해지는 것이다.

— 진토(辰土)가 동하여 미토(未土)가 되면 진신(進神)이 된 것으
  로, 토(土) 기운이 강해지는 것이다.

— 미토(未土)가 동하여 진토(辰土)가 되면 퇴신(退神)이 된 것으

로, 토(土) 기운이 약해지는 것이다.

— 사화(巳火)가 동하여 오화(午火)가 되면 진신(進神)이 된 것으로, 화(火) 기운이 강해지는 것이다.

— 오화(午火)가 동하여 사화(巳火)가 되면 퇴신(退神)이 된 것으로, 화(火) 기운이 약해지는 것이다.

— 신금(申金)이 동하여 유금(酉金)이 되면 진신(進神)이 된 것으로, 금(金) 기운이 강해지는 것이다.

— 유금(酉金)이 동하여 신금(申金)이 되면 퇴신(退神)이 된 것으로, 금(金) 기운이 약해지는 것이다.

— 미토(未土)가 동하여 술토(戌土)가 되면 진신(進神)이 된 것으로, 토(土) 기운이 강해지는 것이다.

— 술토(戌土)가 동하여 미토(未土)가 되면 퇴신(退神)이 된 것으로, 토(土) 기운이 약해지는 것이다.

— 해수(亥水)가 동하여 자수(子水)가 되면 진신(進神)이 된 것으로 수(水) 기운이 강해지는 것이다.

— 자수(子水)가 동하여 해수(亥水)가 되면 퇴신(退神)이 된 것으로 수(水) 기운이 약해지는 것이다.

8. 복신(伏神) 찾는 방법과 비래생복(飛來生伏)

복신(伏神)은 본괘에 나타나지 않은 오행을 말하는데, 토(土)는 해당하지 않는다.

1) 복신(伏神) 찾는 방법

① 본괘에 나타나지 않은 육친은 먼저 그 육친의 오행을 확인한다.

② 본괘가 속한 수괘(首卦)를 찾는다.

③ 수괘(首卦)에서 본괘에 없는 오행을 찾는다.

④ 찾은 오행을 수괘(首卦)의 위치와 같은 본괘 위치에 있는 비신(飛神) 밑에 표시한다.

용신(用神)이 본괘에 없으면 일진(日辰)이나 월건(月建)에서 오행을 찾아 취하고, 일월(日月)에도 없으면 복신(伏神)을 찾아 용신(用神)으로 삼는다. 그리고 복신(伏神)을 찾은 후에도 복신(伏神)이 유용한지 무용한지를 가늠해야 한다. 우선 복신(伏神)을 찾는 예문을 들어본다. 각 궁의 수괘(首卦)에는 형손재관부(兄孫才官父)가 모두 있다. 수괘(首卦)는 팔괘의 각 궁에서 상·하괘의 상이 같은 것을 말한다(216쪽 참조). 예를 들어 태위택괘(兌爲澤卦)는 상 하괘의 상이 같은 것으로 태금궁(兌金宮)의 수괘(首卦)이다.

■ 首卦 　　　　　　　　　　■ 本卦

태위택(兌爲澤) : 태금궁(兌金宮)　　**수산건(水山蹇) : 태금궁(兌金宮)**

父 未 ▬▬	孫 子 ▬▬
兄 酉 ▬▬▬	父 戌 ▬▬▬
孫 亥 ▬▬▬	兄 申 ▬▬
父 丑 ▬▬	兄 申 ▬▬
才 卯 ▬▬	官 午 ▬▬
	(伏神) 才 卯
官 巳 ▬▬▬	父 辰 ▬▬

　만약 재물에 대한 괘를 냈는데 수산건괘(水山蹇卦)가 나왔으면 목적인 재효(才爻)는 없다. 이렇게 나타나지 않은 재효(才爻)를 찾아 활용하는 방법은 다음과 같다.

① 수산건괘(水山蹇卦)는 태금궁(兌金宮)에 속하므로 수괘(首卦) 인 태위택괘(兌爲澤卦)에 속한다.

② 수산건괘(水山蹇卦)는 태금궁(兌金宮)에 속하므로 재효(才爻) 의 오행은 목(木)이다.

③ 수괘(首卦)인 태위택괘(兌爲澤卦)에서 2번째 효인 재효(才爻) 묘목(卯木)을 확인한다.

④ 수괘(首卦)인 태위택괘(兌爲澤卦)의 2번째 효인 묘목(卯木)을 본괘인 수산건괘(水山蹇卦)의 2번째 효인 관효(官爻) 오화(午 火) 밑에 표시한다.

⑤ 오화(午火) 밑에 숨은 재효(才爻) 묘목(卯木)이 복신(伏神)이다.

2) 복신(伏神)이 유용할 때

— 복신(伏神)은 비신(飛神)이나 타신이 도와 끌어주는 경우.

— 복신(伏神)이 일월의 생을 얻은 경우.

— 비신(飛神)이 복신(伏神)을 생한 경우.

— 일진(日辰)과 월건(月建) 동효(動爻)가 비신(飛神)을 충극(沖 剋)한 경우.

— 비신(飛神)이 공망(空亡)·월파(月破)·휴수(休囚)·묘절(墓絶) 이 된 경우.

3) 복신(伏神)이 무용할 때

— 복신(伏神)이 무력해 비신(飛神) 아래에서 나오지 못하는 경우.

— 복신(伏神)이 일월(日月)에 휴수(休囚)나 충극(沖剋) 당한 경우.

— 복신(伏神)이 왕한 비신(飛神)에게 충극(沖剋)·설기된 경우.

— 복신(伏神)이 공망(空亡)이나 월파(月破)된 경우.

　복신(伏神)은 비신(飛神) 밑에 숨는 것으로 드러나지 않은 일을 말한다. 만일 용신(用神)이 복신(伏神)에 해당하면 다시 점한다. 그리고 비래생복(飛來生伏)은 복신(伏神)이 생해주는 비신(飛神) 아래에서 보호받으며 충실하게 작용하는 것을 말한다.

9. 반음(反吟)과 복음(伏吟)

　반음(反吟)이란 현재 진행되는 상황에서 뒤집혀 끙끙 앓으며 신음한다는 뜻으로, 반음(反吟)이 나오면 번복되는 상황이 발생한다고 보면 된다. 이를테면 있다가 없어지거나, 얻었다 잃어버리거나, 가다가 돌아오거나, 모였다 흩어지는 것처럼 매사가 처음과 중간과 끝이 뒤바뀌며 혼란스럽게 진행되는 것이다. 반음괘(反吟卦)에는 괘의 반음(反吟)과 효의 반음(反吟)이 있다.

1) 괘의 반음(反吟)

— 본괘가 동하여 변괘(變卦)가 되는데, 동한 효에 따라 변하는 괘

가 후천팔괘(後天八卦)에서 마주보는 괘가 되었을 때를 말한다.

— 내괘(內卦)가 반음(反吟)이 되면 나와 내부가 불안해지고, 외괘
(外卦)가 반음(反吟)이 되면 남과 외부가 불안해진다.

— 세부적으로 상괘의 반음(反吟)과 하괘의 반음(反吟)으로 나누
기도 하지만 대개 본괘의 반음(反吟)을 크게 본다.

2) 효의 반음(反吟)

— 동효(動爻)와 변효(變爻)의 비신(飛神)이 충극(沖剋)되는 경우
를 효의 반음(反吟)이라고 한다.

— 효의 반음(反吟)이 되면 괘의 반음(反吟)이 될 수도 있고 안 될
수도 있다.

— 동효(動爻) 묘목(卯木)이 변하여 유금(酉金)을 화출(化出)했을
때 묘유충(卯酉沖)의 관계가 이루어지는데 이를 반음(反吟)이
라고 한다.

— 예를 들면 묘목(卯木)이 동하여 유금(酉金)을 화출(化出)하면
회두극(回頭剋)과 충의 작용이 동시에 일어나고, 유금(酉金)이
동하여 묘목(卯木)을 화출(化出)하면 회두극(回頭剋) 없이 반음
(反吟)작용만 일어나는데 사안의 경중이 다르다. 이러한 과정은
제대로 연구해야 할 부분이기도 하다.

— 용신(用神)이 길하면 반음괘(反吟卦)라도 결국은 길하나, 용신
(用神)이 충극(沖剋)되면 반음(反吟)이 흉하여 끝내 이루어지지
않는다.

3) 효의 복음(伏吟)

— 동효(動爻)와 변효(變爻)의 비신(飛神)이 같이 나타나는 것을
복음(伏吟)이라 한다.

— 복음(伏吟)은 진퇴양난에 빠져 오지도 가지도 못하는 상황으로
지체되고 갑갑하여 신음하는 상이다.

— 용신이 유기하면 걱정이 있으면서 길하고, 무기하면 우환으로
크게 흉하다.

※ 반음 예문 　　　　　　　　　※ 복음 예문

지택림(地澤臨) / 풍택중부(風澤中孚)　건위천(乾爲天) / 진위뢰(震爲雷)

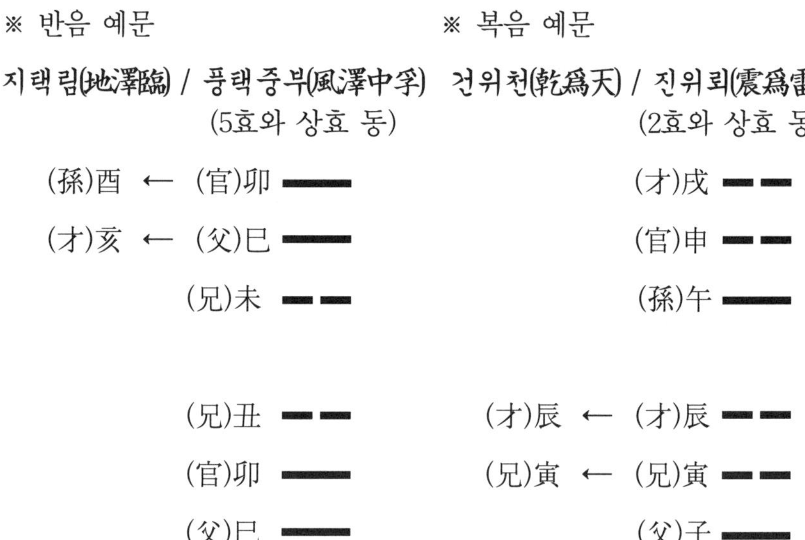

10. 독발(獨發)·독정(獨靜)에 의한 괘의 양상

육효점은 신점이므로 동효(動爻)에 신명의 점이 나타나 길흉을
알려주는 것이다.

1) 독발(獨發)

— 1개의 효만 발동하는 것을 독발(獨發)이라 한다.

— 1개의 효가 동했을 때는 그 예시가 용신(用神)에 있는 것이 아니라 동효(動爻)와 괘상에 나타난다.

— 동효(動爻) 1개 있는데 다른 암동한 효가 있으면 독발(獨發)이라고 하지 않는다.

2) 독정(獨靜)

— 6개의 효 중에서 5개가 동하고 1개가 안정되어 있으면 그 예시가 안정된 효에 나타나니 독정(獨靜)이라 한다. 그러나 길흉은 독발(獨發)이나 독정(獨靜)보다는 용신(用神)이 좌우한다.

11. 관귀(官鬼)와 수귀입묘(隨鬼入墓)

1. 관귀(官鬼)

육효(六爻)에서의 관귀(官鬼)는 고난을 주관하는 신으로, 길하면 관(官)이 되고 흉하면 귀(鬼)가 된다. 길흉에 따라 명칭은 달리하나 쓰임은 같고, 발동하는 것은 마땅치 않다.

관귀(官鬼)는 공명과 권력이 있는 사람 외에는 재앙의 씨앗이 된다. 발동하면 말썽의 여지가 있어 일이 어렵게 되나, 안정되면 도움을 주는 귀인이 된다.

■ 관귀(官鬼)가 나타나는 상

― 하늘에서는 귀신이나 우뢰가 되고, 땅에서는 조정·사직·관청
이 된다. 조상·종묘·역모·송사·기도·남편·정부(精夫)·
공명·도적·해골·요사스러운 것·해충·권력·혼백·질병.

― 공명점에서 관귀(官鬼)가 없으면 이루어지는 것이 없으니 승진
을 기대하지 마라.

― 구재점에서 관귀(官鬼)가 없으면 형제가 다투는 것과 같아 재
물을 얻지 못한다.

― 도망자를 잡는 점에서 관귀(官鬼)가 없으면 찾기 어렵다.

― 기도점에서 관귀(官鬼)가 없으면 신이 강림하지 않는다.

― 질병점에서 관귀(官鬼)가 없으면 용신(用神)을 봐야 한다. 용신
(用神)이 왕상하면 나을 수는 있으나 치료하기가 매우 어렵다.

― 혼인점에서 관귀(官鬼)가 없으면 과부가 되기 쉽고, 혼인이 성
사되기 어렵다.

2. 수귀입묘(隨鬼入墓)

수귀입묘(隨鬼入墓)는 관귀(官鬼)를 따라 묘(墓)에 들어간다는 뜻
으로 매우 불길하다. 묘(墓)에 들어간다는 것은 묻히고 갇혀서 작
용하지 못한다는 의미가 있다.

― 수귀입묘(隨鬼入墓)에는 삼묘(三墓)가 있는데, 일월묘(日月

墓)·동묘(動墓)·화묘(化墓)이다.

— 세효(世爻)나 용신효(用神爻)가 일진(日辰)에 입묘(入墓)되는
   것을 일묘(日墓)라 하고, 세효(世爻)나 용신효(用神爻)가 월건
   (月建)에 입묘(入墓)되는 것을 월묘(月墓)라 한다.

— 동묘(動墓)는 동효(動爻)에 묘(墓)가 임하면 정효(靜爻)를 잡아
   가둘 수 있다.

— 화묘(化墓)는 동효(動爻)가 변효(變爻)에 입묘(入墓)되는 것을
   말한다. 단 묘(墓)가 공망(空亡)되거나 충되면 화묘(化墓)가 되
   지 않는다.

   묘(墓)가 충파(沖破)된다는 것은 그물을 찢는 이치와 같다. 세효
(世爻)나 용신효(用神爻)가 왕상(旺相)하면 입묘(入墓)가 되지 않
는다. 진술축미(辰戌丑未) 고장(庫藏)의 의미를 잘 알아야 한다.

— 질병점이나 송사점에서는 세효(世爻)나 응효(應爻)가 관귀(官
   鬼)에 임하여 일진(日辰)이나 월건(月建)에 입묘(入墓)되는 것
   을 아주 흉한 것으로 여겨 매우 꺼린다.

— 질병점에서 세효(世爻)가 왕하면 충개(沖開)하는 월일에 낫지
   만, 세효(世爻)가 휴수공파(休囚空破)되면 충개(沖開)되는 월일
   이 위험하다. 단 근병일 때는 공망(空亡)되면 낫고, 출공(出空)
   하면 완쾌된다.

— 송옥점에서 세효(世爻)가 왕하면 벗어나지만 휴수공파(休囚空

破)되면 흉을 면하지 못한다.

─ 출산점에서 재효(才爻)나 손효(孫爻)가 동효(動爻)에 입묘(入墓)되고, 변효(變爻)에 입묘(入墓)될 때 왕하면 묘고(墓庫)를 충개(沖開)하는 월일에 낳지만, 재효(才爻)가 휴수공파(休囚空破)하면 아내가 산액을 만나고, 자손이 휴수공파(休囚空破)되면 반드시 자식이 위태롭거나 죽는다.

─ 혼인점에서 세효(世爻)가 왕하고 재(才)나 관(官)이 유기(有氣)하여 세효(世爻)를 생하면 묘고(墓庫)가 충개(沖開)되는 일월에 성사되고, 세효(世爻)가 휴수공파(休囚空破)되면 어렵다.

─ 공명점에서 세효(世爻)가 왕하면 묘고(墓庫)가 충개(沖開)되면 공명을 이루나, 세효(世爻)가 휴수공파(休囚空破)되면 어렵다.

모든 점에서 세효(世爻)는 왕상(旺相)해야 좋다. 만약 세효(世爻)가 왕상(旺相)하고 묘효(墓爻)가 공망(空亡)이나 월파(月破)되면 묘효(墓爻)가 전실(塡實)되는 일월에 길하다. 그러나 세효(世爻)가 휴수공파(休囚空破)되면 전실(塡實)되는 월일에 흉하다.

12. 유혼괘(遊魂卦)와 귀혼괘(歸魂卦)

유혼괘(遊魂卦)는 본괘 각 궁의 7번째 괘를 말한다. 유혼괘(遊魂卦)를 얻으면 머물고 싶어도 자꾸 옮겨 다니고, 마음이 안정되지 못하여 이곳저곳을 떠다니게 된다. 신명점에서는 자신의 생업을 오래 지속할 수 없고, 가택점에서는 이사수가 많고, 묘지점에서는 망자의 혼령이 불편해진다.

귀혼괘(歸魂卦)는 본괘 각 궁의 8번째 괘를 말한다. 귀혼괘(歸魂卦)를 얻으면 갇힌 형상이라 움직이지 못한다. 묘지점에서는 망자가 제자리를 찾은 것으로 본다. 유혼은 마음이 안정되지 못한 것이고, 귀혼은 경계를 벗어나지 못한 것으로 본다.

13. 육수(六獸)와 육친(六親)의 성정론

육수(六獸)란 오행의 성정을 6가지 짐승에 비유한 것으로 해당 육친의 성정을 짐작하는데 활용한다.

— 청룡(靑龍)은 투명하며 정대하고, 자애로우며 개성이 강하고, 용모가 아름답다. 청룡이 쇠(衰)하면 주색이나 환락의 신이 된다. 길하고 진실하고 새로움과 경사스러움을 주관한다.
— 주작(朱雀)은 말하는 새를 의미하니, 말을 잘하는 사람으로 지나치면 수다스럽거나 시끄럽고 경박할 수도 있다. 주작(朱雀)이 귀살(鬼殺)을 대동하면 구설과 시비를 좋아하고, 귀살(鬼殺)이 주작을 극하면 비방과 구설이 따라다닌다. 언변직에 종사하는 사람도 있다. 구설과 시비를 주관한다.
— 구진(句陳)은 후중하며 느리고 둔하여 동하지 않으면 변함이 없는 사람이다. 오래되고 무겁고 안정된 것이다. 전문기술자나

예술인도 있다. 전답이나 구속을 주관한다.

— 등사(螣蛇)는 영특하며 활발하나 의심이 많고 허세가 있다. 무슨 일을 해도 요상한 꼬임이 섞이고 속임이 있다. 거짓말·사기·놀램·경망스러움을 주관한다.

— 백호(白虎)는 속칭 혈광귀신으로 피를 불러온다는 말이 있다. 그럴 때는 쇠약할 때를 말하고, 세가 왕상(旺相)할 때는 강직한 심성을 나타낸다. 급하며 파괴하는 성정이 있어 군인이나 경찰계에 많이 종사한다. 재앙이나 혈광사고를 주관한다.

— 현무(玄武)는 조용하며 부드럽고 물러나 숨기는 성정이 있다. 쇠약할 때는 교활하며 속이는 부분이 많고, 색정·모략·도적의 성정이 있다. 손실·도난·주색을 주관한다.

1) 육수(六獸)를 배속하는 방법

— 청룡은 목(木)에 해당한다. 목(木)은 갑을(甲乙)일인데 초효가 청룡부터 시작한다.

— 주작은 화(火)에 해당한다. 화(火)는 병정(丙丁)일인데 초효가 주작부터 시작한다.

— 구진은 무토(戊土)에 해당한다. 무(戊)일에는 초효가 구진부터 시작한다.

— 등사는 기토(己土)에 해당한다. 기(己)일에는 초효가 등사부터 시작한다.

— 백호는 금(金)에 해당한다. 금(金)은 경신(庚辛)일인데 초효가

백호부터 시작한다.

一 현무는 수(水)에 해당한다. 수(水)는 임계(壬癸)일인데 초효가
　 현무부터 시작한다.

　육수(六獸)는 월건(月建)은 관계없고 일간(日干)을 기준으로 정한
다. 예를 들어 어떤 사안을 두고 정축(丁丑)일에 풍산점괘(風山漸
卦)를 얻었다면, 풍산점괘(風山漸卦)는 간토궁(艮土宮)에 있으니
토(土)를 기준하여 육친(六親)이 정해진다.

풍산점(風山漸) : 간토궁(艮土宮)

위치	六親	飛神	卦象	六獸	世應	
上爻	官	卯	▬▬▬	靑	應	
五爻	父	巳	▬▬▬	玄		
四爻	兄	未	▬▬ ▬▬	白		丁丑日占
三爻	孫	(空亡)申	▬▬▬	蛇	世	(申酉)
二爻	父	午	▬▬ ▬▬	句		
初爻	兄	辰	▬▬ ▬▬	朱		

※ 육수(六獸)는 일간(日干)인 정화(丁火)를 기준으로 주작부터 초
효(初爻)에 적용하여 구진·등사·백호·현무·청룡의 순서대로
붙인다. 육수(六獸)의 순서는 변하지 않는다.

　육수(六獸)의 배속은 생극제화(生剋制化)의 작용을 적용해 어떤

사안의 결론을 얻으려는 것과는 관계가 없고, 각 효의 구체적인 특
징을 파악하여 좀더 세밀하게 관찰하려는 것이다.

— 청룡이 등사의 극을 만나면 진실성이 파괴된다.

— 등사가 청룡과 합되면 지혜로워진다.

— 주작이 극을 당하면 비방과 구설이 난무해진다.

— 관효(官爻)에 백호가 임하면 살기가 생긴다.

— 부효(父爻)에 현무가 임하면 문서상의 모략을 조심해야 한다.

— 형효(兄爻)에 구진이 임하면 우둔하며 어리석다.

— 손효(孫爻)에 청룡이 임하면 기쁘며 편안하다.

— 재효(才爻)에 현무가 임하면 재색을 탐한다.

2) 육수(六獸)가 발동한 경우

— 세(世)가 무기(無氣)하고 형효(兄爻)에 현무가 임해서 발동하여
  세를 극하면 강도나 도적을 조심해야 한다.

— 청룡이 기신(忌神)이나 구신(仇神)에 임하면 주색으로 인한 재
  앙을 조심해야 한다.

— 주작에 관귀(官鬼)가 임해서 발동하여 세(世)를 극하면 노력한
  공은 헛되고 관재구설이 염려된다.

— 구진의 발동은 해묵은 일은 좋지 못하나, 용신(用神)이 전답에
  임하면 이로움이 생긴다.

— 세효(世爻)에 등사가 임하고 관귀(官鬼)에 파극(破剋)되면 괴이

한 꿈과 같은 근심이 생긴다.

— 세효(世爻)가 무기(無氣)하고 백호가 금(金)에 임하여 동하면
흉한 상을 면하지 못한다. 백호가 금(金)에 임하여 무기(無氣)
한 세(世)를 생해도 좋아할 수만은 없다.

14. 호괘(互卦)

　호괘(互卦)는 본괘의 내부적인 정황을 좀더 자세히 고찰하는 방
법이라고 할 수 있다. 6개의 효로 이루어진 본괘는 동한 효가 화출
(化出)한 변효(變爻)와 함께 월건(月建)과 일진(日辰) 그리고 각
효에 임하는 비신(飛神)과 육친을 비롯하여 적용되는 여러 가지
원리를 활용하여 상황판단과 함께 미래를 예측하는 것이 육효(六
爻) 점단법이다. 본괘와 변괘(變卦)는 표면적으로 나타나는 부분을
파악하여 접목하는데 비중을 둔다면, 호괘는 표면적 상황을 심층
분석하여 어떠한 정황을 거쳐 결론이 주어지게 되는 것인지를 들
여다 보는 것이다.

　호괘(互卦)는 본괘를 기준으로 구한다. 본괘의 3·4·5효는 상괘
가 되고, 본괘의 2·3·4효는 하괘가 된다. 예를 들면 어떤 사건에
서 태금궁(兌金宮)의 뇌택귀매괘(雷澤歸妹)를 얻었다면,

수화기제(水火旣濟)/뇌택귀매(雷澤歸妹)

互卦		위치	六親	飛神	本卦
▬ ▬	五爻	上爻	兄	戌	▬ ▬
▬▬▬	四爻	五爻	孫	申	▬ ▬
▬ ▬	三爻	四爻	父	午	▬▬▬
▬▬▬	四爻	三爻	兄	丑	▬ ▬
▬ ▬	三爻	二爻	官	卯	▬▬▬
▬▬▬	二爻	初爻	父	巳	▬▬▬

사안의 변화과정을 순서대로 나열해보면

작괘 → 본괘 → 호괘 → 변괘(動爻가 있을 때)

(현재 상황) (사안의 과정) (결론)

15. 괘신론(卦身論)과 신명론(身命論)

괘신(卦身)이란 어떤 사안을 두고 얻은 점괘의 체(體)를 의미한다. 체(體)란 사건을 주체하는 것이다. 모든 사물에는 체(體)와 용(用)이 있다. 정효(靜爻)와 동효(動爻), 일월의 작용은 사건의 작용변화를 말하는 용(用)을 의미한다. 괘신(卦身)이 효상에 나타나면 의지할 수 있는 사건의 주체가 나타난 것이다. 괘신(卦身)이 효상에 나타나지 않으면 구체적인 사건의 주체가 없는 것이다. 괘신(卦身)은 사건의 주체이며 세효(世爻)를 겸한다.

1) 괘신(卦身)의 작용

— 괘신(卦身)이 안정되면 점자의 마음이 편안하고, 괘신(卦身)이 합되면 합당함이 있다.

— 복신(伏神)이나 변효(變爻)에도 없으면 근원이 애매한 것이다.

— 괘신(卦身)이 공망(空亡)·입묘(入墓)·절(絶)이 되면 이루기 어렵다.

— 괘신(卦身)이 세효(世爻)를 극하면 일이 나를 찾고, 세효(世爻)가 괘신(卦身)을 극하면 내가 일을 찾는 상황이 된다.

— 괘신(卦身)이 세효(世爻)와 생합(生合)할 때는 사건의 주체가 세(世)가 되니 모든 상황을 길하게 판단한다.

— 괘신(卦身)이 세효(世爻)를 생하면 주관하는 권한이 세(世)에게 있고, 괘신(卦身)이 응효(應爻)를 생하면 주관하는 권한이 상대에게 있는 것이다.

2) 괘신(卦身)의 진퇴 판단법

— 사(巳)월점에 오미신(午未申)월괘를 얻으면 일이 진보한다.

— 사(巳)월점에 인묘진(寅卯辰)월괘를 얻으면 막히고 퇴보한다.

— 괘를 얻은 시점의 전후를 가려 과거사와 미래사를 가늠한다.

3) 괘신(卦身) 구하는 방법

— 세효(世爻)가 음효(陰爻)인지 양효(陽爻)인지를 먼저 구분한다.

— 세효(世爻)가 양이면 초효부터 1양이 시생되는 자(子)로 시작하고, 세효(世爻)가 음이면 1음이 시생되는 오(午)로 시작한다.

─ 자(子)부터 시작하면 축인묘진사(丑寅卯辰巳) 순서로 초효부터 나열하고, 오(午)부터 시작하면 미신유술해(未申酉戌亥) 순서로 초효부터 나열하는데, 세(世)에 해당하는 지지가 괘신이 다.

예를 들어 어떤 사건에 이화궁(離火宮)의 화풍정괘(火風鼎卦)를 얻었을 때 괘신(卦身)을 구하면 다음과 같다.

화풍정(火風鼎) : 이화궁(離火宮)

卦身	六親	飛神	本卦象	爻位	世應
巳	兄	巳	━━	上爻	-
辰	孫	未	━ ━	五爻	應
卯	才	酉	━━	四爻	-
寅	才	酉	━━	三爻	-
(卦身)丑	官	亥	━━	二爻	世
子	孫	丑	━ ━	初爻	-

※ 세효(世爻)가 양효(陽爻)이니 초효 자수(子水)부터 순서대로 상효까지 붙인다. 세효(世爻)에 임한 지지(地支) 축토(丑土)가 괘신(卦身)이므로 화풍정괘(火風鼎卦)는 축(丑)월괘가 된다.

4) 신명(身命) 구하는 법

─ 세(世)를 기준으로 한다.

─ 세효(世爻)의 비신(飛神)이 자(子)나 오(午)이면 초효(初爻)가 신(身)이 되고, 대효(對爻)인 4효가 명(命)이 된다.

― 세효(世爻)의 비신(飛神)이 축(丑)이나 미(未)가 되면 2효가 신
(身)이 되고, 대효(對爻)인 5효가 명(命)이 된다.

― 세효(世爻)의 비신(飛神)이 인(寅)이나 신(申)이 되면 3효가 신
(身)이 되고, 대효(對爻)인 상효(上爻)가 명(命)이 된다. 괘의
맨 위에 있는 6번째의 효를 6효라 하지 않고 상효(上爻)라 한다.

― 세효(世爻)의 비신(飛神)이 묘(卯)나 유(酉)가 되면 4효가 신
(身)이 되고, 대효(對爻)인 초효(初爻)가 명(命)이 된다.

― 세효(世爻)의 비신(飛神)이 진(辰)이나 술(戌)이 되면 5효가 신
(身)이 되고, 대효(對爻)인 2효가 명(命)이 된다.

― 세효(世爻)의 비신(飛神)이 사(巳)나 해(亥)가 되면 상효(上爻)
가 신(身)이 되고, 대효(對爻)인 3효가 명(命)이 된다.

― 여자의 결혼점에서 관효(官爻)에 신(身)이 앉아 있다면 이미 합
궁한 것으로 추론할 수 있다. 신(身)과 명(命)의 활용법이 아직
체계적으로 정리되지 않아 계속 연구해야 할 부분이다.

화풍정(火風鼎) : 이화궁(離火宮)

身命	六親	飛神	本卦象	爻位	世應
身	兄	巳	▬▬▬	上爻	-
-	孫	未	▬ ▬	五爻	應
-	才	酉	▬▬▬	四爻	-
命	才	酉	▬▬▬	三爻	-
-	官	亥	▬▬▬	二爻	世
-	孫	丑	▬ ▬	初爻	-

※ 신명(身命)은 세효(世爻)의 비신(飛神)을 살펴서 구한다. 세효(世爻)의 비신(飛神)이 해수(亥水)이니 상효(上爻)에 신(身)이 붙고, 대효(對爻)인 삼효(三爻)에 명(命)이 붙는다.

5) 삼합(三合)

명리학에서 배우는 삼합(三合)의 원리는 접어두고, 육효학에서 활용하는 삼합(三合)이 이루어지는 조건에 대해서만 표기한다.

명리학에서 합의 종류에는 육합(六合)·삼합(三合)·준삼합(三合)·계절합·동합(同合) 등이 있지만, 육효(六爻)에서는 육합(六合)과 삼합(三合)만 활용한다. 명리학에서는 2개의 지지(地支)만 모여도 준 삼합(三合)으로 인정하지만, 육효(六爻)에서는 3개의 지지(地支)가 갖추어졌을 때만 삼합(三合)으로 본다. 지지(地支)가 1개만 모자라도 합이 성립되지 않는다는 뜻이다.

허일대용(虛一待用)은 삼합(三合)이 이루어지는 과정에서 1개가 동하지 않아 2개의 합이 기다리다가 문제의 효가 때가 되어 전실(塡實)될 때 삼합(三合) 작용이 확실하게 되는 것이다. 가령 땅 매매점으로 곤토궁(坤土宮)의 수지비괘(水地比卦) 2효 동이 나왔다.

五行 生旺墓	生	旺	墓
木의 三合	亥	卯	未
火의 三合	寅	午	戌
金의 三合	巳	酉	丑
水의 三合	申	子	辰

감위수(坎爲水) /수지비(水地比) : 곤토궁(坤 土宮) 2효동(二爻動)

	才子	▬▬ ▬▬	應	申
(空亡)	兄戌	▬▬▬▬		月
	孫申	▬▬ ▬▬		己
	官卯	▬▬ ▬▬	世	巳(戌亥)
兄辰 ←	父巳	▬▬ ▬▬		日
	兄未	▬▬ ▬▬		占

— 땅 매매에 관한 괘이고, 2효인 부효(父爻)가 문서를 나타내므로
  용효(用爻)가 된다.

— 용효(用爻)인 부효(父爻)와 주체인 세효(世爻) 그리고 땅을 사
  는 고객을 나타내는 응효(應爻)를 함께 자세히 살펴봐야 한다.

— 세효(世爻)는 월건(月建)의 극을 받고 일진(日辰)에 휴수(休囚)
  되어 힘이 없다.

— 2효인 부효(父爻) 사화(巳火)가 동(動)하여 진토(辰土) 형효(兄
  爻)를 화출(化出)하였다.

— 오로지 기다릴 수밖에 없다. 그럼 언제까지 기다려야 하는가?
  월건(月建)의 신금(申金)과 상효(上爻)인 재효(才爻) 자수(子
  水) 그리고 변효(變爻)인 형효(兄爻) 진토(辰土)가 모여 신자진
  (申子辰) 삼합(三合)으로 수국(水局)을 이루어 세효(世爻)를 생
  부(生扶)할 때까지 기다려야 한다. 육효점에서 삼합(三合)의 작
  용이 일어나려면 3개의 비신(飛神)이 모두 합국(合局)되어야 가

능하니 자수(子水) 재효(才爻)가 정효(靜爻)로 있으니 자(子)월까지 기다려야 한다.

예문과 같은 상황에서 정지되어 있는 1개 자수(子水)의 작용을 기다렸다가 사용한다고 허일대용(虛一待用)이라 한다.

6) 삼형살(三刑殺)

명리학에서는 형살(刑殺)의 종류도 여러 가지이다. 삼형살(三刑殺)·자형살(自刑殺)·상형살(相刑殺) 등이 있지만 육효학(六爻學)에서는 삼형살(三刑殺)만 활용한다. 삼형살(三刑殺)도 삼합(三合)과 같이 3개의 작용을 모두 갖추었을 때 나타나는 경우로, 대개 여러 사람의 움직임에서 시달리는 상황을 나타낸다.

삼형살(三刑殺)에는 인사신(寅巳申)과 축술미(丑戌未)가 있다. 인사신(寅巳申)은 주로 교통사고나 관재와 구설에 많이 나타나고, 축술미(丑戌未)는 재물과 관계가 많다.

세효(世爻)가 관귀(官鬼)에게 극을 받을 때 형(刑)의 관계가 이루어지면 관재를 주의하고, 세효(世爻)가 5효에게 극을 받고 형(刑)작용이 이루어지면 임금에게 항의하다가 벌을 받는 경우와 같으니 각별히 주의해야 한다.

7) 천을귀인(天乙貴人)

나를 도와주는 사람이 귀인이라면 더 믿을 수 있을 것이다.

일진(日辰)의 천간(天干)을 기준으로 하여

― 갑무경(甲戊庚) 일간(日干)일 때 알고자 하는 효의 비신(飛神)
이 축(丑)이나 미(未)가 있을 때.

― 을기(乙己) 일간(日干)일 때 알고자 하는 효의 비신(飛神)이 자
(子)나 신(申)이 있을 때.

― 병정(丙丁) 일간(日干)일 때 알고자 하는 효의 비신(飛神)이 해
(亥)나 유(酉)가 있을 때.

― 신(辛) 일간(日干)일 때 알고자 하는 효의 비신(飛神)이 인(寅)
이나 오(午)가 있을 때.

― 임계(壬癸) 일간(日干)일 때 알고자 하는 효의 비신(飛神)이 묘
(卯)나 사(巳)가 있을 때.

　천을귀인(天乙貴人)에는 음귀(陰貴)와 양귀(陽貴)가 있다. 그러나
육효학(六爻學)에서는 세밀하게 구분하지 않고 어느 것이든 하나
라도 해당하면 길신일 때 길작용으로 본다.

　육효학(六爻學)은 명리를 바탕으로 기초원리가 성립되는데, 명리
학에 적용되는 감명법에는 여러 가지가 있다. 대충 열거해보면 합
에는 삼합(三合)·육합(六合)·계절합·동합(同合)이 있고, 충에는
육충(六沖)이 있으며, 형(刑)에는 삼형살(三刑殺)·상형살(相刑
殺)·자형살(自刑殺) 등이 있다. 그밖에 십이운성(十二運星)·천을
귀인(天乙貴人)·원진살(怨嗔殺)·귀문관살(鬼門關殺)·육해살(六
害殺)·십이신살(十二神殺) 등 헤아릴 수 없이 많다. 그러나 육효

학(六爻學)에서는 명리학에서 쓰는 감명법을 모두 활용하지 않고, 생극제화(生剋制化)의 이론에 해당하는 원리를 위주로 한다.

그렇기 때문에 여기서도 생극제화(生剋制化)를 위주로 하여 합충(合沖)·십이운성(十二運星)·천을귀인(天乙貴人) 등 중요한 부분만 간추려서 소개하였다. 마지막으로 십이신살(十二神殺)에 대하여 조금 언급하고, 모자라는 부분은 실전예문에서 보충하고자 한다.

8) 십이신살(十二神殺)

십이신살(十二神殺)은 길작용(神)과 흉작용(殺)을 12가지로 나눈다. 열거하면 겁(劫)·재(災)·천(天)·지(地)·년(年)·월(月)·망(亡)·장(將)·반(攀)·역(驛)·육(六)·화(華)가 된다. 육효학(六爻學)에서는 길작용보다는 흉작용의 피해에 관심을 많이 가지므로 흉작용을 중심으로 간단하게 설명하기로 한다.

─ 겁살(劫殺) : 빼앗기는 작용을 말한다. 몸과 마음, 재물 모두 해당한다.
─ 재살(災殺) : 갇히는 작용을 말하며 수옥살이라고도 한다.
─ 천살(天殺) : 천재지변의 작용을 말한다. 화재·수재·눈사태·산사태 등이 해당한다.
─ 지살(地殺) : 이동하는 작용을 한다. 대개 국내에서의 잦은 이동과 이사 등이 해당한다. 주로 인신사해(寅申巳亥) 사생지(四生地)가 일으키는 작용을 말한다. 육효(六爻)로 신수점을 볼 때

교통사고를 미리 추리할 수 있다. 주로 길에서 나는 사고이다.

— 년살(年殺) : 왕성한 에너지의 발산작용을 말한다. 바람기·탐구력·집중되는 에너지 등이 해당한다. 주로 자오묘유(子午卯酉) 사왕지(四旺地)가 일으키는 작용이다. 육효(六爻)에서 가출점을 볼 때는 가출한 내면의 상황을 추리하는데 도움이 된다.

— 월살(月殺) : 말 못하는 가슴앓이로 말라가는 무기력한 상태를 말한다. 고초살(枯焦殺)이라고도 한다.

— 망신살(亡身殺) : 말 그대로 몸을 망치는 작용이다. 교통사고·낙상·상해 등이 해당하고, 말싸움으로 창피를 당하는 작용도 포함된다.

— 장성살(將星殺) : 길작용으로 길신일 때는 승진운도 따른다.

— 반안살(攀鞍殺) : 시험에 합격하거나 승진하면서 따라오는 길작용을 말한다.

— 역마살(驛馬殺) : 지살(地殺)과 비슷한 작용으로 원거리 이동을 말한다. 주로 인신사해(寅申巳亥) 사생지(四生地)가 일으키는 작용을 말한다. 유학·이사 등이 해당한다.

— 육해살(六害殺) : 병으로 인해 몸이 수척해지는 작용을 말한다. 병원에서 발견하지 못하는 귀신병일 수도 있다.

— 화개살(華蓋殺) : 신앙이나 기도에 해당하는 사안인 경우가 많다. 주로 진술축미(辰戌丑未) 사묘고(四墓庫)가 일으키는 작용을 말한다.

제4장. 실제풀이

1. 가택점

가택점은 내괘(內卦)와 2효를 중심으로 살피고, 외괘(外卦)의 5효나 세(世)를 참고한다.

■ 유리할 때

— 내괘(內卦)와 외괘(外卦)가 상생(相生)을 이루거나 육합(六合)을 이룰 때.

— 2효가 일월(日月)이나 동효(動爻)의 생을 받거나 비화(比和)될 때.

— 2효에 천을귀인(天乙貴人)이나 청룡 등 길신이 임할 때.

— 2효가 발동하면 이사수이다.

■ 불리할 때

— 내괘(內卦)가 외괘(外卦)를 극할 때.

— 2효 관귀(官鬼)에 등사나 겁살(劫殺)이 임하면 관재나 질병을 주의해야 한다.

— 2효 관귀(官鬼)에 주작이 임하면 구설을 조심해야 한다.

— 2효가 동하여 5효를 극하면 가족의 액이 염려된다.

— 2효가 공망(空亡)이나 월파(月破)되면 흉하다.

— 2효 현무가 일월(日月)의 극을 받으면 도난·손재가 염려된다.

— 5효에 관귀(官鬼)나 백호로 일월(日月)의 극을 받을 때.

— 2효에 관귀(官鬼)가 있어도 천을귀인(天乙貴人)이나 청룡·건록(建祿)·천희(天喜) 등이 임하면 관직이나 경사를 뜻한다.

실제예문1> 주인의 가택점

택지췌(澤地萃) / 수지비(水地比) : 곤토궁(坤土宮) 4효동

	才 子	▬▬	應	卯	
	兄 戌	▬▬▬		月	
(才)亥 ←	孫 申	▬▬		戌	
	官 卯	▬▬	世	戌(辰巳)	
空亡	父 巳	▬▬▬	用	日	
	兄 未	▬▬		占	

① 어떤 사람이 주인의 신변을 물어왔다.

② 주인이니 부효(父爻)를 용신(用神)으로 삼는다.

③ 부효(父爻)인 2효 사화(巳火)는 공망(空亡)이 되고, 월건(月建)의 생이 있다 하나 일진(日辰)에 입묘(入墓)되었다.

④ 동한 사효(巳爻)의 신금(申金)과 극이 되고, 신금(申金)은 일진(日辰)의 생을 받아 유기하다.

⑤ 신금(申金)이 왕상(旺相)한 신유(申酉)월에는 매우 위험하다.

※ 손효(孫爻) 신금(申金)이 동하여 해수(亥水) 재효(才爻)를 화출(化出)한 원리(216쪽 참조).

효(爻)가 동한다는 것은 양효(陽爻)는 음효(陰爻)로, 음효(陰爻)는 양효(陽爻)로 변한다는 말이다. 감위수(坎爲水)의 상괘(上卦)에 속하는 4효 음효(陰爻)가 동하여 양효(陽爻)로 바뀌어 태위택(兌爲澤)의 상괘(上卦)의 4효인 양효(陽爻)를 화출(化出)했기 때문에 신금(申金)이 해수(亥水)가 된 것이다.

2 신수점

세(世)를 중심으로 살피고, 대리점일 때는 해당하는 육친을 용신(用神)으로 삼는다.

■ 유리할 때

— 세효(世爻)가 일월(日月)과 동효(動爻)의 생부(生扶)를 받을 때.

— 내·외괘가 육합(六合)이 되거나, 재(才)나 손(孫)이 지세(持世)

하여 발동하여 변효(變爻)에게 회두생(回頭生)될 때.

— 동한 청룡이 세(世)를 생합(生合)하면 일신의 경사가 생긴다.

— 부(父)가 동하여 희신(喜神)이 되면 문서가 길하다.

■ 불리할 때

— 세(世)가 일월(日月) 동효(動爻) 중 2개 이상 극을 받을 때.

— 관귀(官鬼) 지세(持世)에 백호·겁살(劫殺)·등사 등 흉신을 겸할 때.

— 세(世)가 공망(空亡)이거나 재(才)가 공망(空亡)일 때.

— 관귀(官鬼)가 백호를 겸하여 세(世)를 극할 때.

3. 구재점

재효(才爻)를 용효(用爻)로 하고, 형효(兄爻)와 손효(孫爻)와 세효(世爻)의 관계를 세밀히 살펴야 한다.

■ 유리할 때

— 재(才)가 일월(日月) 동효(動爻)의 생부(生扶)를 받을 때.

— 왕한 재(才)가 세(世)를 극할 때.

— 신(身)에 재(才)가 붙어 왕할 때.

— 형효(兄爻)가 일월(日月) 동효(動爻)의 극을 받거나, 공망(空亡)이나 은복(隱伏)되어 미약할 때.

— 손효(孫爻)나 재효(才爻)가 지세(持世)하고, 일월(日月)의 생부
(生扶)를 받을 때.

— 세효(世爻)가 동하여 재(才)를 생할 때.

■ 불리할 때

— 형효(兄爻)가 일월(日月)이나 동효(動爻)의 생부(生扶)를 받아
왕할 때.

— 형효(兄爻)가 발동하여 재효(才爻)를 극할 때.

— 형효(兄爻)가 교중되거나 세효(世爻)가 동하여 형효(兄爻)를 화
출(化出)할 때.

— 재효(才爻)나 손효(孫爻)가 은복(隱伏)되거나, 재효(才爻)나 손
효(孫爻)나 세효(世爻)가 공망(空亡)일 때.

실제예문1>

풍뇌익(風雷益) : 풍목궁(風木宮) 동효 없음

	兄 卯	▬▬ 應	巳
空亡	孫 巳	▬▬	月
	才 未	▬ ▬	戌
空亡	才 辰	▬ ▬ 世 用	戌(辰巳)
	兄 寅	▬ ▬	日
	父 子	▬▬	占

① 세효(世爻)가 용효(用爻)가 된다.

② 재효(才爻) 진토(辰土)에 세효(世爻)가 지세(持世)를 하였다.

③ 재물을 구하는 점에서 세효(世爻)에 재(財)가 지세(持世)했으니 한결 유익하다.

④ 세효(世爻)는 월건(月建)의 생부(生扶)를 받아 기운이 왕상(旺相)하다.

⑤ 세효(世爻)인 진토(辰土) 재효(才爻)가 일진(日辰) 술(戌)에게 충되어 암동(暗動)되었다. 그래서 공망(空亡)인 세효(世爻)가 왕상한 가운데 암동(暗動)되니 공망(空亡)이 아니다.

⑥ 암동(暗動)된 세효(世爻)가 자수(子水) 부효(父爻)를 입묘(入墓)시키니 재물도 들어오고 문서도 들어오겠다. 손효(孫爻)인 사화(巳火)도 공망(空亡)이나 월건(月建)과 같이 비화(比和)되어 왕상(旺相)하니 공망(空亡)이 아닌 것으로 본다.

실제예문2>

풍뢰익(風雷益) / 산뢰이(山雷頤 : 풍목궁(風木宮) 5효동

① 구재점이니 재효(才爻)가 용효(用爻)가 된다.

② 술토(戌土) 재효(才爻)에 지세(持世)했으나, 월건(月建)에 휴수(休囚)되고 일진(日辰)과는 파해(破害)작용으로 불길하다.

③ 5효인 자수(子水) 부효(父爻)가 동하여 상효(上爻) 형효(兄爻)인 인목(寅木)을 생하고, 생부(生扶)받은 인목(寅木) 형효(兄爻)는 세효(世爻) 술토(戌土)를 극제(剋制)하고 들어온다.

④ 사화(巳火) 손효(孫爻)를 화출(化出)했으니 복신(伏神)된 손효(孫爻)가 매우 불안하다.

⑤ 구재점에서 손효(孫爻)가 재효(才爻)를 생하는데 손효(孫爻)가 불안하니 기대하기 어렵다.

⑥ 밑천마저 손실될까 우려된다.

※ 부효(父爻) 자수(子水)가 동하여 손효(孫爻) 사화(四火)가 된 원리(216쪽 참조).

효가 동한다는 것은 양효(陽爻)는 음효(陰爻)로 음효(陰爻)는 양효(陽爻)로 변하는 것을 말한다. 본괘 5번째의 효는 간위산(艮爲山)괘의 상괘에 속하는 5번째 음효(陰爻)가 동하여 양효(陽爻)가 되어, 손위풍(巽爲風)괘의 5번째의 비신(飛神)으로 바뀌어 부효(父爻) 자수(子水)가 손효(孫爻) 사화(巳火)로 된 것이다.

실제예문3> 일생의 재운은?

수택절(水澤節) / 풍택중부(風澤中孚) : 간토궁(艮 土 宮) 상효동

```
空亡 (才)子← 官 卯   ━━━          辰
         父 巳   ━━━          月
         兄 未   ━ ━   世    甲
空亡      兄 丑   ━ ━         寅(子丑)
         官 卯   ━━━          日
         父 巳   ━━━   應    占
```

① 일생의 재운보다 앞서 가까이 다가오는 일신의 재앙이 두렵다.

② 세효(世爻)가 용신(用神)이면 월건(月建)과 오행이 같이 하니 왕하다.

③ 그러나 일진(日辰)의 극을 받으니 일신이 위태롭다고 하겠다.

④ 상효(上爻) 관귀(官鬼)가 화출(化出)한 자수(子水) 재효(才爻)의 회두생부(回頭生扶)를 받으니 왕상(旺相)한 관귀(官鬼)의 극으로 재앙이 두렵다.

⑤ 언제일까? 해(亥)월이라 하겠다. 해(亥)월은 출행을 삼가고 근신해야 한다.

⑥ 술(戌)월은 축술미(丑戌未) 삼형살(三刑殺)을 이루고, 해(亥)월은 귀살(鬼殺)이 왕상해지니 염려된다. 본인을 대신하여 대리인이 귀중품을 가지고 가다가 중도에 해를 만나 사망하였다.

※ 상효인 묘목(卯木) 관효(官爻)가 동하여 자수(子水) 재효(才爻)를 화출한 원리(216쪽 참고).

　효가 동한다는 것은 음효(陰爻)는 양효(陽爻)로, 양효(陽爻)는 음효(陰爻)로 변하는 것을 말한다. 그래서 손위풍괘(巽爲風卦)의 상효인 묘목(卯木) 관효(官爻)는 양효(陽爻)이므로 동하면 음효(陰爻)가 되어 감위수괘(坎爲水卦)의 상효 비신(飛神)을 화출한다.

■ 돈을 빌릴 때

　재효(才爻)를 용효(用爻)로 삼고, 세(世)와 응효(應爻)를 중점적으로 살핀다.

■ 유리할 때

— 세효(世爻)와 응효(應爻)가 공망(空亡)이 아니고, 재효(才爻)가 결점이 없을 때.

— 세효(世爻)나 응효(應爻)가 결점이 없는 상태에서 서로 생합(生合)을 이룰 때.

— 재(才)가 왕한 상태에서 세(世)를 생할 때.

■ 불리할 때

— 세(世)와 응(應)이 상극(相剋)될 때 빌려줄 마음이 없다.

— 형효(兄爻)가 교중되거나 발동할 때.

— 재효(才爻)가 미약하고 공망(空亡)이 되거나 은복(隱伏)될 때.

— 세(世)와 응(應)이 공망(空亡)되거나 미약할 때.

— 재효(才爻)가 회두극(回頭剋) 당할 때.

실제예문1> 빌려준 돈을 받을 수 있는가?

풍택중부(風澤中孚) / 풍뢰익(風雷益) : 풍목궁(風木宮) 2효동


```
            兄 卯     ━━━━ 應      卯
   空亡    孫 巳     ━━━━         月
            才 未     ━━ ━━       壬
   空亡    才 辰     ━━ ━━ 世用   寅(辰巳)
(兄)卯 ← 兄 寅     ━━ ━━       日
            父 子     ━━━━         占
```


① 돈에 대한 사안이므로 재효(才爻)가 용신(用神)이 된다.

② 3효인 재효(才爻) 진토(辰土)에 지세(持世)하여 공망(空亡)인 상태에서 월일의 극을 받아 매우 쇠약하다.

③ 세효(世爻)를 생하는 5효 사화(巳火) 손효(孫爻)마저 공망(空亡)되어 조짐이 매우 흉하다.

④ 2효인 형효(兄爻) 인목(寅木)이 묘목(卯木) 형효(兄爻)를 화출(化出)하여 진신(進神)이 되니, 세효(世爻)를 극하는 흉한 조짐이 더 가중되어 매우 위태롭다.

⑤ 인묘(寅卯)일에는 움직이지 말고 3일 후에 출행하기를 권하였다. 그날 갔다면 아마도 교통사고를 당했을 것이다. 그날 출발한 자동차가 사고나 많은 사람이 죽고 다쳤다.

※ 형효(兄爻) 인목(寅木)이 동하여 형효(兄爻) 묘목(卯木)이 된 원리(216쪽 참조).

 효가 동한다는 것은 음효(陰爻)는 양효(陽爻)로, 양효(陽爻)는 음효(陰爻)로 변하는 것을 말한다. 진위뢰(震爲雷)괘의 2효 비신(飛神) 인목(寅木)인 음효(陰爻)가 동하여 양효(陽爻)로 되어 태위택(兌爲澤)의 하괘(下卦) 2효인 비신(飛神) 묘목(卯木)이 된 것이다.

실제예문2> 상대방의 권유로 주식을 샀는데 올라가겠는가?

화풍정(火風鼎) / 뇌풍항(雷風恒) : 진목궁(震木宮) 상효동

空亡 (孫)巳 ← 才 戌	▬ ▬	應 用	戌
官 申	▬ ▬		月
孫 午	▬▬▬		丁
官 酉	▬▬▬	世	酉(辰巳)
父 亥	▬▬▬		日
才 丑	▬ ▬		占

① 주식의 동향을 살피는 사안이니 재효(財爻)가 용신(用神)이다.

② 용신(用神)인 재효(財爻)와 주체인 세효(世爻)와 동효(動爻)를 함께 살핀다.

③ 세효(世爻)는 월건(月建)과 일진(日辰)의 생부(生扶)를 받아 왕상(旺相)하니 아주 아름답다.

④ 상효(上爻) 술토(戌土)가 동하여 손효(孫爻) 사화(巳火)를 화출
(化出)하여 공망(空亡)이다.

⑤ 변효(變爻) 사화(巳火)가 을사(乙巳)일이 되어 공망(空亡)에서
벗어나면 재효(財爻) 술토(戌土)를 회두생(回頭生)하고, 회두생
(回頭生) 받은 재효(財爻)가 세효(世爻)인 유금(酉金) 관효(官
爻)를 생부(生扶)하니 접속 상생이 되어 많이 올라갈 것이다.

※ 재효(才爻) 술토(戌土)가 동하여 손효(孫爻) 사화(巳火)가 된
원리(216쪽 참조).

 효가 동한다는 것은 음효(陰爻)는 양효(陽爻)로, 양효(陽爻)는 음
효(陰爻)로 변하는 것을 말한다. 진위뢰(震爲雷)괘의 상효(上爻)가
동하여 양이 되어 이위화(離爲火)괘의 상효(上爻)가 되었다. 이것
은 진위뢰(震爲雷)의 상효(上爻) 비신(飛神) 술토(戌土) 재효(才
爻)가 이위화(離爲火)괘의 상효(上爻) 비신(飛神) 사화(巳火) 손효
(孫爻)로 변했음을 말하는 것이다.

4. 매매점

 세효(世爻)를 용효(用爻)로 하고, 재효(才爻)와 토효(土爻) 2효와
세효(世爻)의 관계를 잘 살핀다.

■ 유리할 때
— 가옥 매매에 2효가 발동하면 이동수로 본다.

─ 2효가 왕하면 충하는 월에 매매가 가능하다.

─ 토지는 구진이나 토(土)의 발동과 일진(日辰)의 충을 기뻐한다.

─ 이상 모두 세(世)와 응(應)이 왕한 가운데 생합(生合)될 때.

■ 불리할 때

─ 가옥은 외괘(外卦)가 발동할 때.

─ 세효(世爻)와 응효(應爻)가 상극(相剋)이나 공망(空亡)될 때.

─ 세효(世爻)나 응효(應爻) 중 하나가 아주 미약할 때.

─ 토지매매는 인묘목(寅卯木)이 발동할 때.

실제예문1> 집을 사는데 어떻게 되겠는가?

뇌천대장(雷天大壯) / 지택 림(地澤臨) : 곤토궁(坤土宮) 3·4효동

空亡	孫 酉	▬▬		巳
	才 亥	▬▬	應	月
(父)午 ← 兄 丑		▬▬		庚
(兄)辰 ← 兄 丑		▬▬		辰(申酉)
	官 卯	▬▬▬	世	日
	父 巳	▬▬▬		占

① 세효(世爻)와 응효(應爻)가 상생(相生) 관계이다.

② 그러나 응효(應爻)는 월건(月建)의 충과 일진(日辰)의 극으로 쇠약한 상태에서 일묘(日墓)되었고, 세효(世爻) 역시 일진(日辰)과 월건(月建)에 휴수(休囚)되어 쇠약하다.

③ 4효에서 형효(兄爻) 축토(丑土)가 화출(化出)한 오화(午火) 부효(父爻)의 생부(生扶)를 받아 왕상(旺相)해진다.

④ 3효에서는 축토(丑土) 형효(兄爻)가 진토(辰土) 형효(兄爻)로 진신(進神)이 되어 더 왕상(旺相)해졌다.

⑤ 형효(兄爻)의 막강하게 왕상(旺相)한 작용이 응효(應爻)의 해수(亥水)를 극하니 매매가 이루어지지 않겠다.

※ 3효인 형효(兄爻) 축토(丑土)가 형효(兄爻) 진토(辰土)로 변하고, 4효인 형효(兄爻) 축토(丑土)가 부효(父爻)인 오화(午火)로 변하게 된 원리(216쪽 참조).

하괘(초효·2효·3효)와 상괘(4효·5효·상효)로 나누어 각각 처리한다. 하괘는 태위택괘(兌爲澤卦)의 하괘 비신(飛神)을 참고하고, 상괘는 곤위지(坤爲地)괘의 상괘 비신(飛神)을 참고한다.

효가 동한다는 것은 음효(陰爻)는 양효(陽爻)로, 양효(陽爻)는 음효(陰爻)로 변하는 것을 말한다. 태위택(兌爲澤)괘의 3효인 형효(兄爻) 축토(丑土)는 음효(陰爻)인데, 동하여 양효(陽爻)가 되어 건위천(乾爲天)괘의 3효가 되었다. 그래서 태위택(兌爲澤)괘의 3효 비신(飛神)인 축토(丑土)가 건위천(乾爲天)괘의 3효 비신(飛神)인 진토(辰土)로 변한 것이다. 4효인 축토(丑土)는 곤위지(坤爲地)괘의 4효 비신(飛神)인 축토(丑土)로 음효(陰爻)인데 동하면 양효(陽爻)가 되므로 진위뢰(震爲雷)괘의 4효인 양효(陽爻)가 되어 비신(飛神)인 오화(午火)로 변한 것이다.

실제예문2> 행정관서에서 부동산의 정당한 금액을 받을 수 있는가?

화택 규(火澤睽)/천택 리(天澤履) : 간토궁(艮土宮) 5효동

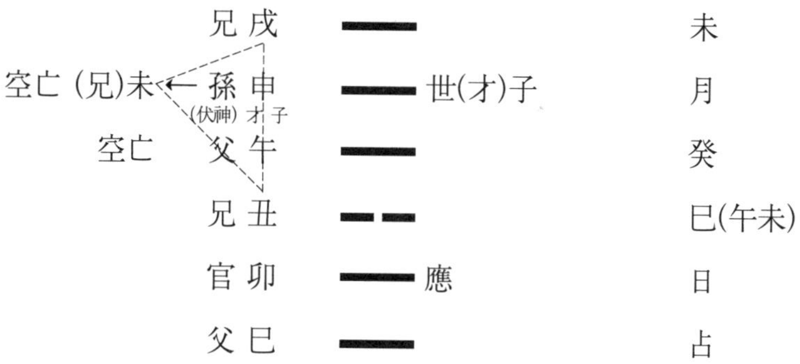

① 금액에 대한 관심이니 재(財)가 용신(用神)이다.

② 돈의 주체인 세효(世爻)와 용신(用神) 재효(財爻) 그리고 동효 (動爻)의 움직임을 잘 살핀다.

③ 5효인 손효(孫爻) 신금(申金)에 지세(持世)하고, 또 동하여 형효 (兄爻)인 미토(未土)를 화출(化出)하였다.

④ 용신(用神)인 재효(才爻)는 세효(世爻) 신금(申金) 손효(孫爻) 밑에 자수(子水)로 복신(伏神)되어 있다.

⑤ 미(未)일에 공망(空亡)에서 풀리면 변효(變爻) 미토(未土) 형효 (兄爻)가 손효(孫爻)를 생하는 회두생(回頭生) 작용이 확실하므 로 손효(孫爻)의 기운도 왕성해진다.

⑥ 그러나 재효(才爻)가 복신(伏神)이니 그 시기가 빠르지 않다.

⑦ 늦어도 가격은 잘 받는다. 재효(才爻)가 복신(伏神)이라도 비신

(飛神) 신금(申金)이 생하는 비래생복(飛來生伏)이기 때문이다.

⑧ 유의할 점은 얼마 후 높은 가격은 받아도 소송으로 시달림을 겪은 뒤이다. 축술미(丑戌未) 삼형살(三刑殺) 때문에 시달림의 작용이 생기는 것이다.

※ 손효(孫爻) 신금(申金)이 동하여 형효(兄爻) 미토(未土)로 변한 원리(216쪽 참조).

5효인 신금(申金) 손효(孫爻)는 건위천(乾爲天)괘의 5효 비신(飛神) 양효(陽爻)이다. 효가 동한다는 것은 음효(陰爻)는 양효(陽爻)로, 양효(陽爻)는 음효(陰爻)로 변하는 것을 말한다. 따라서 건위천(乾爲天)괘의 5효인 양효(陽爻)가 음효(陰爻)로 변하여 이위화(離爲火)괘의 5효 비신(飛神)으로 변한 것이다.

5. 취직 · 승진점

관효(官爻)가 용효(用爻)이고, 세효(世爻)와 부효(父爻)를 살핀다.

■ 유리할 때

— 태세(太歲)가 세(世)를 생할 때.
— 부(父)가 지세(持世)하고 관효(官爻)가 동해 세(世)를 생할 때.
— 세효(世爻)와 관효(官爻)가 일월(日月) 동효(動爻)의 극을 받지 않고, 서로 상극(相剋)되지 않을 때.
— 세효(世爻)와 관효(官爻)가 공망(空亡)되거나 은복(隱伏)되거나

회두극(回頭剋) 당하지 않을 때.

■ 불리할 때

— 세효(世爻)나 관효(官爻)가 월파(月破)되거나 일진(日辰)과 동
효(動爻)의 극을 받을 때.

— 관효(官爻)가 은복(隱伏)되거나 손효(孫爻)가 발동하여 세(世)
를 극할 때.

— 형효(兄爻)가 교중되거나 발동할 때.

— 손효(孫爻)가 지세(持世)하거나 동하여 관효(官爻)를 극할 때.

— 세효(世爻)나 관효(官爻)가 공망(空亡)되거나 회두극(回頭剋)
당할 때.

— 육충괘(六沖卦)가 육충(六沖)이 될 때와 육합괘(六合卦)가 육충
(六沖)이 될 때.

실제예문1> 현직을 얻을 수 있겠는가.

수천수(水天需) / 수택절(水澤節) 감수궁(坎水宮) 3효동

	兄 子	▬▬	申
	官 戌	▬▬▬	月
	父 申	▬▬ 應	己
空亡 (官)辰 ←	官 丑	▬▬ 用	亥(辰巳)
	孫 卯	▬▬▬	日
(空亡)	才 巳	▬▬▬ 世	占

① 구관점이므로 관효(官爻)가 응효(用爻)이다.

② 세(世)는 초효인 사화(巳火) 재효(才爻)에 지세(持世)했지만 공
   망(空亡)이다.

③ 공망(空亡)인 세효(世爻)가 월건(月建)과 일진(日辰)에 휴수(休
   囚)되어 더 쇠약해지니 조짐이 흉하다.

④ 3효 축토(丑土) 관효(官爻)가 동하여 진토(辰土)로 진신(進神)
   되었지만 공망(空亡)이다.

⑤ 관효(官爻)가 진신(進神)이 되어 기운이 강해진 상태에서 공망
   (空亡)으로 묶인 상태이다.

⑥ 이 직장은 진신(進神)된 진토(辰土)가 생해주는 응효(應爻)에게
   가겠다. 위의 사람은 초등학교 교장으로 있다가 지금은 보직에
   있어 현직으로 갈 수 있을지를 물어 왔다.

※ 관효(官爻) 축토(丑土)가 동하여 관효(官爻) 진토(辰土)가 된
원리(216쪽 참조).

 효가 동한다는 것은 음효(陰爻)는 양효(陽爻)로, 양효(陽爻)는 음
효(陰爻)로 변하는 것을 말한다. 동한 효인 3효는 태위택(兌爲澤)
의 3효 비신(飛神)을 가진 음효(陰爻)인데 동하면 양효(陽爻)가 되
므로 건위천(乾爲天)의 3효 비신(飛神)으로 변한 것이다.

실제예문2> 주요 기관의 기관장으로 갈 수 있겠는가?

풍화가인(風火家人) / 풍산점(風山漸) : 간토궁(艮土宮) 초효동

				酉年
	官 卯	▬▬▬	應	戌
	父 巳	▬▬▬		月
空亡	兄 未	▬▬ ▬▬		甲
	孫 申	▬▬▬	世	申(午未)
空亡	父 午	▬▬ ▬▬		日
(官)卯 ← 兄 辰		▬▬ ▬▬		占

① 승진을 기대하므로 관효(官爻)를 용효(用爻)로 하고, 세효(世爻)를 참고한다.

② 3효에 지세(持世)한 손효(孫爻) 신금(申金)은 월건(月建)의 생부(生扶)를 받고 일진(日辰)이 비화(比和)되어 왕상(旺相)하니 부를 누리며 항상 마음이 편안하고 건강하다.

③ 술(戌)월에는 많은 형효(兄爻)가 동하여 세효(世爻)를 생한다.

④ 초효(初爻)인 형효(兄爻) 진토(辰土)가 화출(化出)한 관효(官爻) 묘목(卯木)이 형효(兄爻) 진토(辰土)를 회두극(回頭剋)하지만, 세효(世爻)를 돕는 일부 사람들이 위축당하는 모양이다.

⑤ 왕상(旺相)한 세효(世爻)를 근원으로 하여 관효(官爻)가 형효(兄爻)를 회두극(回頭剋)하고, 형효(兄爻)가 동하여 토생금(土

生金)하여 일부 사람들은 신금(申金)인 세효(世爻)를 도와준다.

⑥ 급한 마음을 가지지 않으면 내년 술(戌)년에는 왕한 태세의 기운을 생부(生扶)받아 경쟁자들을 이기고 흡수하여 기관장으로 갈 것이다. 과연 그렇게 술(戌)년 신(申)월에 승진하였다.

6. 시험점

부효(父爻)를 용효(用爻)로 하고, 세효(世爻)와의 관계를 살핀다.

■ 유리할 때

— 부효(父爻)와 세효(世爻)가 모두 왕하면 합격한다.

— 왕한 부효(父爻)가 세(世)와 생합(生合)될 때.

— 부효(父爻)가 지세(持世)하여 왕할 때.

— 재효(才爻)가 은복(隱伏)되고 공망(空亡)될 때.

— 육합괘(六合卦)가 육합(六合)이 되거나 육충괘(六沖卦)가 육합(六合)될 때.

■ 불리할 때

— 재효(才爻)가 지세(持世)하거나 발동했을 때.

— 부효(父爻)가 미약하거나 은복(隱伏)되었을 때.

— 세효(世爻)나 부효(父爻)가 공망(空亡)이나 회두극(回頭剋)될 때.

— 세효(世爻)나 부효(父爻)가 월파(月破)되거나 일월(日月) 동효(動爻) 중 2개 이상의 극을 받을 때.

— 부효(父爻)와 세효(世爻)가 일월(日月)의 생부(生扶)를 받아도 재(才)가 동할 때.

실제예문1> 시험에 되겠는가.

택풍대과(澤風大過) / 뇌풍항(雷風恒) : 진목궁(震木宮) 5효동

<pre>
     才 戌   ▬ ▬   應   申
(官)酉 ← 官 申   ▬ ▬   月
     孫 午   ▬▬▬
     官 酉   ▬▬▬   世   癸卯(辰巳)
     父 亥   ▬▬▬   用   日
     才 丑   ▬ ▬   占
</pre>

① 부효(父爻)인 해수(亥水)가 용효(用爻)이고, 주체자가 되는 세효(世爻)를 함께 살펴본다.

② 주체자인 세효(世爻)에 관효(官爻)가 지세(持世)하니 시험점과 공명점에서는 한결 유리하다.

③ 주체자인 세효(世爻) 역시 월건(月建)에서 왕하고 일진(日辰)에게 충을 받으니 암동(暗動)하여 부효(父爻)를 생한다.

④ 5효인 신금(申金)이 동하여 유금(酉金)으로 진신(進神)이 되어 용효(用爻)인 부효(父爻) 해수(亥水)가 더욱 왕상해졌다.

⑤ 신(申)월이나 유(酉)월에는 시험에 합격한다. 유(酉)월에는 기운이 더 왕상해진다.

※ 관효(官爻)인 신금(申金)이 동하여 관효(官爻)인 유금(酉金)을 화출(化出)하게 된 원리(216쪽 참조).

효가 동한다는 것은 음효(陰爻)는 양효(陽爻)로, 양효(陽爻)는 음효(陰爻)로 변하는 것을 말한다. 5효인 관효(官爻) 신금(申金)은 음효(陰爻)로 진위뢰(震爲雷)의 5번째의 비신(飛神)을 가졌다. 음효(陰爻)인 신금(申金) 관효(官爻)는 양효(陽爻)가 되어 태위택(兌爲澤)의 5번째 비신(飛神)으로 변한 것이다.

실제예문2> 임용고시에 합격하겠는가?

수천수(水天需) / 풍천소축(風天小畜) : 풍목궁(風木宮) 상효동

(父)子 ← 兄 卯	▬▬▬▬			丑
孫 巳	▬▬▬▬			月
才 未	▬▬ ▬▬	應		甲
才 辰	▬▬▬▬			辰(寅卯)
空亡　兄 寅	▬▬▬▬			日
父 子	▬▬▬▬ 用	世		占

① 시험점이니 부효(父爻)가 용효(用爻)이다.

② 용효(用爻)에 지세(持世)하여 자신감이 생기나 세효(世爻)는 월건(月建)과 일진(日辰)의 극을 받아 휴수(休囚)되니 흉하다.

④ 상효에서 동한 묘목(卯木) 형효(兄爻)는 화출한 부효(父爻) 자

수(子水)에서 회두생(回頭生)하여 왕해지는 것은 경쟁자와의
힘겨움을 나타낸다.

⑤ 을사(乙巳)일이 발표였는데 기다리기 답답하여 찾아왔지만 좋
은 대답을 할 수가 없었다. 결과는 불합격이었다.

※ 형효(兄爻) 묘목(卯木)이 동하여 부효(父爻) 자수(子水)를 화출
(化出)하게 된 원리(216쪽 참조).

효가 동하는 것은 음효(陰爻)는 양효(陽爻)로, 양효(陽爻)는 음효
(陰爻)로 변하는 것이다. 형효(兄爻) 묘목(卯木)은 손위풍(巽爲風)
의 상효(上爻) 비신(飛神)이며 양효(陽爻)인데, 동하여 음효(陰爻)
가 되어 감위수(坎爲水)의 상효(上爻) 비신(飛神)으로 변한다.

실제예문3> 시험에 합격 하겠는가?

화풍정(火豊鼎) / 택풍대과(澤風大過) : 진목궁(震木宮) 5효와 상효동

(孫)巳 ← 才 未	▬▬		申
(才)未 ← 官 酉	▬▬▬		月
父 亥	▬▬▬	世	乙
官 酉	▬▬▬		巳(寅卯)
父 亥	▬▬▬		日
才 丑	▬▬	應	占

① 본인의 시험점이므로 부효(父爻)가 용신(用神)이고, 세효(世爻)를 참고한다.

② 부효(父爻)인 해수(亥水)에 지세(持世)했으니 학문이 매우 출중하다는 것을 알 수 있다.

③ 월건(月建)의 생부(生扶)를 받고 일진(日辰)의 충을 받으니 조용한 움직임을 파악할 수 있다.

④ 여기서 응효(應爻)는 그다지 중요하지 않고, 동효(動爻)의 움직임을 중요하게 보아야 한다. 참으로 육효(六爻)의 신점은 탄복하지 않을 수 없음을 보여주는 대목이다.

⑤ 상효(上爻) 미토(未土) 재효(才爻)가 움직여 사화(巳火) 손효(孫爻)를 화출(化出)하여 화생토(火生土)의 회두생부(回頭生扶)를 받고, 5효 유금(酉金) 관효(官爻)도 재효(才爻)인 미토(未土)를 화출(化出)하여 토생금(土生金) 회두생부(回頭生扶)를 받고, 또 동한 유금(酉金)은 부효(父爻)인 세효(世爻)를 상생(相生)하니 참으로 아름답다. 이를 이런 경우를 접속상생이라 한다. 타고난 복록과 자질로 앞으로도 계속 영화가 이어질 것이다.

※ 5효인 관효(官爻) 유금(酉金)이 동하여 재효(才爻) 미토(未土)로 화출하고, 상효(上爻)인 재효(才爻) 미토(未土)가 동하여 손효(孫爻) 사화(巳火)를 화출한 원리(216쪽 참조).

효가 동한다는 것은 음효(陰爻)는 양효(陽爻)로, 양효(陽爻)는 음효(陰爻)로 변하는 것을 말한다. 동한 두 효가 5효와 상효(上爻)로 태위택(兌爲澤)의 5효와 상효(上爻)를 말한다. 5효와 상효(上爻)가 동했으므로 5효인 양효(陽爻)가 동하여 음으로 변하고, 상효(上爻)인 음효(陰爻)가 동하여 양효(陽爻)로 변하여 이위화(離爲火)의 5효와 상효(上爻)의 비신(飛神)을 화출(化出)한 것이다.

■ 성사 시기를 잡을 때

— 용신(用神)이 년(年)에 같이 하면 년(年)에 응기를 잡는다.

— 용신(用神)이 월(月)에 같이 하면 월(月)에 응기를 잡는다.

— 용신(用神)이 일(日)에 같이 하면 일(日)에 응기를 잡는다.

— 충은 합으로 풀고 합은 충으로 풀면 응기를 잡는다.

— 용신(用神)이 합되면 충일에 응기를 잡는다.

— 용신(用神)이 충되면 합일에 응기를 잡는다.

— 용신(用神)이 복신(伏神)되면 비신(飛神)을 충하는 복왕(伏旺)
  일에 응기를 잡는다.

— 용신(用神)이 지세(持世)하면 생왕(生旺)일에 응기를 잡는다.

— 용신(用神)이 왕동하면 합일에 응기를 잡는다.

7. 질병점

세효(世爻)를 용효(用爻)로 하면서 신(身)과 명(命)의 관계를 살핀다. 특히 관귀(官鬼)와 손효(孫爻)를 중점적으로 본다.

— 질병점에는 근병과 구병이 있다.

— 근병에 육충괘(六沖卦)가 되거나 세효(世爻)가 공망(空亡)되면
낫는다.

— 근병에 육합괘(六合卦)가 나오면 병이 오래 가기 쉽다.

— 구병에 육충괘(六沖卦)가 되거나 세효(世爻)가 공망(空亡)되면
위험하다.

— 구병에 육합괘(六合卦)가 나오면 곧 치료될 병으로 본다.

■ 유리할 때

— 세(世)와 손(孫)이 일월(日月) 동효(動爻)의 생부(生扶) 작용으
로 왕할 때.

— 관귀(官鬼)가 일월(日月) 동효(動爻)의 극을 받거나 설기(洩氣)
를 당할 때.

— 관귀(官鬼)가 은복(隱伏)되지 않고 세효(世爻)와 응효(應爻)가
왕할 때.

— 손효(孫爻)가 지세(持世)하고 일월(日月) 동효(動爻)의 생부(生
扶)를 받거나 발동할 때.

■ 불리할 때

— 관귀(官鬼)가 발동하면 악화되는 것으로 본다.

— 관귀(官鬼)가 교중되면 합병증이 염려된다.

— 관귀(官鬼)가 일월(日月) 동효(動爻)의 생부(生扶)를 받으면 중
병으로 본다.

— 관귀(官鬼)가 지세(持世)하면 오래된 병이거나 불치병이다.

— 관귀(官鬼)가 은복(隱伏)되면 병이 낫지 않는다.

— 손효(孫爻)가 은복(隱伏)이나 공망(空亡)되면 치료효과가 없다.

— 재효(才爻)가 발동하면 악화된다.

— 형효(兄爻)가 지세(持世)하여 회두극(回頭剋)당할 때
  세효(世爻)가 일월(日月) 동효(動爻)에서 휴수(休囚)된 상태에
  서 재효(才爻)나 백호, 관귀(官鬼)가 동하면 죽을 염려가 있다.

실제예문1> 아버지의 병이 낫겠는가?

지뢰 복(地雷復) : 곤토궁(坤土宮) 동효 없음

	孫 酉	▬▬		卯
	才 亥	▬▬		月
空亡	兄 丑	▬▬	應	丙
	兄 辰	▬▬		辰(子丑)
	官 寅 伏神 : (父)巳	▬▬	(父)巳:伏神	日
空亡	才 子	▬▬▬	世	占

① 아버지의 병점이니 부효(父爻)가 용효(用爻)이다.

② 부효(父爻)가 본괘에 나타나지 않아 복신(伏神)을 찾았다.

③ 2효인 관효(官爻) 인목(寅木) 밑에 부효(父爻) 사화(巳火)가 복
  신(伏神)으로 숨어 있다.

④ 부효(父爻) 사화(巳火)가 인목(寅木) 관효(官爻)의 생부(生扶)를 받으니 일어나겠다. 그래서 확실하게 알아보고자 용효(用爻)가 본괘에 나타날 수 있도록 재점을 보았다.

산택손(山澤損) : 간토궁(艮土宮) 동효 없음

	官 寅	▬▬▬	應	卯
空亡	才 子	▬▬ ▬▬		月
	兄 戌	▬▬ ▬▬		丙
空亡	兄 丑	▬▬ ▬▬	世	辰(子丑)
	官 卯	▬▬▬		日
	父 巳	▬▬▬	用	占

① 세(世)는 점하는 주체자가 된다.

② 초효(初爻)인 부효(父爻) 사화(巳火)가 용효(用爻)이다.

③ 앞 지뢰복괘에서 복신(伏神)으로 본괘에는 나타나지 않은 부효(父爻)가 초효(初爻)에 나타났다.

④ 부효(父爻) 사화(巳火)는 월건(月建)의 생부(生扶)를 받고 왕상하니 일어나겠다.

⑤ 부효(父爻)를 극하는 재효(才爻) 자수(子水)가 공망(空亡)이라 걱정하지 않아도 된다. 그런데 가족 중 한 명이 병세가 위급하다고 하기에 차자를 오라하여 재점하였다.

손위풍(巽爲風) / 풍산점(風山漸) : 간토궁(艮土宮) 2효동

<pre>
        官 卯   ━━━━━   應   卯
        父 巳   ━━━━━   月
        兄 未   ━━ ━━   丙
        孫 申   ━━━━━   世   辰(子丑)
(才)亥 ← 父 午   ━━ ━━   用   日
        兄 辰   ━━ ━━   占
</pre>

① 세 번째 점에서는 앞의 두 점괘와는 달리 2효인 오화(午火) 부
효(父爻)가 동하여 해수(亥水) 재효(才爻)를 화출(化出)하여 회
두극(回頭剋)을 당한다.

② 어떻게 하여 오화(午火) 부효(父爻)가 회두극(回頭剋)을 당하게
되었는가. 그래서 이번에는 직접 괘를 얻어 풀어보았더니 또 회
두극(回頭剋)을 당하였다. 이번에는 병자의 부인에게 괘상을 얻
어보았다.

※ 2효인 부효(父爻) 오화(午火)가 동하여 재효(才爻) 해수(亥水)
가 된 원리(216쪽 참조).

효가 동한다는 것은 음효(陰爻)는 양효(陽爻)로, 양효(陽爻)는 음
효(陰爻)로 변하는 것을 말한다. 간위산(艮爲山)괘의 2효의 비신
(飛神)인 오화(午火)는 음효(陰爻)이므로 동하면 양효(陽爻)가 되
어 손위풍(巽爲風)괘의 2효 비신(飛神)인 해수(亥水)가 된다.

천풍구(天風姤)/천산둔(天山遯) : 건금궁(乾金宮)

父 戌 ▬▬▬ 卯

兄 申 ▬▬ 應 月

官 午 ▬▬▬ 丙

兄 申 ▬▬▬ 辰(子丑)

(孫)亥 ← 官 午 ▬ ▬ 世 日

父 辰 ▬ ▬ 占

아들에게 괘를 얻었을 때는 부효(父爻)가 회두극(回頭剋)되었고, 부인에게 괘를 얻었을 때는 관효(官爻)가 회두극(回頭剋)을 당했다. 참으로 묘하다. 해(亥)월이나 자(子)월을 넘기지 못하겠다.

이아평은 복신(伏神)이 용신(用神)이면 부효(父爻)가 왕상(旺相)하여 회복의 기운을 보이니 복신(伏神)을 용신(用神)으로 삼으면 정확한 단안을 내릴 수 없다. 재역하여 본괘에 용신(用神)이 나타났을 때 단안을 내릴 수 있음이 가하다고 하였다.

※ 2효인 관효(官爻) 오화(午火)가 동하여 손효(孫爻) 해수(亥水)가 된 원리(216쪽 참조).

효가 동한다는 것은 음효(陰爻)는 양효(陽爻)로, 양효(陽爻)는 음효(陰爻)로 변하는 것을 말한다. 간위산(艮爲山)괘의 2효인 음효(陰爻)가 동하여 양효(陽爻)가 되어 손위풍(巽爲風)괘의 2효 비신(飛神)으로 변하였다.

풍천소축(風天小畜) / 풍택중부(風澤中孚) : 간토궁(艮土宮) 3효동

官 卯	━━━━		戌
父 巳 才 子(伏神)	━━━━	才 子(伏神)	月
兄 未	━ ━	世	乙
(兄)辰 ← 兄 丑 孫申(伏神)	━ ━	孫申(伏神)	丑(戌亥)
官 卯	━━━━		日
父 巳	━━━━	應	占

① 아들의 질병점이니 손효(孫爻)가 용신(用神)이지만 본괘에 손
   효(孫爻)가 나타나 있지 않다.

② 세효(世爻)는 형효(兄爻) 미토(未土)에 지세(持世)하여 왕한 가
   운데 월건(月建)과 같이 축술미(丑戌未) 삼형살(三刑殺)을 이루
   어 지출에 있어 혼란스러움을 나타낸다.

③ 형효(刑爻) 축토(丑土)가 동하여 진토(辰土)를 화출(化出)하여
   진신(進神)이 되어 지출이 더 가중됨을 나타낸다.

④ 손효(孫爻) 복신(伏神)을 찾으니 3효 형효(兄爻)에 신금(申金)
   으로 복장되어 형효(兄爻)의 비래생복(飛來生伏)을 받고 있다.

⑤ 아들은 질병에 걸려 돈으로 살고 있음을 알 수 있고, 지출에 지
   출이 가중되어 돈으로 병을 다스려야 하는 정황을 여실히 보여
   준다.

※ 3효인 형효(兄爻) 축토(丑土)가 동하여 형효(兄爻) 진토(辰土)가 된 원리(216쪽 참조).

효가 동한다는 것은 음효(陰爻)는 양효(陽爻)로, 양효(陽爻)는 음효(陰爻)로 변하는 것을 말한다. 태위택(兌爲澤)괘의 3효인 형효(兄爻) 축토(丑土)는 음효(陰爻)인데, 동하여 양효(陽爻)가 되어 건위천(乾爲天)의 3효 진토(辰土)가 되었다.

8. 가출점

세효(世爻)를 용효(用爻)로 하고, 해당하는 육친(六親)과 세(世)와의 관계를 살핀다.

■ 유리할 때

— 해당하는 육친이 외괘(外卦)에 있으면 먼 곳에 있고, 내괘(內卦)에 있으면 가까운 곳에 있다.
— 용효(用爻)가 가출한 사람이 있는 방향이고, 동하여 변하면 변한 방향에 있다.
— 용효(用爻)가 은복(隱伏)되지 않으면 찾을 수 있다.
— 용효(用爻)가 은복(隱伏)되었으면 해당하는 비신(飛神) 밑에 숨어 있다.
— 용효(用爻)가 퇴신(退神)이 되면 돌아온다.
— 용효(用爻)가 발동하여 세효(世爻)와 생합(生合)하면 스스로 온다.

— 세효(世爻)가 공망(空亡)되거나 용효(用爻)보다 미약할 때.

■ 불리할 때

— 용효(用爻)가 동하여 진신(進神)이 되어 세효(世爻)를 극할 때.

— 용효(用爻)가 일월(日月) 동효(動爻)의 생부(生扶)로 왕할 때.

— 용효(用爻)가 공망(空亡)되거나 은복(隱伏)되거나 역마일 때는 찾기 어렵다.

실제예문1> 무단가출한 아버지의 생사불명

감위수(坎爲水) / 풍수환(風水渙) : 이화궁(離火宮) 상효동

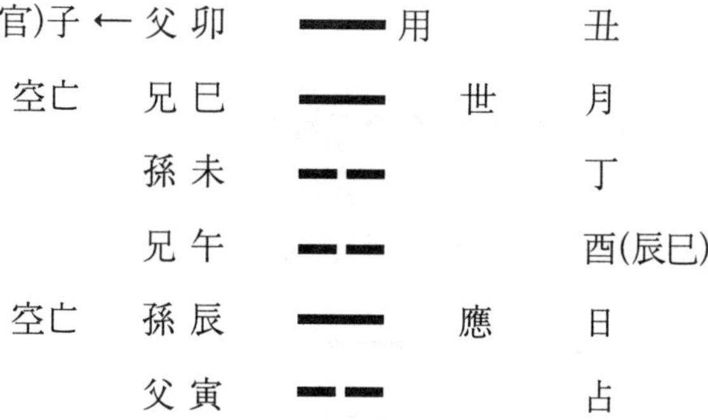

① 아버지에 대한 사안이므로 부효(父爻)가 용신(用神)이다.

② 부효(父爻)는 일진(日辰)에 충되고 월건(月建)의 휴수(休囚)로 쇠약한 상태에서 상효(上爻) 묘목(卯木) 부효(父爻)가 화출(化出)한 자수(子水) 관효(官爻)의 회두생(回頭生)을 받으므로 쇠

약한 가운데 잘 있다고 보겠다.

④ 세(世)가 공망(空亡)이면 속히 돌아온다 하니 부효(父爻)가 왕
해지는 인묘(寅卯)월에는 돌아올 것이다.

※ 상효(上爻)인 부효(父爻) 묘목(卯木)이 동하여 관효(官爻) 자수
(子水)가 된 원리(216쪽 참조).

효가 동한다는 것은 음효(陰爻)는 양효(陽爻)로, 양효(陽爻)는 음
효(陰爻)로 변하는 것을 말한다. 상효(上爻)인 부효(父爻) 묘목(卯
木)은 양효(陽爻)인데 손위풍(巽爲風)괘의 상효(上爻) 비신(飛神)
이 되어 동하여 음효(陰爻)가 되면 감위수(坎爲水)괘의 상효(上爻)
비신(飛神)인 자수(子水)로 변하는 것이다.

실제예문2> 아버지가 언제쯤 오실까?

천지비(天地否) / 풍지관(風地觀) : 건금궁(乾金宮) 4효동

	才 卯	▬▬▬▬		寅
	官 巳	▬▬▬▬		月
(空亡) (官)午 ←	父 未	▬▬　▬▬	世	辛
	才 卯	▬▬　▬▬		卯(午未)
	官 巳	▬▬　▬▬		日
空亡	父 未	▬▬　▬▬	應	占

① 아버지에 관한 사안이므로 부효(父爻)가 용신(用神)이다.

② 부효(父爻)에 세(世)가 지세(持世)하여 동효(動爻)와 변효(變爻)가 공망(空亡)이나 생하면서 합이 되었다.

③ 부효(父爻)인 미토(未土) 세효(世爻)가 화출(化出)한 오화(午火) 관효(官爻)의 회두생(回頭生)을 받고, 또 합이 되므로 돌아올 것이다. 정확하게 판단하기 위하여 재점하기로 하였다.

※ 4효인 부효(父爻) 미토(未土)가 동하여 관효(官爻) 오화(午火)가 되는 원리(216쪽 참조).

효가 동한다는 것은 음효(陰爻)는 양효(陽爻)로, 양효(陽爻)는 음효(陰爻)로 변하는 것을 말한다. 4효인 부효(父爻) 미토(未土)는 음효(陰爻)로 손위풍(巽爲風)괘의 4효 비신(飛神)을 가지며 동하면 양효(陽爻)가 되어 건위천(乾爲天)괘의 4효 비신(飛神)으로 변하므로 관효(官爻) 오화(午火)가 된다.

풍택중부(風澤中孚) / 천택리(天澤履) : 간토궁(艮土宮) 4효동

	兄 戌	▬▬▬		寅
	孫 申	▬▬▬	世	月
空亡 (兄)未 ← 父 午		▬▬▬		辛
	兄 丑	▬▬ ▬▬		卯(午未)
	官 卯	▬▬▬	應	日
	父 巳	▬▬▬		占

① 용효(用爻)인 4효 부효(父爻)가 동하여 화출한 형효(兄爻) 미토
(未土)와 합되면서 공망(空亡)되었으나 부효(父爻)가 일월(日
月)의 생부(生扶)를 받아 왕상하여 공망(空亡)이 유용하다.

③ 부효(父爻)가 동하여 5효인 신금(申金) 손효(孫爻)를 극세(剋
世)하니 신속하게 이루어지는 괘가 되겠다.

④ 공망(空亡)이 풀리는 오(午)일이나 미(未)일에 만날 수 있을 것
이다. 을미(乙未)일에 돌아왔다.

※ 4효 부효(父爻) 오화(午火)가 동하여 형효(兄爻) 미토(未土)가
된 원리(216쪽 참조).

효가 동하는 것은 음효(陰爻)는 양효(陽爻)로, 양효(陽爻)는 음효
(陰爻)로 변하는 것이다. 4효인 부효(父爻) 오화(午火)는 양효(陽
爻)인데 건위천(乾爲天)괘의 4효 비신(飛神)을 갖는다. 동하여 음
효(陰爻)가 되면 손위풍(巽爲風)괘의 4효 비신(飛神)으로 변한다.

9. 소송점

세효(世爻)를 용효(用爻)로 하고, 응효(應爻)와 관효(官爻)의 관
계를 세밀하게 살핀다.

■ 유리할 때

— 관효(官爻)가 응효(應爻)를 극하고 세효(世爻)를 생할 때.

— 세효(世爻)가 왕하고 응효(應爻)가 미약할 때.

— 응효(應爻)가 일월(日月) 동효(動爻)의 극을 받거나 회두극(回
頭剋)을 받을 때.

— 원고의 입장에서 관효(官爻)가 지세(持世)했을 때는 유리하다.

■ 불리할 때

— 태세(太歲)와 관귀(官鬼)가 같으면 대법원까지 올라간다.

— 관효(官爻)가 세효(世爻)를 극할 때.

— 세효(世爻)가 공망(空亡)되거나 일월(日月) 동효(動爻)에 휴수
(休囚)될 때.

— 응효(應爻)가 일월(日月) 동효(動爻)의 생부(生扶)를 받아 왕한
상태에서 세효(世爻)를 극할 때.

— 피고의 경우 관효(官爻)가 지세(持世)하면 불리하다. 세효(世
爻)와 응효(應爻)가 비화(比和)되면 오래 끈다.

실제예문1> 재판

천산돈(天山遯) : 건금궁(乾金宮) 동효 없음

父 戌	▬▬▬		丑
兄 申	▬▬▬	應	月
官 午	▬▬▬		壬
兄 申	▬▬▬		子(寅卯)
官 午	▬ ▬	用 世(암동)	日
父 辰	▬ ▬		占

① 관효(官爻) 오화(午火)에 지세(持世)하여 일진(日辰)에 충되어 암동(暗動)되었다.

② 월건(月建)에 휴수(休囚)된 상태에서 충이 된 것은 일파(日破)된 상태를 의미하는데, 세(世)가 매우 쇠약한 상태에서 움직이지 않으면 안되는 상황을 의미한다.

③ 세효(世爻)가 일파(日破)되어 오늘 재판에서는 형벌을 받는다.

④ 응효(應爻)는 형효(兄爻)의 신금(申金)에 앉아 3효에 비화(比和)되었고, 월건(月建)의 생부(生扶)를 받아 왕상하다.

⑤ 형효(兄爻)는 파재(破才)의 신이므로 형벌을 받아 재(才)를 깨뜨리는 벌금형을 받을 것이다. 과연 벌금형을 받았다.

10. 관재점

세효(世爻)를 용효(用爻)로 하고, 관효(官爻)를 세밀하게 살핀다.

■ 유리할 때

— 태세(太歲)가 귀(鬼)를 극하면 석방된다.

— 월건(月建)이나 부효(父爻)가 세효(世爻)를 생하면 항소나 탄원서 등으로 석방된다.

— 일진(日辰)이 세효(世爻)를 생합(生合)할 때.

— 뇌수해괘(雷水解卦)를 얻었을 때.

— 손효(孫爻)가 왕하거나 발동할 때.

— 일진(日辰)이 관귀(官鬼)를 극하거나 관귀(官鬼)가 공망(空亡)

이거나 미약할 때.

■ 불리할 때

— 관귀(官鬼)가 왕하고 세효(世爻)가 미약할 때 구속될 수 있다.

— 관귀(官鬼)가 발동하여 세효(世爻)를 극할 때.

— 손효(孫爻)가 공망(空亡)이거나 미약할 때.

— 진술축미(辰戌丑未) 묘고(墓庫)에 관귀(官鬼)가 지세(持世)할 때.

— 관귀(官鬼)가 왕한 상태에서 등사나 백호가 지세(持世)했을 때.

실제예문1> 중형을 받았는데 사면되겠는가?

산택 손(山澤損) / 산풍고(山風蠱) : 풍목궁(風木宮) 초효와 3효동

<pre>
                                        申 年

            兄 寅   ━━━━   應   未

            父 子   ━━ ━━   月

    空亡   才 戌   ━━ ━━   戌

  (才)丑 ← 官 酉   ━━━━ 用 世   辰(戌亥)

    空亡   父 亥   ━━━━   日

  (孫)巳 ← 才 丑   ━━ ━━   占
</pre>

① 세효(世爻)가 용효(用爻)가 되고 관효(官爻)를 참고한다.

② 세(世)가 왕상(旺相)한 가운데 사유축(巳酉丑) 삼합(三合)으로

관국(官局)을 이루어 더 왕상해졌다.

③ 관재나 송사에서 세(世)가 쇠약하면 가장 흉하다.

④ 세가 왕상하니 사면될 것이고 유(酉)년이 유력할 것이다. 과연 유(酉)년 진(辰)월에 사면되었다.

※ 초효(初爻)인 재효(才爻) 축토(丑土)가 동하여 손효(孫爻) 사화(巳火)가 되고, 3효인 관효(官爻) 유금(酉金)이 동하여 재효(才爻) 축토(丑土)가 된 원리(216쪽 참조).

  효가 동한다는 것은 음효(陰爻)는 양효(陽爻)로, 양효(陽爻)는 음효(陰爻)로 변하는 것을 말한다. 손위풍(巽爲風)의 초효(初爻)가 동하여 양으로 변하고, 3효가 동하여 음으로 변하여 태위택(兌爲澤)의 초효와 3효의 비신(飛神)으로 변한다.

실제예문2> 동생의 관재구설 문제

뇌풍항(雷風恒) / 택수곤(澤水困) : 태금궁(兌金宮) 3효와 5효동

	父 未	▬ ▬		午
(兄)申 ←	兄 酉	▬▬▬	用	月
	孫 亥	▬▬▬	應	丁
(兄)酉 ←	官 午	▬ ▬		未(寅卯)
	父 辰	▬▬▬		日
空亡	才 寅	▬ ▬	世	占

① 동생의 사건이므로 형효(兄爻)가 용신(用神)이다.

② 5효 유금(酉金)이 용신(用神)이고, 또 동하여 신금(申金)을 화출
(化出)하여 퇴신(退神)이 되었다.

③ 월건(月建)의 극을 받지만 일진(日辰)의 생을 받으므로 지금은
무방하다. 그러나 월건(月建)과 비화(比和)되어 막강한 힘을 가
진 3효 오화(午火)가 유금(酉金)을 화출(化出)하니 용신(用神)
유금(酉金)이 매우 위태롭다.

⑤ 그러면 언제 구금되겠는가. 형효(兄爻)의 힘이 진신(進神)이 되
었다면 흉액을 감당할 수 있겠으나 퇴신(退神)이 되어 구금을
피할 수 없다. 7월을 조심하라.

※ 3효인 관효(官爻) 오화(午火)가 동하여 형효(兄爻) 유금(酉金)
이 되고, 5효인 형효(兄爻) 유금(酉金)이 동하여 형효(兄爻) 신금
(申金)이 된 원리(216쪽 참조).

효가 동한다는 것은 음효(陰爻)는 양효(陽爻)로, 양효(陽爻)는 음
효(陰爻)로 변하는 것을 말한다. 음효(陰爻)인 감위수(坎爲水)의 3
효 비신(飛神) 오화(午火)가 동하여 양효(陽爻)가 되어 손위풍(巽
爲風)의 3효 비신(飛神)인 형효(兄爻) 유금(酉金)을 화출(化出)하
고, 양효(陽爻)인 태위택(兌爲澤)의 5효 비신(飛神)인 형효(兄爻)
유금(酉金)이 동하여 음효(陰爻)가 되어 진위뢰(震爲雷)의 5효 비
신(飛神)인 신금(申金)을 화출(化出)하였다.

실제예문3> 고소를 당했는데 무사하겠는가?

화산려(火山旅) ：　이화궁(離火宮) 동효 없음

兄 巳	▬▬			申
孫 未	▬ ▬			月
才 酉	▬▬	應		戌
才 申	▬▬			申(寅卯)
兄 午	▬ ▬			日
孫 辰	▬ ▬	世		占

① 세효(世爻)가 주체가 되어 응효(應爻)인 상대를 살펴본다.

② 응효(應爻)는 일월의 비화(比和)로 인하여 왕상(旺相)하다.

③ 세(世)는 휴수(休囚)된 상태에서 상대와 합이 되므로 가서 잘
　 이야기 하면 서로 합이 되니 무사할 수 있다.

11. 혼인점

　세효(世爻)를 용효(用爻)로 하고, 남자는 응효(應爻)와 재효(才
爻)를 살피고, 여자는 응효(應爻)와 관효(官爻)를 세밀히 살핀다.

■ 유리할 때

— 세효(世爻)와 응효(應爻)가 생합(生合)되거나 비화(比和)될 때.

— 남자의 점은 세효(世爻)와 재효(才爻)가 생합(生合) 또는 세효

(世爻)가 동하여 재효(才爻)와 생합(生合)될 때.

— 여자의 점은 세효(世爻)와 관효(官爻)가 생합(生合) 또는 세효
(世爻)가 동하여 관효(官爻)와 생합(生合)이 될 때.

— 응효(應爻)에 천을(天乙)이나 길신이 들면 상대방 가정이 좋다.

■ 불리할 때

— 세효(世爻)나 응효(應爻)가 공망(空亡)되거나 세효(世爻)가 동
하여 응효(應爻)를 극하거나 응(應)이 동하여 세(世)를 극할 때.

— 남자의 점에 재효(才爻)가 세효(世爻)를 극하거나 여자 점에서
관효(官爻)가 세효(世爻)를 극할 때.

— 형효(兄爻)가 발동하여 재효(才爻)나 관효(官爻)를 극할 때.

— 재효(才爻)와 관효(官爻)가 상극되거나 육충(六沖)될 때.

— 재효(才爻)나 관효(官爻)가 많이 나타나면 재(才)가 중첩되거나
관(官)이 중첩되며 혼인의 거듭됨이 예상된다.

실제예문1> 부부가 해로하겠는가?

풍지관(風地觀) / 천뢰무망(天雷无妄) : 풍목궁(風木宮) 초효와 4효동

才 戌	▬▬		巳
官 申	▬▬		月
(才)未 ← 孫 午	▬▬	世	丁
才 辰	▬ ▬		未(寅卯)
空亡 兄 寅	▬ ▬		日
(才)未 ← 父 子	▬▬	應	占

① 혼인점이므로 세(世)와 응을 주체로 하고, 재(才)와 관효(官爻)
를 참고한다.

② 세효(世爻)에 손(孫) 오화(午火)가 지세(持世)하여 동하여 미토
(未土) 재효(才爻)를 화출(化出)하여 생합(生合)하였다.

③ 본괘는 육충괘(六沖卦)가 되었으나 화출(化出)한 미토(未土)와
오화(午火)가 생합(生合)하고, 동효(動爻)인 오화(午火)와 일진
(日辰) 미토(未土)가 합하여 충중봉합(沖中逢合)이 되어 흉이
길로 변하였다.

④ 본괘와 변괘 중에 재효(才爻)가 중중하다는 것은 아내가 많다
는 의미이지만 세(世)가 화출(化出)한 재효(才爻)와 세(世)가
생합(生合)하여 말썽없이 해로하였다.

※ 초효 부효(父爻) 자수(子水)가 동하여 재효(才爻) 미토(未土)를
화출(化出)하고, 4효인 손효(孫爻) 오화(午火)가 동하여 재효(才
爻) 미토(未土)를 화출(化出)한 원리(216쪽 참조).

효가 동한다는 것은 음효(陰爻)는 양효(陽爻)로, 양효(陽爻)는 음
효(陰爻)로 변하는 것을 말한다. 부효(父爻) 자수(子水)의 비신(飛
神)을 가진 진위뢰(震爲雷)괘의 초효가 양효(陽爻)인데, 동하여 음
효(陰爻)가 되어 곤위지(坤爲地)괘의 초효 비신(飛神)인 미토(未
土)를 화출(化出)하고, 건위천(乾爲天)괘의 4효인 손효(孫爻) 오화
(午火)는 양효(陽爻)로서 동하여 음효(陰爻)가 되어 손위풍(巽爲
風)괘의 4효 비신(飛神)을 화출(化出)하여 미토(未土)가 되었다.

수산건(水山蹇) / 화산려(火山旅) : 이화궁(離火宮) 4 · 5 · 상효동

(官)子 ← 兄 巳	▬▬▬		戌
(孫)戌 ← 孫 未	▬ ▬		月
(才)申 ← 才 酉	▬▬▬	應	癸
才 申	▬▬▬		卯(辰巳)
兄 午	▬ ▬		日
空亡 孫 辰	▬ ▬	世	占

① 혼인점이므로 세효(世爻)와 응효(應爻)를 주체로 하고, 재효(才爻)와 관효(官爻)를 참고하여 살핀다.

② 본괘에서는 세(世)와 응(應)이 생합(生合)하여 길하나, 세효(世爻)가 월파(月破)되고 공망(空亡)되어 세(世)가 너무 쇠약하다.

④ 변효(變爻)에서 아름다운 합이 없고 재효(才爻)가 퇴신(退神)이 되어 백년해로가 어렵다. 본괘에 생합이 있으니 아내는 얻었다.

※ 4효인 재효(才爻) 유금(酉金)이 동하여 재효(才爻) 신금(申金)을 화출(化出)하고, 5효인 손효(孫爻) 미토(未土)가 동하여 손효(孫爻) 술토(戌土)를 화출(化出)하고, 상효(上爻)인 형효(兄爻) 사화(巳火)가 동하여 관효(官爻) 자수(子水)를 화출(化出)한 원리(216쪽 참조).

효가 동한다는 것은 음효(陰爻)는 양효(陽爻)로, 양효(陽爻)는 음
효(陰爻)로 변하는 것을 말한다. 이위화(離爲火)괘의 상괘(4효, 5효,
상효)가 모두 동하여 감위수(坎爲水)괘의 상괘(上卦)가 되어, 이위
화(離爲火)괘의 상괘(上卦) 비신(飛神)이 감위수(坎爲水)괘의 상괘
(上卦) 비신(飛神)을 화출(化出)한 것이다.

실제예문3> 다투었는데 연락이 오겠는가?

건위천(乾爲天) / 풍천소축(風天小畜) : 풍목궁(風木宮) 4효동

	兄 卯	▬▬	申
	孫 巳	▬▬	月
空亡 (孫)午 ← 才 未	▬ ▬ 應		辛
	才 辰	▬▬ 酉(官) 伏神	卯(午未)
	兄 寅	▬▬	日
	父 子	▬▬ 世	占

① 연인과 다툰 뒤 남자의 연락이 두절되어 상담하였다.

② 응효(應爻)가 동했으니 응효(應爻)를 용효(用爻)로 보고, 관효
(官爻)를 참고한다. 응효(應爻)는 월건(月建)과 일진(日辰)의 휴
수(休囚)가 되어 스스로 기운을 펼칠 수 없는 상태이다.

③ 응효(應爻)는 동효(動爻)도 공망(空亡)이고, 동하여 화출(化出)
된 변효(變爻)도 공망(空亡)으로 작용이 잠시 정지되었다. 또

변효와 동효가 생합으로 묶인 상태에서 소식의 새인 주작이 임
하였다.

④ 관효(官爻)는 진토(辰土) 재효(才爻) 밑에 복신(伏神)으로 있으
면서 비래생복(飛來生伏)되었다.

⑤ 소식의 새인 주작이 임하여 회두생(回頭生)을 받고 있는 응효
(應爻)가 공망(空亡)에서 풀리면 연락이 온다. 그러나 육충괘
(六沖卦)가 되니 결과는 좋지 않을 것이다.

※ 4효 재효(才爻) 미토(未土)가 동하여 손효(孫爻) 오화(午火)를
화출(化出)한 원리(216쪽 참조).

효가 동한다는 것은 음효(陰爻)는 양효(陽爻)로, 양효(陽爻)는 음
효(陰爻)로 변하는 것을 말한다. 음효(陰爻)인 재효(才爻) 미토(未
土)는 손위풍(巽爲風)의 4효 비신(飛神)인데, 동하여 양효(陽爻)가
되어 건위천(乾爲天)괘의 4효 비신(飛神)을 화출(化出)하였다.

12. 이사점

내괘(內卦) 2효를 용효(用爻)로 하고, 내괘(內卦)는 가정의 내부
를 나타내니 잘 살핀다.

■ 유리할 때

— 2효가 동하면 즉시 갈 수 있고, 가는 것이 좋다.

— 내괘(內卦)가 동하면 머지않아(4개월 이내) 가능하다.

— 세(世)와 응(應)이 상생(相生)되고, 재(才)가 동하여 관(官)이
되거나, 관(官)이 동하여 재(才)가 되면 이사 후 발복한다.

■ 불리할 때

— 내괘(內卦)가 동하지 않거나 형효(兄爻)가 동할 때.

— 관귀(官鬼)가 지세(持世)하여 동할 때.

— 백호가 지세(持世)하여 동할 때.

— 세효(世爻)나 재효(才爻)가 공망(空亡)되거나 은복(隱伏)될 때.

실제예문1> 이사를 하는데 어떻겠는가?

지화명이(地火明夷) / 지산겸(地山謙) : 태금궁(兌金宮) 초효동

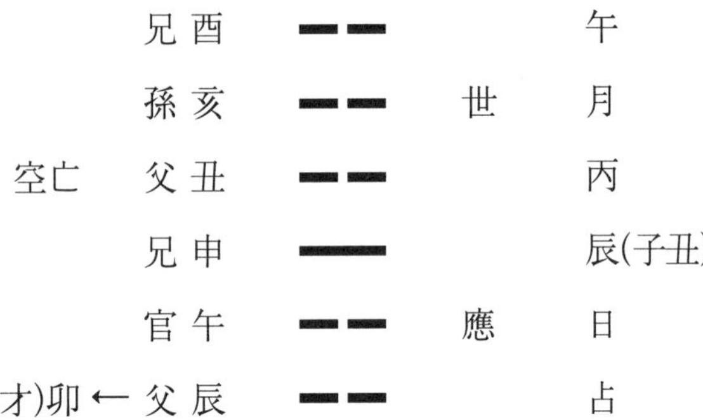

① 세효(世爻)가 월건(月建)과 일진(日辰)의 휴수사(休囚死)로 흉하다.

② 초효(初爻)인 진토(辰土) 부효(父爻)가 동하여 세효(世爻) 해수
(亥水) 손효(孫爻)를 극하려 한다.

③ 일진(日辰)과 비화(比和)한 초효(初爻) 진토(辰土) 부효(父爻)
가 세(世)를 극하고, 화출(化出)한 묘목(卯木) 재효(才爻)에게
회두극(回頭剋)을 받으니 미(未)월까지는 괜찮다.

④ 신(申)월이 되면 묘목(卯木) 손효(孫爻)가 절(絶)되니 진토(辰
土)의 극을 피할 수 없어 흉하다.

⑤ 신(申)월에 장마로 뒷산이 무너져 사망하였다.

※ 부효(父爻) 진토(辰土)가 동하여 재효(才爻) 묘목(卯木)을 화출
(化出)한 원리(216쪽 참조).

　효가 동한다는 것은 음효(陰爻)는 양효(陽爻)로, 양효(陽爻)는 음
효(陰爻)로 변하는 것을 말한다. 간위산(艮爲山)괘의 초효 비신(飛
神)인 음효(陰爻) 진토(辰土)가 동하여 양효(陽爻)가 되어 이위화
(離爲火)괘의 초효 비신(飛神)을 화출(化出)하였다.

실제예문2> 가택의 안녕과 이사문제

건위천(乾爲天) / 수천수(水天需) : 곤토궁(坤土宮) 4효 · 상효동

(兄)戌 ← 才子	▬ ▬		卯
兄 戌	▬▬▬		月
(父)午 ← 孫申	▬ ▬	世	癸
兄 辰	▬▬▬		亥(子丑)
官 寅	▬▬▬		日
空亡　才子	▬▬▬	應	占

① 본인의 사안이므로 세효(世爻)가 용신(用神)이다.

② 세효(世爻)인 4효 신금(申金) 손효(孫爻)가 동하여 부효(父爻)인 오화(午火)를 화출(化出)하여 회두극(回頭剋)을 당한다

③ 초효(初爻)인 자수(子水) 재효(才爻)는 공망(空亡)이고, 상효(上爻)인 자수(子水) 재효(才爻)는 동하여 술토(戌土)를 화출(化出)하여 회두극(回頭剋)을 당한다.

④ 세효(世爻)에 손효(孫爻)가 지세(持世)하여 회두극(回頭剋)을 당하니 본인과 자손이 위태롭고, 초효(初爻)와 상효(上爻)인 재효(才爻)가 회두극(回頭剋)을 당하니 재물과 아내가 위태롭다.

⑥ 황하 근처에 살았는데 이사를 하려 했으나 여의치 못하여 시기를 놓쳤다. 자수(子水)가 월파(月破)되는 오(午)월에 물이 넘쳐 가족이 모두 파도에 휩쓸려 떠내려 갔다.

※ 4효인 손효(孫爻) 신금(申金)이 동하여 부효(父爻) 오화(午火)를 화출(化出)하고, 상효 재효(才爻) 자수(子水)가 동하여 형효(兄爻) 술토(戌土)를 화출(化出)한 원리(216쪽 참조).

 효가 동한다는 것은 음효(陰爻)는 양효(陽爻)로, 양효(陽爻)는 음효(陰爻)로 변하는 것을 말한다. 감위수(坎爲水)괘의 4효인 손효(孫爻) 신금(申金)은 음효(陰爻)인데 동하여 양효(陽爻)가 되고, 상효(上爻)인 재효(才爻) 자수(子水)도 감위수(坎爲水)괘의 음효(陰爻)인데 동하여 양효(陽爻)가 되어 건위천(乾爲天)괘의 4효 비신(飛神)과 상효(上爻) 비신(飛神)을 화출(化出)하였다.

실제예문3> 이사를 하려는데 좋은가?

택수곤(澤水困) / 뇌수해(雷水解) : 진목궁(震木宮) 5효동

空亡	才戌	▬▬		申
(官)酉 ← 官申		▬▬	應	月
	孫午	▬▬▬		戌
	孫午	▬▬		辰(戌亥)
	才辰	▬▬▬	世	日
	兄寅	▬▬		占

① 이사점이므로 가택의 안녕을 같이 보아야 한다.

② 2효에 재(財)가 지세(持世)하였다.

③ 5효에 관효(官爻) 신금(申金)이 동하여 유금(酉金) 관효(官爻)를 화출(化出)하여 진신(進神)이 되었다.

④ 월건(月建)은 세효(世爻)의 힘을 약화시키지만 일진(日辰)은 세효(世爻)의 힘을 강화시킨다.

⑤ 5효인 관효(官爻)는 월건(月建)과 일진(日辰)의 생부(生扶)를 받는다.

⑥ 월건(月建)과 일진(日辰)은 재효(財爻)와 관효(官爻)를 모두 생부(生扶)하나 손효(孫爻) 오화(午火)가 좀 염려스럽다.

⑦ 남편은 잘되고 아내도 괜찮으나 손효(孫爻)인 자식들이 걱정이다. 그러나 손효(孫爻) 오화(午火)가 비화되고, 또 손효(孫爻)를

생하는 형효(兄爻) 인목(寅木)이 초효에 나타났으니 다행이다.

※ 관효(官爻) 신금(申金)이 동하여 관효(官爻) 유금(酉金)을 화출
(化出)한 원리(216쪽 참조).

효가 동한다는 것은 음효(陰爻)는 양효(陽爻)로, 양효(陽爻)는 음
효(陰爻)로 변하는 것을 말한다. 관효(官爻) 신금(申金)은 음효(陰
爻)이며 진위뢰(震爲雷)괘의 5효 비신(飛神)인데 동하여 양효(陽
爻)가 되어 태위택(兌爲澤)괘의 5효 비신(飛神)을 화출(化出)했다.

13. 실물점

잃어버린 물건의 종류에 따라 용신(用神)을 정해야 한다.

— 부효(父爻)가 용효(用爻)일 때 : 의복·도장·책·문서·배 자동차.

— 손효(孫爻)가 용효(用爻)일 때 : 가축·약.

— 재효(才爻)가 용효(用爻)일 때 : 돈·금은·패물·보석·비단.

■ 있는 곳

— 용(用)이 내괘(內卦)에 있으면 집 안에 있고, 외괘(外卦)에 있으
  면 집 밖에 있다.

— 용(用) 초효(初爻)에 있으면 마당에 있다.

— 용(用) 2효에 있으면 부엌에 있다.

— 용(用) 3효에 있으면 방 안에 있다.

— 용(用) 4효에 있으면 대문 근처에 있다.

— 용(用) 5효에 있으면 집 밖의 길에 있다.

— 용(用) 상효(上爻)에 있으면 담장이나 기둥 등에 있다.

■ 있는 방향

 있는 방향은 용효(用爻)의 오행과 본괘의 오행을 겸해서 살펴본다. 용(用)이 나타나지 않고 은복(隱伏)되었을 때는 은복(隱伏)된 비신(飛神)을 위주로 살핀다.

■ 유리할 때

— 세(世)가 왕하고 상생(相生) 비화(比和)될 때.

— 용(用)이 은복(隱伏)되지 않아야 찾기 쉽다.

용효가 있는 상하괘		오행	방향	飛神	아래 은복(隱伏)되었을 때
1	乾	金(+)	西北	申	기와나 벽돌 바위 철근 냉장고
2	兌	金(−)	西	酉	뾰족하고 날카로운 쇠붙이나 보석
3	離	火(−)	南	巳午	화기가 가까운 곳. 부엌 화로
4	震	木(+)	東	寅	모양새를 갖춘 나무 종류
5	巽	木(−)	東南	卯	화단 잔디 꽃병 속
6	坎	水(+)	北	亥子	수돗가나 웅덩이
7	艮	土(+)	北東	辰	습토와 관련된 흙무더기
				戌	마른 흙과 관련된 흙무더기
8	坤	土(−)	南西	未	먼지처럼 가벼운 흙
				丑	얼음 땅, 냉동실

― 세(世)가 일월(日月) 동효(動爻)에 생부(生扶)되고, 용(用)이 공망(空亡)이나 입묘(入墓)되지 않았을 때.

― 용(用)이 움직이지 않아야 유리하다.

― 용(用)이 진술축미(辰戌丑未)에 은복(隱伏)되면 충하는 날.

■ 불리할 때

― 용(用)이나 세(世)가 공망(空亡)되었을 때(공망이 공망되면 찾을 수 있다).

― 용신(用神)이 동하여 입묘(入墓) 되었을 때.

― 용(用)이 일월(日月)과 상충(相沖)될 때.

― 세효(世爻)와 용(用)이 상극(相剋)되거나 형효(兄爻)가 동하여 용(用)을 극할 때.

― 세(世)가 일월(日月)에 휴수(休囚)되고 동효(動爻)의 극받을 때.

■ 누가 가져갔나?

― 내괘(內卦)가 동하거나 귀(鬼)가 내괘(內卦)에 있으면 가까운 사람이나 집안사람이고, 외괘(外卦)가 동하거나 귀(鬼)가 외괘(外卦)에 있으면 모르는 사람이다.

― 공망(空亡)이나 사절(死絶)로 잃으면 그냥 잃은 것이고, 귀(鬼)가 왕한 가운데 동하여 잃어버렸으면 도둑의 짓이다.

― 귀(鬼)가 왕하면 젊은이고, 쇠하면 노인이나 병자이다.

실제예문1> 고용인이 재물을 가지고 도주했는데 찾을 수 있을까?

수산건(水山蹇) : 태금궁(兌金宮) 동효 없음

空亡	孫 子	▬ ▬		辰
	父 戌	▬▬▬		月
	兄 申	▬ ▬	世	丁
	兄 申	▬▬▬		巳(子丑)
	官 午	▬ ▬	卯(才)	日
	父 辰	▬ ▬	應	占

① 고용인의 근황을 알려는 것이니 재효(才爻)가 용효(用爻)이다.

② 재효(才爻)가 본괘에 나타나 있지 않으므로 수괘(首卦)에서 복신(伏神)을 찾아야 한다.

③ 돈을 갖고 도주한 고용인 재효(才爻)는 오화(午火) 관효(官爻) 아래 복신(伏神)되어 숨어 있다.

④ 묘목(卯木) 재(財)는 비신(飛神)에 설기되고 월건(月建)과 일진(日辰)에게 휴수(休囚)되어 매우 약화되었다. 설령 돈이 있어도 비신(飛神) 오화(午火)에 계속 소모되고 있음을 알 수 있다.

⑤ 세효(世爻)인 신금(申金) 형효(兄爻)는 3효에 비화(比和)되었고, 월건(月建)의 생부(生扶)를 받아 왕상(旺相)하다. 그러나 일진(日辰) 사화(巳火)와 형합(刑合)되고, 형효(兄爻)는 재효(才爻)를 극하니 손재의 말썽은 피할 수가 없다.

⑥ 비신(飛神) 오화(午火)가 충거(沖去)되는 날 복신(伏神)이 출현
　하니 자(子)일에 나타날 것으로 보고, 자수(子水)는 손효(孫爻)
　로 상효에서 공망(空亡)되어 출공(出空)되어야 작용이 되므로
　자(子)일이 되어야 한다.

⑦ 복신(伏神) 재효(才爻)로 있는 고용인은 비신(飛神) 오화(午火)
　의 집에서 재물을 거의 소비한 뒤 자(子)일에 잡혔다.

⑧ 비신(飛神) 관효(官爻) 오화(午火)도 도박단의 일원으로 함께
　수감되었다.

실제예문2> 신분증을 잃어버렸는데 찾을 수 있는가?

화지진(火地晉) / 진위뢰(震爲雷) : 진목궁(震木宮) 초효와 상효동

(孫)巳 ← 才 戌	▬▬	世	丑
官 申	▬▬		月
孫 午	▬▬▬		壬
才 辰	▬▬	應	辰(午未)
兄 寅	▬▬		日
空亡 (才)未 ← 父 子	▬▬▬		占

① 실물점이니 재효(才爻)가 용신(用神)이고, 세효(世爻)를 참고한다.

② 재효(才爻)가 초효(初爻)의 변효(變爻) 그리고 3효의 진토(辰
　土) 상효(上爻)의 술토(戌土)로 여러 개 나타나 있다.

③ 용효(用爻)가 여러 개 있을 때는 문제가 많은 효를 선택한다.

④ 초효(初爻)의 변효(變爻) 미토(未土)는 월파(月破)와 공망(空
亡)되었다. 변효(變爻)가 공망(空亡)이면 동효(動爻)도 공망(空
亡)이다.

⑤ 초효(初爻)인 부효(父爻) 자수(子水)를 충하고 변효(變爻)인 미
토(未土)가 공망(空亡)에서 풀리는 오(午)일에 찾았다. 갑오(甲
午)일에 우연히 책갈피 속에서 나왔다.

※ 부효(父爻) 자수(子水)가 동하여 재효(才爻) 미토(未土)를 화출
(化出)하고, 재효(才爻) 술토(戌土)가 동하여 손효(孫爻) 사화(巳
火)를 화출(化出)한 원리(216쪽 참조).

효가 동한다는 것은 음효(陰爻)는 양효(陽爻)로, 양효(陽爻)는 음
효(陰爻)로 변하는 것을 말한다. 양효(陽爻)인 부효(父爻) 자수(子
水)는 진위뢰(震爲雷)괘의 초효 비신(飛神)인데, 동하여 음효(陰
爻)가 되어 곤위지(坤爲地)괘의 초효 미토(未土)를 화출(化出)하
고, 음효(陰爻)인 재효(才爻) 술토(戌土)는 진위뢰(震爲雷)괘의 상
효(上爻) 비신(飛神)인데, 동하여 양효(陽爻)가 되어 이위화(離爲
火)괘의 상효(上爻) 비신(飛神) 사화(巳火)를 화출(化出)하였다.

실제예문3> 문서를 잃어버렸는데 찾을 수 있는가?

화산려(火山旅) / 화지진(火地晉) : 건금궁(乾金宮) 3효동

	官 巳	▅▅▅			未
空亡	父 未	▅▅ ▅▅			月
	兄 酉	▅▅▅	世		辛
(兄)申 ←	才 卯	▅▅ ▅▅			卯(午未)
	官 巳	▅▅ ▅▅			日
空亡	父 未	▅▅ ▅▅	應		占

① 문서를 찾는 사안이므로 부효(父爻)가 용신(用神)이다.

② 초효(初爻)와 5효에 부효(父爻)가 여럿이면 하나를 선택한다.

③ 응효(應爻)로 작용하는 부효(父爻)가 용효(用爻)이다.

④ 부효(父爻)가 공망(空亡)이나 월건(月建) 미토(未土)의 힘을 얻
   어 왕하니 유용하다. 부효(父爻)가 유용한 공망(空亡)이라는 것
   은 문서가 숨어 있어도 파손되지 않고 잘 있다는 뜻이다.

⑤ 본괘에서는 동한 재효(才爻) 묘목(卯木)이 부효(父爻)를 극하
   기 때문에 부효(父爻)인 문서가 드러날 수 없으니 재효(才爻)
   묘목(卯木)이 화출(化出)한 형효(兄爻) 신금(申金)의 회두극
   (回頭剋)이 왕해지는 신(申)일에 찾을 수 있을 것이다.

※ 재효(才爻) 묘목(卯木)이 동하여 형효(兄爻) 신금(申金)을 화출

(化出)한 원리(216쪽 참조).

 효가 동한다는 것은 음효(陰爻)는 양효(陽爻)로, 양효(陽爻)는 음효(陰爻)로 변하는 것을 말한다. 곤위지(坤爲地)괘의 3효인 재효(才爻) 묘목(卯木)은 음효(陰爻)인데, 동하여 양효(陽爻)가 되어 간위산(艮爲山)괘의 3효 비신(飛神)을 화출(化出)하였다.

14. 천시점

 날씨를 알아보는 점이다. 용신(用神)과의 작용은 다음과 같다.

— 형효(兄爻) : 바람 → 동하면 바람이 강해지고 구름이 온다.

— 손효(孫爻) : 해·달·별 → 동하거나 왕하면 일기가 청명하다.

— 재효(才爻) : 맑음 → 동하면 부(父)가 극을 받으니 날씨가 청명하고 오던 비도 그친다.

— 관효(官爻) : 구름 → 동하면 우뢰와 번개가 치고 안개가 자욱하다.

— 부효(父爻) : 비·눈·서리 → 왕하거나 동하면 비나 눈이 오고 월지(月支)와 같이 비화(比和)하면 장마가 오래 간다. 부효(父爻)가 수(水)이고 현무이면 비가 많이 온다.

— 용효(用爻)가 공망(空亡)되면 날씨가 흐렸다 개었다 한다.

— 목(木)이 동하면 바람이 일고, 화금(火金)이 공망(空亡)이면 번개와 우뢰가 일어난다.

— 오랜 가뭄에는 부효(父爻)가 동해야 비가 오고, 오랜 장마에는

손효(孫爻)가 왕하거나 동해야 그친다.

— 세(世)가 공망(空亡)이거나 동효(動爻)의 극을 받거나 세(世)가
직접 동하면 천재지변이 있다.

실제예문1> 가물었는데 비가 언제 올까?

화산려(火山旅) / 뇌산소과(雷山小過) : 태금궁(兌金宮) 상효동

(官)巳 ← 父 戌	▬ ▬		巳
空亡　兄 申	▬ ▬		月
官 午	▬▬▬	世	甲
空亡　兄 申	▬▬▬		戌(申酉)
官 午	▬ ▬		日
父 辰	▬ ▬	應	占

① 천시점에서 비는 부효(父爻)이니 부효(父爻)가 용효(用爻)이다.

② 부(父)가 초효(初爻)와 상효(上爻)에 함께 나타났는데 용효(用
爻)의 선택은 응효가 임하여 암동(暗動)된 초효(初爻)로 한다.

③ 맑은 날씨를 지칭하는 재효(才爻)와 생부(生扶)하는 손효(孫爻)
가 나타나지 않았으므로 작용 자체를 쇠약하게 본다.

④ 구름을 지칭하는 관효(官爻)가 월건(月建)과 2·4효 그리고 변
효(變爻)에 나타나 부효(父爻)를 생부(生扶)하므로 부효(父爻)
가 매우 왕상(旺相)하다.

⑤ 초효(初爻) 부효(父爻)는 왕상(旺相)한 가운데 암동(暗動)되었으니 비가 곧 올 것이다. 묘(卯)시에 괘를 얻었는데 초효(初爻) 부효(父爻)가 지세(持世)한 진(辰)시에 비가 내리기 시작했다.

※ 부효(父爻) 술토(戌土)가 동하여 관효(官爻) 사화(巳火)를 화출(化出)한 원리(216쪽 참조).

　효가 동한다는 것은 음효(陰爻)는 양효(陽爻)로, 양효(陽爻)는 음효(陰爻)로 변하는 것을 말한다. 진위뢰(震爲雷)괘의 상효(上爻)인 부효(父爻) 술토(戌土)는 음효(陰爻)인데, 동하여 양효(陽爻)가 되어 이위화(離爲火)괘의 상효(上爻) 비신(飛神)인 사화(巳火)를 화출(化出)하였다.

실제예문2> 오늘 날씨가 어떨까?

천지비(天地否) / 천산둔(天山遯) : 건금궁(乾金宮) 3효동

	父 戌	▬▬▬		午
	兄 申	▬▬▬	應	月
空亡	官 午	▬▬▬		丁
(才)卯 ←	兄 申	▬▬▬		亥(午未)
空亡	官 午	▬▬ ▬▬	世	日
	父 辰	▬▬ ▬▬		占

① 관효(官爻)와 부효(父爻)가 왕상(旺相)하나 관효(官爻)가 오늘
은 공망(空亡)으로 작용이 일시 정지된 상태이다.

② 3효인 신금(申金) 형효(兄爻)가 동하여 묘목(卯木) 재효(才爻)
를 화출(化出)하니 날씨가 맑아진다. 즉 바람이 불어 구름을 걷
어가니 날씨가 맑아질 것이다. 낮에는 비가 오고 구름이 끼었으
나, 형효(兄爻)가 앉은 신(申)시부터 개기 시작하였다.

※ 형효(兄爻) 신금(申金)이 동하여 재효(才爻) 묘목(卯木)을 화출
(化出)한 원리(216쪽 참조).

  효가 동한다는 것은 음효(陰爻)는 양효(陽爻)로, 양효(陽爻)는 음
효(陰爻)로 변하는 것을 말한다. 간위산(艮爲山)괘의 3효 신금(申
金)은 양효(陽爻)인데 동하여 음효(陰爻)가 되어 곤위지(坤爲地)괘
의 3효 비신(飛神) 묘목(卯木)을 화출(化出)하였다.

실제예문3> 언제 개이겠는가?

수화기제(水火旣濟) / 지뢰복(地雷復): 곤토궁(坤土宮) 3효와 5효동

	孫 酉	▬ ▬		申
(兄)戌 ←	才 亥	▬ ▬		月
	兄 丑	▬ ▬	應	丁
(才)亥 ←	兄 辰	▬ ▬		未(寅卯)
空亡	官 寅	▬ ▬		日
	才 子	▬▬▬	世	占

① 맑은 날씨는 재효(才爻)가 용신(用神)이 된다.

② 3효에서 형(兄)은 바람이니 형효(兄爻) 진토(辰土)가 재효(才爻) 해수(亥水)를 화출(化出)하였고, 동시에 해수(亥水) 재효(才爻)가 진토(辰土) 형효(兄爻)에 입묘(入墓)되었다.

③ 5효인 해수(亥水) 재효(才爻)는 화출(化出)한 술토(戌土) 형효(兄爻)의 회두극(回頭剋)을 받았다. 해(亥)일 날씨가 맑다가 술(戌)시가 되니 비가 왔다.

※ 형효(兄爻) 진토(辰土)가 동하여 재효(才爻) 해수(亥水)를 화출(化出)하고, 재효(才爻) 해수(亥水)가 동하여 형효(兄爻) 술토(戌土)를 화출(化出)한 원리(216쪽 참조).

효가 동한다는 것은 음효(陰爻)는 양효(陽爻)로, 양효(陽爻)는 음효(陰爻)로 변하는 것을 말한다. 3효인 진토(辰土)는 진위뢰(震爲雷)괘의 3효 비신(飛神)으로 음효(陰爻)이니 동하면 양효(陽爻)가 되어 이위화(離爲火)괘의 3효 비신(飛神)을 화출(化出)하고, 5효인 재효(才爻) 해수(亥水)는 곤위지(坤爲地)괘의 5효 비신(飛神)으로 음효(陰爻)이니 동하면 양효(陽爻)가 되어 감위수(坎爲水)괘의 5효 비신(飛神)을 화출(化出)하였다.

15. 분묘점

　조상을 잘 모셔 자손의 안녕을 기원하는 뜻이 크므로, 산이나 묘지에 가기 전에 신명에게 물어봐 훗날 뒤탈없는 혈을 찾거나, 찾은 혈을 상세하게 점검할 수 있는 것이다. 사람의 눈이나 귀로 해결하려고 할 때는 공간과 시간의 변화무쌍한 양상을 모두 다 챙길 수 없기 때문이다.

— 내괘(內卦)는 산두(山頭), 외괘(外卦)는 조향(朝向) 세효(世爻) 혈(穴)로 본다.

— 혈(穴)이 초효(初爻)나 2효에 임하면 산두(山頭)의 생기를 얻어 자손만대에 영화가 있다.

— 혈(穴)이 3효나 4효에 임하면 산두(山頭)의 여기(餘氣)를 얻어 부귀하다.

— 혈(穴)이 5효나 상효(上爻)에 임하면 산두(山頭)의 기가 절(絶)되니 지세(地勢)와 산형(山形)이 불합하는 것이다. 단 위의 내용보다 앞서는 것이 육친(六親)의 생극제화(生剋制化)와 합충(合沖)의 관계이다.

— 응효(應爻)를 지사(地師)로 본다. 응(應)이 동하여 세(世)를 생하면 지사(地師)의 학문과 기술이 부족해도 덕이 된다고 본다.

— 응효(應爻)가 동하여 세효(世爻)를 극하면 천하제일의 명사라도 나에게는 덕이 되지 않는다.

— 삼전(三傳)은 년월일을 말한다. 삼전(三傳)이 혈(穴)을 생부하거나 혈(穴) 위에 임하면 가문이 대대손손 번창한다.

— 세(世)가 공망(空亡)이나 응(應)이 공망(空亡)되면 나와 인연이 없다. 세(世)와 응(應)이 모두 공망(空亡)이면 말할 것도 없다.

— 합(三合, 六合)이 되면 기가 모이고, 육충괘(六沖卦)이거나 세(世)가 충파(沖破)되면 돌과 모래가 많고 기운이 끊긴 절맥지(絶脈地)이다.

— 세(世)와 응(應) 사이에 있는 두 효가 장지(葬地)이다. 두 효가 왕상(旺相)하면 장지(葬地)가 넓고 평평하나, 쇠절(衰絶)하면 경사가 있고 좁다.

— 일진(日辰)과 응효(應爻)가 비화(比和)되고 동하여 극세(剋世)하면 우리 선산에서 다른 사람이 몰래 혈(穴)을 취한 것이다.

— 일진(日辰)과 세효(世爻)가 비화(比和)되어 동하여 응(應)을 충극(沖剋)하면 남의 선산에서 몰래 혈(穴)을 취한 것이다.

■ 육수(六獸)의 작용과 의미

— 세(世)가 왕상(旺相)하면 산맥의 기 흐름이 장구하다. 청룡(青龍)이 득기(得氣)하면 좌측 산이 수려하고, 백호가 쇠절(衰絶)되면 우측 산이 불미하다.

— 일진(日辰)이 괘에서 관귀(官鬼)에 비화(比和)되고, 구진이 동하여 극세(剋世)하면 묘지 때문에 분쟁이 생긴다. 등사는 도로이다.

— 응효(應爻)에 해자수(亥子水)가 임하고 삼합수국(三合水局)을 이루어 현무를 대하면 개울이나 우물, 연못 주변으로 생각한다.

— 물의 흐름은 수효(水爻)로 본다. 수효(水爻)가 휴수(休囚)·쇠절(衰絶)·공망(空亡)이면 수로가 말라 물의 흐름이 원활하지 못하다. 수효(水爻)가 왕상(旺相)하면 수원이 깊고 길다.

— 현무가 귀살(鬼殺)을 대하고, 동하여 공망(空亡)인 묘를 충극(沖剋)하면 관이 부서지고 망자의 시신이 흐트러진 것이다.

실제예문1> 자손이 없어 조상의 묘지에 대해 문제를 물었다.

수택 절(水澤節) / 택수곤(澤水困) : 태금궁(兌金宮) 초효와 4효동

父 未	▬ ▬	玄	卯
兄 酉	▬▬▬	白	月
(兄)申 ← 孫 亥	▬▬▬	蛇 應	甲
官 午	▬ ▬	句	寅(子丑)
父 辰	▬▬▬	朱	日
(官)巳 ← 才 寅	▬ ▬	靑 世	占

① 묘지점이므로 효의 위치에 따라 묘지의 주변환경을 살펴보면세(世)가 있는 자리에 혈(穴)이 있는 자리이다.

② 좌청룡 우백호로 청룡이 있는 자리는 월건(月建)과 일진(日辰)의 부조로 왕상(旺相)하나, 우백호 자리는 실질적으로 월건(月

建)과 일진(日辰)의 부조를 받지 못하므로 부실하다.

③ 등사는 도로, 현무는 주산, 주작은 안산의 모습이다. 상담의 핵심은 자손이니 손효(孫爻)를 보면 월건(月建)과 일진(日辰)의 휴수(休囚)로 쇠약하고, 일진(日辰)과 변효(變爻)의 인신충(寅申沖)으로 손효(孫爻) 해수(亥水)의 흐름이 순조롭지 못하다.

④ 서북쪽 멀리서 오는 물줄기가 지금은 메말라 흉하나 신(申)년이 되면 손효(孫爻) 해수(亥水)를 생부(生扶)하여 회두생(回頭生) 작용이 더 왕상(旺相)하니 신(申)년에는 자손을 둘 수 있다.

⑤ 왕상(旺相)한 세효(世爻)가 관효(官爻) 사화(巳火)를 화출(化出)했으니 사오(巳午)년에는 벼슬도 승진할 것이다.

⑥ 육합괘가 변하여 다시 육합괘가 되었다.

※ 재효(才爻) 인목(寅木)이 동하여 관효(官爻) 사화(巳火)를 화출(化出)하고, 손효(孫爻) 해수(亥水)가 동하여 형효(兄爻) 신금(申金)을 화출(化出)한 원리(216쪽 참조).

효가 동한다는 것은 음효(陰爻)는 양효(陽爻)로, 양효(陽爻)는 음효(陰爻)로 변하는 것을 말한다. 재효(才爻) 인목(寅木)은 감위수(坎爲水)괘의 초효의 비신(飛神)으로 음효(陰爻)이니 동하여 양효(陽爻)가 되면 태위택(兌爲澤)의 초효 비신(飛神)을 화출(化出)하고, 4효인 손효(孫爻) 해수(亥水)는 태위택(兌爲澤)괘의 4효 비신(飛神)으로 양효(陽爻)이니 동하여 음효(陰爻)가 되면 감위수(坎爲水)괘의 4효 비신(飛神)을 화출(化出)하는 것이다.

실제예문2> 명당인지 알아본다.

수지비(水地否) / 택지췌(澤地萃) : 태금궁(兌金宮) 4효동

空亡	父未	▬ ▬		青		子
	兄酉	▬▬▬	應	玄		月
(兄)申 ← 孫亥		▬▬▬		白		丁
	才卯	▬ ▬		蛇		亥(午未)
	官巳	▬ ▬	世	句		日
空亡	父未	▬ ▬		朱		占

① 세(世)가 혈이 되는데 세효(世爻)가 월건(月建)의 극을 받고 일진(日辰)과 충되어 일파(日破)가 되었다.

② 상효의 청룡도 일월에 휴수되고 공망이라 좌청룡의 맥이 끊어졌다.

③ 백호 자리인 4효 해수(亥水) 손효(孫爻)는 신금(申金) 형효(兄爻)를 화출(化出)하여 회두생(回頭生)받아 우백호의 맥이 튼튼하나, 원체인 세효(世爻)의 혈이 끊겨 명당이라고 할 수 없다.

※ 손효(孫爻) 해수(亥水)가 동하여 형효(兄爻) 신금(申金)을 화출(化出)한 원리(216쪽 참조).

　손효(孫爻) 해수(亥水)는 태위택(兌爲澤)괘의 4효 비신(飛神)으로 양효(陽爻)이니 동하면 음효(陰爻)가 되어 감위수(坎爲水)의 4효 비신(飛神)인 신금(申金)을 화출(化出)하였다.

실제예문3> 명당인지 알아본다.

지풍승(地風升) / 수풍정(水風井) : 진목궁(震木宮) 5효동

수괘(首卦) : 진위뢰(震爲雷)　　　　육수(六獸)

(才)戌 ▬▬　　　　　　　　父 子 ▬▬　　　蛇　申

(官)申 ▬▬　　　(父)亥←才 戌 ▬▬▬　世 句　月

(孫)午 ▬▬▬　伏神 (孫)午　官 申 ▬▬　　朱　辛
　　　　　　　　　　　　　伏神 (孫)午

(才)辰 ▬▬　　　　　　　官 酉 ▬▬▬　　　靑　卯(午未)

(兄)寅 ▬▬　　　　　　　父 亥 ▬▬▬ 應　玄　日

(父)子 ▬▬▬　　　　　　才 丑 ▬▬　　　白　占

세(世)를 생하는 손효(孫爻)를 수괘(首卦)에서 찾아본다.

① 혈지(穴地)인 세효(世爻)가 월건(月建)과 일진(日辰)에서 휴수(休囚)되니 기운이 쇠약하다.

② 세효(世爻)가 혈지(穴地)인데 재효(才爻) 술토(戌土)를 생해주는 화(火)인 손효(孫爻)가 4효인 관효(官爻) 신금(申金) 밑에 은복(隱伏)되어 있다.

③ 은복(隱伏)된 오화(午火) 손효(孫爻)가 설상가상으로 공망(空亡)되니 매우 무력하다.

④ 혈지(穴地)인 세효(世爻)를 이어주는 손효(孫爻)가 내려오는 맥인데, 은복(隱伏)된 상태에서 공망(空亡)되어 맥이 끊긴 절맥지(絶脈地)이다.

⑤ 3효인 유금(酉金) 관효(官爻)와 4효인 신금(申金) 관효(官爻)는 세(世)와 응(應) 사이에 있어 장지가 되는데, 단단한 바위와 암석으로 되어 주위가 좋지 않으니 이 혈(穴)은 나쁘다.

※ 재효(才爻) 술토(戌土)가 동하여 부효(父爻) 해수(亥水)를 화출(化出)한 원리(216쪽 참조).

효가 동하는 것은 음효(陰爻)는 양효(陽爻)로, 양효(陽爻)는 음효(陰爻)로 변하는 것을 말한다. 재효(才爻) 술토(戌土)는 감위수(坎爲水)괘의 5효 비신(飛神)으로 양효(陽爻)이니 동하면 음효(陰爻)가 되어 곤위지(坤爲地)괘의 5효 비신(飛神)을 화출(化出)하였다.

실제예문4> 이장하려는데 어떻겠는가?

수풍정(水風井) / 수지비(水地比) : 곤토궁(坤土宮) 2·3효동

才 子	▬ ▬	玄	應		申
兄 戌	▬▬▬	白			月
孫 申	▬ ▬	蛇			乙
(孫)酉 ← 官 卯	▬ ▬	句	世		未(辰 巳)
(才)亥 ← 父 巳	▬ ▬	朱			日
兄 未	▬ ▬	靑			占

① 세효(世爻)가 월건(月建)의 극을 받고 동하여 화출(化出)한 유

금(酉金) 손효(孫爻)에게 회두극충(回頭剋沖)을 받은 가운데 반음(反吟) 작용을 한다.

② 세효(世爻)가 혈지(穴地)인데 매우 무력한 상태에서 일진(日辰) 미토(未土)에 입묘(入墓)되어 절맥 상태가 되었다.

③ 세효(世爻) 자리가 혈(穴) 자리로 3효의 위치는 산의 중간 정도일 것이다.

④ 혈(穴)의 자리가 반음(反吟)되었다는 것은 나의 뜻과 관계없이 야산개발로 인하여 묘지를 옮겨야 하는 정황을 나타낸다.

⑤ 2효는 동하여 재효(才爻) 해수(亥水)를 화출(化出)하여 회두극충(回頭剋沖)을 받는다는 것은 조상 때문에 어쩔 수 없이 돈을 쓸 수밖에 없는 속앓이를 나타낸다.

⑥ 외괘(外卦)에서의 반음(反吟)작용은 외부 일로 왔다갔다 하면서 끙끙 앓는 내용을 나타내고, 내괘(內卦)에서의 반음(反吟)작용은 내부 일로 왔다갔다하면서 끙끙 앓는 내용을 나타낸다.

※ 곤위지(坤爲地)괘의 하괘 중에서 2효와 3효가 동하였다. 부효(父爻) 사화(巳火)가 동하여 재효(才爻) 해수(亥水)를 화출(化出)하고, 관효(官爻) 묘목(卯木)이 동하여 손효(孫爻) 유금(酉金)을 화출(化出)한 원리(216쪽 참조).

효가 동한다는 것은 음효(陰爻)는 양효(陽爻)로, 양효(陽爻)는 음효(陰爻)로 변하는 것을 말한다. 부효(父爻) 사화(巳火)는 음효(陰爻)인데 동하면 양효(陽爻)가 되고, 3효인 관효(官爻) 묘목(卯木)

도 음효(陰爻)인데 동하면 양효(陽爻)가 되어 곤위지(坤爲地)괘의 2효와 3효가 동하여 손위풍(巽爲風)의 2효와 3효의 비신(飛神)을 화출(化出)한 것이다.

■ 괘신(卦身)과의 관계

— 세효(世爻)가 외괘(外卦)에 있고 괘신(卦身)과 지세(持世)한 혈(穴)이 공망(空亡)이면 매장지가 없어 타향에 매장하거나 화장한 것이다.

— 흉살이 괘신(卦身)을 충극(沖剋)하면 망자가 흉사한 것이다.

— 괘가 복음(伏吟)이면 옮기고 싶어도 못 옮기고, 반음(反吟)이면 내 의사와 관계없이 이장하게 된다.

— 괘 중에 부효(父爻)가 복신(伏神)이면서 공망(空亡)이면 후손이 고아가 되는 경우가 많고, 관귀(官鬼)가 공망(空亡)이면서 복신(伏神)이면 과부가 되는 경우가 많다. 다른 육친 관계도 이와 같이 작용한다.

16. 임신점

임신 여부와 태아와 산모의 건강을 본다. 2효가 태효(胎爻)이고, 십이운성의 태궁(胎宮)에 해당하는 효가 태효(胎爻)이다. 십이운성의 태궁(胎宮)을 구하는 방법은 본괘의 오행을 중심으로 한다.

— 본괘 건금(乾金)과 태금(兌金)궁괘는 묘(卯)가 태효(胎爻)이다.

— 본괘 이화(離火)궁괘는 자(子)가 태효(胎爻)이다.

— 본괘 감수(坎水)궁괘는 오(午)가 태효(胎爻)이다.

— 본괘 진목(震木)과 손목(巽木)궁괘는 유(酉)가 태효(胎爻)이다.

— 본괘 간토(艮土)와 곤토(坤土)궁괘는 오(午)가 태효(胎爻)이다.

■ **다음에 해당하면 임신한 것이다.**

— 2효나 태효(胎爻)가 동했을 때.

— 2효나 태효(胎爻)가 생부(生扶)를 받아 왕상(旺相)할 때.

— 왕한 세효(世爻)가 태효(胎爻)를 생해줄 때

— 왕한 태효(胎爻)가 세효(世爻)와 생합(生合)될 때.

— 태효(胎爻)가 일월(日月) 동효(動爻)와 생합(生合)될 때.

— 손효(孫爻)가 동하여 세효(世爻)와 생합(生合)될 때.

아들과 딸의 구분에 대해서는 참고만 하기 바란다.

— 손화손(孫化孫)되거나 태화태(胎化胎)되거나 손(孫)이나 태(胎)가 교중되면 쌍태일 가능성이 있다.

— 손효(孫爻)가 양괘(陽卦 : 乾·震·坎·艮)에 있으면 아들이다.

— 손효(孫爻)가 음괘(陰卦 : 兌·離·巽·坤)에 있으면 딸이다.

— 손효(孫爻)가 있는 괘가 양괘(陽卦)인데 동하여 변하면 딸이다.

— 손효(孫爻)가 있는 괘가 음괘(陰卦)인데 동하여 변하면 아들이다.

화지진(火地晉) : 건금궁(乾金宮) 동효 없음

官 巳	▅▅▅		午
父 未	▅ ▅		月
兄 酉	▅▅▅	用 世	戌
才 卯	▅ ▅		辰(戌亥)
官 巳	▅ ▅		日
父 未	▅ ▅	應	占

① 누님의 사건이므로 형효(兄爻)를 용신(用神)으로 하고, 태아를 나타내는 손효(孫爻)를 참고한다.

② 형효(兄爻)는 월건(月建)의 극을 받고, 일진(日辰)의 생부(生扶)를 받으니 염려하지 않아도 되겠다.

③ 태아를 나타내는 손효(孫爻)는 초효(初爻)인 부효(父爻) 밑에 복신(伏神)되어 있다. 기사(己巳)일 묘(卯)시에 순산할 것으로 본다. 그 이유는 극충(剋沖)이 성립되는 시기를 기사(己巳)일 묘(卯)시로 판단했기 때문이다. 아이를 낳는다는 것은 진통의 과정으로 극충(剋沖)의 관계라 보겠다.

실제예문2> 자식때문에 걱정

천산돈지구(天山遯之姤):건금궁(乾金宮)   뇌풍항지해(雷風恒之解):진목궁(震木宮)

<pre>
        父 戌 ━━━━━   才 戌 ━━ ━━
        兄 申 ━━━━━ 應   官 申 ━━ ━━ 應
        官 午 ━━━━━   孫 午 ━━━━━
        兄 申 ━━━━━ 世   (孫)午←官 酉 ━━ ━━ 世
(孫)亥←官 午 ━━ ━━   父 亥 ━━━━━
        父 辰 ━━ ━━   才 丑 ━━ ━━
</pre>

※ 임산부의 유산은 자손이 백호, 등사를 대하고 발동하여 관(官)
을 화출(化出)하는 것이다.

실제예문3> 유산

천산둔(天山遯) / 천풍구(天風姤) : 건금궁(乾金宮) 2효동

<pre>
        父 戌   ━━━━━   句   寅
        兄 申   ━━━━━   朱   月
        官 午   ━━━━━   靑 應   己
        兄 酉   ━━━━━   玄   巳(戌亥)
(官)午 ← 孫 亥   ━━━━━ 空亡 白   日
        父 丑   ━━ ━━   蛇 世   占
</pre>

① 태아는 자손이므로 손효(孫爻)가 용신(用神)이다.

② 손효(孫爻) 해수(亥水)가 공망이나 동해 공망으로 보지 않는다.

③ 2효인 손효(孫爻) 해수(亥水)가 월건(月建)과 일진(日辰)에서 휴수(休囚)되고 충된 상태에서 백호를 대동하였다.

④ 무력한 손효(孫爻)가 발동하여 관효(官爻)인 오화(午火)를 화출하였다.

⑤ 무력한 손효(孫爻)가 관귀(官鬼)를 화출했다는 것은 살귀(殺鬼)로 변했다는 뜻이다.

※ 손효(孫爻) 해수(亥水)가 동하여 관효(官爻) 오화(午火)를 화출(化出)한 원리(216쪽 참조).

효가 동한다는 것은 음효(陰爻)는 양효(陽爻)로, 양효(陽爻)는 음효(陰爻)로 변하는 것이다. 손효(孫爻) 해수(亥水)는 손위풍(巽爲風)괘의 2효 비신(飛神)으로 음효(陰爻)이니 동하면 양효(陽爻)가 되어 간위산(艮爲山)괘의 2효 비신(飛神)을 화출(化出)한 것이다.

17. 하지론(何知論)

하지론(何知論)은 사실상 육효(六爻) 이론의 집산으로 상담사들에게 있어 가장 매력 있는 부문이며 지금까지 설명해온 과정을 기초로 하여 해석되어진다. 어느 한 가지라도 예외는 없고 학문의 정도에 따라 실력에 의해 좌우된다고 밖에 할 수 없다. 그래서 먼저 효의 위치에 따라 주어지는 개념을 정리하면 다음과 같다.

	국가	회사	인체	동물	나무	구역	주택	집안
상효	상왕	회장	머리	말	열매	국경	담장	천정
5효	군왕	사장	가슴	소	꽃	수도	도로	도로
4효	고급관	부장	배	양	가지	대도시	대문	외문
3효	중급관	과장	허리	돼지	줄기	군, 읍	방	내문
2효	초급	대리	무릎	개,고양이	싹	면, 동	대청	가택,부엌
초효	서민	사원	발	닭,오리	뿌리	리, 통	정원	집터

실제예문1>

하지인가병요사(何知人家病妖死) 용신무구우입묘(用神无求又入墓)

남의 집 사람이 병으로 일찍 죽는 줄 어떻게 아는가.

용신이 무력하여 입묘되는 것으로 안다.

수뢰둔(水雷屯) / 수화기제(水火旣濟) : 감수궁(坎水宮) 3효동

```
       兄 子   ▬ ▬    應      辰
       官 戌   ▬▬▬            月
       父 申   ▬ ▬            甲
(官)辰 ← 兄 亥   ▬▬▬    世      辰(寅卯)
       官 丑   ▬ ▬            日
  空亡  孫 卯   ▬▬▬            占
```

① 용신(用神)이 관귀(官鬼)로 지세(持世)하거나 동하여 관귀(官鬼)를 화출할 때다. 관귀(官鬼)를 따라 입묘(入墓)되는 것을 수귀입묘(隨鬼入墓)라 한다.

② 본인의 점이 아니라 타인의 점이니 세(世)가 타인이다.

③ 세효(世爻)인 형효(兄爻)가 동하여 관귀(官鬼) 진토(辰土)를 화출하였다.

④ 세효(世爻)인 형효(兄爻) 해수(亥水)는 월건(月建)과 일진(日辰)의 극제(剋制)를 받아 무력하기 짝이 없다.

⑤ 진토(辰土)는 수(水)의 묘(墓)이니 월건(月建)과 일진(日辰), 변효(變爻)의 묘(墓) 때문에 죽음에서 벗어날 길이 없다.

※ 형효(兄爻) 해수(亥水)가 동하여 관효(官爻) 진토(辰土)를 화출(化出)한 원리(216쪽 참조).

효가 동한다는 것은 음효(陰爻)는 양효(陽爻)로, 양효(陽爻)는 음효(陰爻)로 변하는 것을 말한다. 형효(兄爻) 해수(亥水)는 이위화(離爲火)괘의 3효 비신(飛神)으로 양효(陽爻)이니 동하면 음효(陰爻)가 되어 진위뢰(震爲雷)괘의 3효 비신(飛神)을 화출(化出)한다.

실제예문2>

하지인가다몽침(何知人家多夢寢) 등사대귀임세효(螣蛇帶鬼臨世爻)
남의 집에 꿈자리가 시끄러운 것을 어떻게 아는가?
등사가 관을 대하고 지세하면 꿈자리가 시끄럽다.

이위화(離爲火) / 천화동인(天火同人) : 이화궁(離火宮) 5효동

	孫 戌	━━━━	應 靑		未
(孫)未 ←	才 申	━━━━	玄		月
	兄 午	━━━━	白		丁
	官 亥	━━━━	世 蛇		巳(子丑)
空亡	孫 丑	━━ ━━	句		日
	父 卯	━━━━	朱		占

① 관효(官爻) 해수(亥水)가 월건(月建)의 극세(剋世)를 당하고, 일
   진(日辰)에게 충되니 매우 무력하다.

② 매우 무력한 세효(世爻)에 등사가 임하여 작용한다. 만약 유기
   한 세효(世爻)라면 등사의 성정이 나타나지 않을 수도 있다.

③ 5효 신금(申金)인 재효(才爻)가 동하여 미토(未土) 손효(孫爻)
   를 화출(化出)하여 회두생(回頭生)을 받으니 희망은 있다.

④ 세효(世爻)인 관효(官爻) 해수(亥水)가 변효(變爻)의 회두생(回
   頭生)받은 재효(才爻) 신금(申金)의 생을 받으니 매우 기쁘다.

⑤ 꿈자리가 시끄러운 것은 기운이 무력하여 생기니 기운을 생부
   (生扶)받는 신(申)월이 되면 매우 좋아질 것이다.

등사(螣蛇) : 허경지사(虛驚之事)

관귀(官鬼)·등사(螣蛇)·세효(世爻)가 하나로 묶일 때 마음이 불
안정하다.

※ 재효(才爻) 신금(申金)이 동하여 손효(孫爻) 미토(未土)를 화출(化出)한 원리(216쪽 참조).

효가 동한다는 것은 음효(陰爻)는 양효(陽爻)로, 양효(陽爻)는 음효(陰爻)로 변하는 것을 말한다. 재효(才爻) 신금(申金)은 건위천(乾爲天)괘의 5효 비신(飛神)으로 양효(陽爻)이니 동하면 음효(陰爻)가 되어 이위화(離爲火)괘의 5효 비신(飛神)을 화출(化出)한다.

실제예문3>

객시도문이차지(客屍到門以此知) 상조내괘응가임(喪弔內卦應加臨)
손님 시체가 내 집에 있는 것을 어떻게 아는가.
내괘에 상문살과 조객살 모두 있고, 응이 있는 것을 보고 안다.

화택 규(火澤暌) / 화뢰 서합(火雷噬盍) : 풍목궁(風木宮) 2효동

			弔客殺　　喪門殺
			寅年 子 丑 寅 卯 辰
	孫 巳 ▬▬		辰
空亡	才 未 ▬ ▬ 世		月
	官 酉 ▬▬		己
喪門殺	才 辰 ▬ ▬		丑(午未)
進神	(兄)卯 ← 兄 寅 ▬ ▬ 應		日
弔客殺	父 子 ▬▬		占

― 상문살(喪門殺)과 조객살(弔客殺)은 태세로 구한다.

― 2효 응비지택(應飛之宅) : 2효에 응효(應爻)가 임한 것은 내 집
　에 남이 와서 있는 것이다.

① 응효(應爻)인 인목(寅木)은 월건(月建)과 일진(日辰)에서 극제
　(剋制)되나 태세의 힘을 받는다.

② 응효(應爻)인 인목(寅木) 형효(兄爻)는 묘목(卯木) 형효(兄爻)
　로 진신(進神)이 되었다. 형효(兄爻)가 진신(進神)이 된 것은 빚
　이 엄청나게 늘어난 상황을 나타낸다.

③ 내괘(內卦)에서 상문살(喪門殺)과 조객살(弔客殺)이 겹친 상황
　인 응효(應爻)가 파재(破才)의 신 형효(兄爻)가 진신(進神)이
　되고 태세로부터 비화(比和)된 세력으로 견디지 못하고 세효
　(世爻)인 나에게로 와서 입묘(入墓)되었다.

④ 며칠 전 미(未)일에 자살한 사람이 있었던 숙박업소 주인의 실
　제예문이다.

※ 형효(兄爻) 인목(寅木)이 동하여 형효(兄爻) 묘목(卯木)을 화출
(化出)한 원리(216쪽 참조).

　효가 동한다는 것은 음효(陰爻)는 양효(陽爻)로, 양효(陽爻)는 음
효(陰爻)로 변하는 것을 말한다. 형효(兄爻) 인목(寅木)은 진위뢰
(震爲雷)괘의 2효 비신(飛神)으로 음효(陰爻)이다. 동하면 양효(陽
爻)가 되어 태위택(兌爲澤)괘의 2효 비신(飛神)을 화출(化出)한다.

실제예문4>

년득이자이차지(年得二子以此知) 내외구동자손임(內外俱動子孫臨)

일 년에 자손을 둘 얻는 것을 어떻게 아는가.

내괘와 외괘에서 자손효가 함께 발동한 것을 보고 안다.

 손효(孫爻)가 함께 동했을 때는 본처와 외방의 처가 함께 아이를 갖는다. 내괘(內卦)의 자손효(孫爻)는 본처의 자손이고, 외괘(外卦)의 자손효(孫爻)는 외방의 자손으로, 동했다는 것은 생긴다는 현상을 나타낸다.

지수사(地水師) / 뇌지예(雷地豫) : 진목궁(震木宮) 2효와 4효동

才 戌	▬▬			寅
官 申	▬▬			月
(才)丑 ← 孫 午	▬▬▬	應		丙
兄 卯	▬▬			戌(午未)
(才)辰 ← 孫 巳	▬▬			日
才 未	▬▬	世		占

① 한 해에 자손을 둘 얻는 상이다. 일진(日辰)의 술토(戌土)는 자손의 고(庫)로써 자손을 모아두는 상이다.

② 내괘(內卦) 초효(初爻)인 재효(才爻)에 미토(未土)가 지세(持世)하였고, 외괘(外卦) 상효(上爻) 술토(戌土)에 재효(才爻)가

나타나 있다.

③ 육합괘(六合卦)로 손효(孫爻)가 재효(才爻)를 화출(化出)하였
　　다. 내괘(內卦)의 재효(才爻)는 본처이고, 내괘(內卦)의 손효(孫
　　爻)인 사화(巳火)도 본처의 자손이다.

④ 외괘(外卦)의 손효(孫爻) 오화(午火)는 외처의 자식으로 내괘
　　(內卦) 초효(初爻)에 지세(持世)한 미토(未土) 재효(才爻)에 생
　　합(生合)하며 들어오는 현상이다.

— 오미합(午未合), 화생토(火生土)
— 십이지지(十二地支)가 똑같이 나타나면 쌍둥이다.

※ 손효(孫爻) 사화(巳火)가 동하여 재효(才爻) 진토(辰土)를 화출
(化出)한 원리와 손효(孫爻) 오화(午火)가 동하여 재효(才爻) 축토
(丑土)를 화출(化出)한 원리(216쪽 참조).

　효가 동한다는 것은 음효(陰爻)는 양효(陽爻)로, 양효(陽爻)는 음
효(陰爻)로 변하는 것을 말한다. 손효(孫爻) 사화(巳火)는 곤위지
(坤爲地)괘의 2효 비신(飛神)으로 음효(陰爻)이니 동하여 양효(陽
爻)가 되면 감위수(坎爲水)괘의 2효 비신(飛神)을 화출(化出)하고,
손효(孫爻) 오화(午火)는 진위뢰(震爲雷)괘의 4효 비신(飛神)으로
양효(陽爻)이니 동하여 음효(陰爻)가 되면 곤위지(坤爲地)괘의 4효
비신(飛神)을 화출(化出)한다.

실제예문5>

수옥이사이차지(修屋移徙以此知) 괘중내괘택기동(卦中內卦宅基動)

집을 수리하거나 이사가는 것을 어떻게 아는가.

내괘의 초효나 2·3효가 발동한 것을 보고 안다.

뇌천대장(雷天大壯) / 뇌택귀매(雷澤歸妹) : 태금궁(兌金宮) 3효동

	父 戌	⚋	應
	兄 申	⚋	
	官 午	⚊	
進神 (父)辰 ←	父 丑	⚋	世
	才 卯	⚊	
	官 巳	⚊	

※ 부효(父爻) 축토(丑土)가 동하여 부효(父爻) 진토(辰土)를 화출(化出)한 원리(216쪽 참조).

효가 동한다는 것은 음효(陰爻)는 양효(陽爻)로, 양효(陽爻)는 음효(陰爻)로 변하는 것을 말한다. 부효(父爻) 축토(丑土)는 태위택(兌爲澤)괘의 3효 비신(飛神)으로 음효(陰爻)이니 동하여 양효(陽爻)가 되어 건위천(乾爲天)괘의 3효 진토(辰土)를 화출(化出)한다.

풍뢰익(風雷益) / 풍택중부(風澤中孚) : 간토궁(艮土宮) 2효동

官 卯	▬▬▬	
父 巳	▬▬▬	
兄 未	▬▬ ▬▬	世
兄 丑	▬▬ ▬▬	
退神 (官)寅 ← 官 卯	▬▬▬	
父 巳	▬▬▬	應

※ 관효(官爻) 묘목(卯木)이 동하여 관효(官爻) 인목(寅木)을 화출
(化出)한 원리(216쪽 참조).

　효가 동한다는 것은 음효(陰爻)는 양효(陽爻)로, 양효(陽爻)는 음
효(陰爻)로 변하는 것을 말한다. 관효(官爻) 묘목(卯木)은 태위택
(兌爲澤)괘의 2효 비신(飛神)으로 양효(陽爻)이니 동하여 음효(陰
爻)가 되면 진위뢰(震爲雷)괘의 2효 비신(飛神) 인목(寅木)을 화출
(化出)하는 것이다.

제5장. 대정수작괘법(大定數作卦法)

대정수(大定數)란 선천수(先天數)와 후천수(後天數)를 년월일시의 간지(干支)에 적용하여 계산한 값으로 운명을 감정하는 방법인데, 주로 평생운이나 유년운, 신수점을 볼 때 활용한다. 특히 토정(土亭) 이지함(李芝函)의 토정비결에 많이 응용되었다. 그러므로 사주와 신수감정은 사주의 격국(格局) 용신(用神)과 대운(大運) 세운(歲運)을 위주로 하는 단식법(單式法)과 대정수작괘(大定數作卦)를 위주로 하는 복식법(複式法)을 함께 활용할 수 있다면 말 그대로 금상첨화일 것이다.

대정수작괘(大定數作卦)를 함께 활용하여 운명을 감정한다면 사주 종류가 518,400가지×384효=10억 9천 9백 6만 5천 6백 가지가 되고, 이를 또 2(남녀)로 곱하면 약 4억 가지 정도되므로 더 세밀하고 정확하게 감정할 수 있다. 일반적인 학술면으로도 명리학은 강물은 푸르고 검다, 한류다 아니면 난류이다, 강물의 흐름은 급하다 아니면 유유히 흐르니 길다 하는 한계에서 풀이할 수 있지만 여기에 대정수(大定數) 작괘를 곁들이면 수심과 강폭의 넓이와 수압, 수온까지도 측정할 수 있다.

1. 대정(大定) 기본수 산출법

1) 선천수(先天數)

天干	甲	乙	丙	丁	戊	-	己	庚	辛	壬	癸	-
地支	子	丑	寅	卯	辰	巳	午	未	申	酉	戌	亥
先天數	9	8	7	6	5	4	9	8	7	6	5	4

天干合	甲己	乙庚	丙辛	丁壬	戊癸	-
地支沖	子午	丑未	寅申	卯酉	辰戌	巳亥
數	9	8	7	6	5	4

2) 후천수(後天數)

五行	水		火		木		金		土			
天干	壬	癸	丙	丁	甲	乙	庚	辛	戊		己	
地支	子	亥	午	巳	寅	卯	申	酉	辰	戌	丑	未
生數	1	-	7	-	3	-	9	-	5		-	
成數	-	6	-	2	-	8	-	4	-		10	
後天數	1, 6		2, 7		3, 8		4, 9		5, 10 ★己→100			

■ **계산법은 먼저 선천수(先天數)를 활용한다.**

① 시주(時柱)는 100단위를 적용해서 간지(干支)로 계산하고,

② 일주(日柱)는 10단위를 적용해서 간지(干支)로 계산하고,

③ 월주(月柱)는 단수 1단위를 적용해서 간지(干支)로 계산한다.

④ 년주(年柱)는 포함시키지 않고, 상하 기둥으로 계산한 시일월 (時日月)을 모두 합한다. 단 기토(己土)는 100이다. 예를 들면

900	60	6	−
時	日	月	年
己	壬	壬	庚
酉	子	午	申
+ 600	+ 90	+ 9	−

$$1500 \;+\; 150 \;+\; 15 \;=\; 1665$$

■ **다음의 계산법은 후천수(後天數)를 활용한다.**

① 천간(天干)은 모두 10단위를 적용하고 년월일시 모두 계산한다.

② 지지(地支)는 모두 단수를 적용하고 년월일시 모두 계산한다.

③ 천간(天干)과 지지(址支)의 수를 모두 합한다. 예를 들면

$$100 + 10 + 10 + 90 = 210$$

時	日	月	年
己	壬	壬	庚
酉	子	午	申
4	1	7	9

$$9 \;=\; + 21$$
$$231$$

지금까지 계산한 선천수와 후천수를 모두 합하니 1665+231=1896
이 나왔다. 일단 선천수와 후천수를 완벽하게 암기해야 되고, 여러
번 연습하여 숙달해야 한다. 자칫 계산하는 과정에서 혼동할 소지
가 많다고 하겠다.

■ 유의할 점

제1장부터 설명한 육효괘(六爻卦)의 순서는 음양이 분리되어 사
상(四象)이 되고, 사상(四象)이 분리되어 팔괘(八卦)가 되고, 팔괘
(八卦)가 팔괘(八卦)를 만나 육십사괘(六十四卦)가 된다. 그런데
대정수 감정법은 다른 차원으로 괘의 순서가 정해지니 착오없기
바란다.

유방현 교수의 저서 『초씨역림(焦氏易林)』도 지금 설명하는 괘의
순서로 배합하여 설명하였다. 그것은 여러분들이 초보자에서 전문
가로 한 발 성큼 올라서 있음을 알고 언제나 선배를 존경하는 겸
손함으로 내면을 다져 나가야 할 것임을 명심해야 할 것이다. 대정
수작괘(大定數作卦) 배열은 9가지인데 순서는 다음과 같다.

九乾天	八坤地	七艮山	六巽風	五震雷	四離火	三坎水	離兌澤	一艮山	순서
☰	☷	☶	☴	☳	☲	☵	☱	☶	괘

※ 간산괘(艮山卦)가 1번과 7번에 거듭 자리하는 특징이 있어 8괘
가 9괘로 된다.

① 일간산(一艮山)　② 이태택(二兌澤)　③ 삼감수(三坎水)

④ 사이화(四離火)　⑤ 오진뇌(五震雷)　⑥ 육손풍(六巽風)

⑦ 칠간산(七艮山)　⑧ 팔곤지(八坤地)　⑨ 구건천(九乾天)

2. 괘반(卦盤) 작성

대정수+대운수+년운수= 신수(내 몸에 해당하는 운세)

　대운의 수와 년운의 수는 후천수로 계산한다. 천간(天干)은 10수 지지(地支)는 단수이다. 대정수+운수=1040 이하의 수는 없고, 2400 넘는 수는 없다. 만약에 총 합한 수가 2123이라면 2123에서 앞의 숫자 2와 맨 끝수 3은 제외하고, 2번째 수인 1과 3번째 숫자인 2를 활용하여 괘를 작성하고, 2123÷6=353…5라는 답이 나오면 나머지 숫자 5가 동효(動爻)가 된다. 2번째 숫자인 1은 1간산(艮山)이 적용되고, 3번째 숫자인 2는 2태택(兌澤)이 적용되어 산택손괘(山澤損卦) 5효가 동하여 풍택중부괘(風澤中孚卦)가 된다.

상괘　☷　5효가 동하여 음효(陰爻)가 양효(陽爻)로 바뀌어 일
　　　　　간산(一艮山)이 육손풍(六巽風)이 됨.

하괘　☱

■ 운수 계산에서 공(空 : 0)이 있는 경우

예1〉 2014라는 숫자가 나왔다면

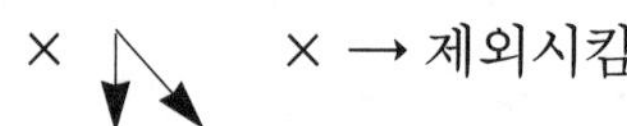

　1　1로 정해진다.

　상공(上空) 즉 하취(下取) → 위의 숫자가 0일 때는 아래의 숫자 순번의 괘를 선택한다. 그래서 상괘 1간산 하괘 1간산이 되어 간위산괘(艮爲山卦)가 이루어졌다.

예2〉 2204라는 숫자가 나왔다면

2　2　0　4

×　↓　　×　→ 제외시킴

－ － － － － － －

　2　2로 정해진다.

　하공즉상취(下空則上取) → 아래의 숫자가 0일 때는 위의 숫자 순번의 괘를 선택한다. 그래서 상괘 이태택 하괘 이태택이 되어 태위택(兌爲澤卦)가 이루어졌다.

예3〉 2004 라는 숫자가 나왔다면

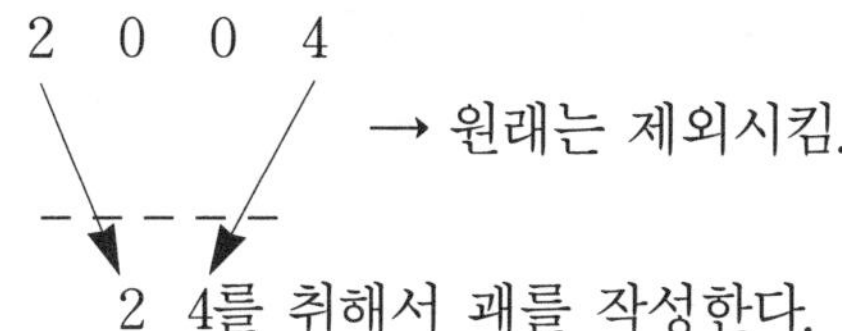

→ 원래는 제외시킴.

2 4를 취해서 괘를 작성한다.

상괘 이태택 하괘 사리화가 선택되어 택화혁괘(澤火革卦)가 된다.

예4〉 2000이라는 숫자가 나왔다면

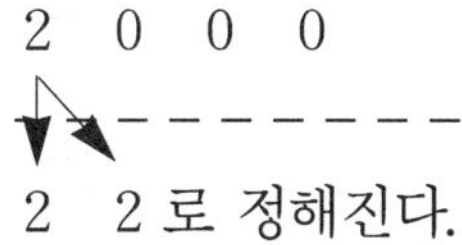

2 2로 정해진다.

상괘 이태택 하괘 이태택이 선택되어 태위택괘(兌爲澤卦)가 된다.

3. 육수(六獸)

사주의 일진(日辰)을 기준으로 붙이는 법과 년간(年干)을 기준으로 붙이는 법이 있다. 육수(六獸)를 붙이는 순서와 방법은 앞장 육효(六爻)의 기초원리에서 설명되어 있는 그대로 적용하면 된다.괘를 풀 때 『초씨역림(焦氏易林)』을 활용하면 도움이 많이 될 것이다. 그리고 다음에 나오는 대정수조견표는 선천수, 후천수를 천간과 지지에 대입하여 계산한 것이니 활용하면 편할 것이다.

대정수조견표(大定數早見表)

干支	年柱	月柱	日柱	時柱	干支	年柱	月柱	日柱	時柱
甲子	31	49	211	1831	乙丑	90	106	250	1690
甲戌	35	49	175	1435	乙亥	86	98	206	1690
甲申	39	55	199	1639	乙酉	84	98	224	1484
甲午	37	55	217	1837	乙未	90	106	250	1690
甲辰	35	49	175	1435	乙巳	82	94	202	1282
甲寅	33	49	193	1633	乙卯	88	102	228	1488
丙寅	73	87	213	1473	丁卯	28	40	148	1228
丙子	71	87	231	1671	丁丑	30	44	170	1430
丙戌	75	87	195	1275	丁亥	26	36	126	1026
丙申	79	93	219	1479	丁酉	24	36	144	1224
丙午	77	93	237	1677	丁未	30	44	170	1430
丙辰	75	87	195	1275	丁巳	22	32	122	1022
戊辰	55	65	155	1055	己巳	102	115	232	1402
戊寅	53	65	173	1253	己卯	108	123	258	1608
戊子	51	65	191	1451	己丑	110	127	280	1810
戊戌	55	65	155	1055	己亥	106	119	236	1406
戊申	59	71	179	1259	己酉	104	119	254	1604
戊午	57	71	197	1457	己未	110	127	280	1810
庚午	97	114	267	1797	辛未	50	65	200	1550
庚辰	95	108	225	1395	辛巳	42	53	152	1142
庚寅	93	108	243	1593	辛卯	48	61	178	1348
庚子	91	108	261	1791	辛丑	50	65	200	1550
庚戌	95	108	225	1395	辛亥	46	57	156	1146
庚申	99	114	249	1599	辛酉	44	57	174	1344
壬申	19	32	149	1319	癸酉	64	75	174	1164
壬午	17	32	167	1517	癸未	70	83	200	1370
壬辰	15	26	125	1115	癸巳	62	71	152	962
壬寅	13	26	143	1313	癸卯	68	79	178	1168
壬子	11	26	161	1511	癸丑	70	83	200	1370
壬戌	15	26	125	1115	癸亥	66	75	156	966

제6장. 천금부(千金賦) 해석

천금부(千金賦)는 유백온 선생이 지은 것으로 음양의 이치에 능통하게 됨은 천금보다 귀하다는 연유에서 이름 된 것으로 육효점(六爻占)의 대강령이라 할 수 있다.

1. 동정음양(動靜陰陽) 반복천변(反覆遷變)

움직이고 고요한 것은 음양으로 이동하여 변하는 것을 반복한다.

2 수만상지분운(雖萬象之紛紜) 수일리이융관(須一理而融貫)

비록 만 가지 상으로 어지러우나 모름지기 한 가지 이치로 꿰어 통하는 것이다.

3. 부인유현불초지수(夫人有賢不肖之殊)하고 괘유과불급지리(卦有過不及之異)라.

　무릇 사람도 어진 사람과 미련한 사람의 다름이 있는 것처럼 괘도 지나치고 미치지 못함의 다름이 있다.

4. 태과자(太過者)는 손지사성(損之斯成)하고 불급자(不及者)는 익지즉리(益之則利)니라.

　매우 지나친 것은 덜어내야 이루어지고, 미치지 못하는 것은 더해야 이롭다.

5. 생결공합(生抉拱合)은 여시우지자묘(如時雨之滋苗)요, 극해형충(剋害刑冲)은 여추상지살초(如秋霜之殺草)라.

　밀접하게 생하고 흡족하게 합하면 때맞추어 비가 와 어린벼가 무럭무럭 자라는 것과 같고, 극하고 해하고 형하고 충하는 것은 가을에 서리가 내려 식물을 죽이는 이치와 같다.

6. 장생제왕(長生帝旺)은 쟁여금곡지원(爭如金谷之園)이요, 사묘절공(死墓絶空)은 내시니리지지(乃是泥犁之地)니라.

　큰 생을 받아 크게 왕성하면 용신(用神)이 일진(日辰)이나 월건(月建)의 장생(長生)이나 제왕(帝旺)이 되는 것이고, 아름다운 금곡의 동산에 있는 것 같고 죽고 무덤에 갇히고 끊어지면 십이운성(十二運星) 중에서 사묘절(死墓絶)이 되는 것이고, 공망(空亡)이 되면 진구덩이에 빠져 어쩌지 못하는 형상과 같다.

7. 일진위육효지주재(日辰爲六爻之主宰)며 희기멸항효안류(喜其
滅項爻安劉)하고, 월건내만사지제망(月建乃萬事之堤網)이니 기
가조걸이위학(豈可助桀而爲虐)이리오.

　일진(日辰)은 6개의 효를 주장하여 통할하는데 기쁘게 하고 멸하
는 것으로 용신(用神)을 생하고 극하는 이치이다. 이것은 옛날 한
나라 때 항우를 멸하고 유방을 도와 천하를 편안하게 하는 것과
같고, 만 가지 일의 법칙을 이끄는 것이 월건(月建)이니 옛날 걸왕
의 포악한 정치를 돕는 것이 어찌 가하다 하겠는가. 월건(月建)이
기신(忌神)을 생부(生扶)하는 작용을 하나라 때 포악한 정치를 한
걸왕에 비유하였다.

　어떤 사안을 알고자 하여 괘를 내는 그 달과 그 날을 지칭하는 월
건(月建)과 일진(日辰)이 6개의 효에 미치는 힘을 알기 쉽게 설명
한 것이다.

8 최악자(最惡者)는 세군(歲君)이니 의정이 불의동(宜靜而不宜動)
이요. 최요자(最要者)는 신위(身位)이니 희부이불희상(喜扶而不喜
傷)이라.

　가장 위험한 것은 임금과 같은 힘을 지닌 태세이니 움직이지 않
고 가만히 있는 것이 마땅하고, 가장 중요한 것은 신위(身位 : 世
位)가 도움을 받아야 기쁘고 상하게 하면 기쁘지 않은 것이다.

가장 위험한 것은 태세가 용신(用神)을 극하는 것이다. 설령 용신
(用神)이 태세의 극을 받아도 동하지 않으면 무방하나, 태세의 극
을 받은 용신(用神)이 발동하면 임금에게 반역하여 벌을 받는 신
하처럼 대흉하다는 뜻이다.

9. 세위기(世爲己)요 응위인(應爲人)이니 대의계합(大宜契合)이요
동위시(動爲始)요, 변위종(變爲終)이니 최파교쟁(最怕交爭)이라.

세(世)는 자신을 나타내고 응(應)은 상대방을 나타내니 서로 일치
하는 것이 가장 중요하다. 시작은 움직임으로 비롯되고 변하는 것
은 마침이 되는 것이니 가장 두려운 것은 서로 다투는 것이다.

세효(世爻)는 자신을 가리키고 응효(應爻)는 상대방을 가리키니,
세(世)와 응(應)은 서로 협조하여 일치하는데 큰 뜻이 있다. 동효
(動爻)는 시작을 이르고 변효(變爻)는 결과를 이르니, 가장 무서운
것은 서로 충극(沖剋)하고 회두극(回頭剋)하는 것이다.

10. 응위조상(應爻遭傷)이면 불리타인지사(不利他人之事)하고, 세
효수제기(世爻受制)이면 기의자기지모(豈宜自己之謀)리오.

응효(應爻)가 형충극해(刑沖剋害)를 만나면 상대방의 일이 이롭
지 않고, 세효(世爻)가 억제 받으면 자신이 꾀하는 일이라도 어찌
할 수 없다.

11. 세응(世應)이 구공(俱空)이면 인무준실(人無准實)이요, 내외경

발(內外競發)이면 사필번등(事必翻騰)하리라.

세(世)와 응(應)이 모두 공망(空亡)이면 성실하지 못한 사람이고, 내괘와 외괘가 발동하여 다투면 반드시 일이 뒤집힌다.

세효(世爻)가 공망(空亡)이면 자신의 확신이 부족하고, 응효(應爻)가 공망(空亡)이면 상대의 믿음이 부족하고, 효가 많이 발동하면 뛰어오르는 말처럼 불안하고 안정되지 못한 것이다.

12. 세혹교중(世惑交重)이면 양목(兩目)이 고첨어마수(顧瞻於馬首)요, 응여발동(應如發動)이면 일심(一心)이 사탁어원반(似托於猿攀)이로다.

세효(世爻)가 중첩되면 목만 돌려 쳐다보는 말머리의 두 눈과 같고, 응효(應爻)가 발동하여 그러하면 원숭이가 매달린 상태에서 의지하는 것과 같다.

이것은 세효(世爻)와 응효(應爻)가 비화(比和)되어 많이 동하는 상태를 묘사한 것이다. 즉 세효(世爻)가 교중되어 발동한 것을 불안한 말의 모습에 비유하였고, 응효(應爻)가 세효(世爻)와 같은 상황은 안절부절하는 원숭이에 비유하였다.

13. 용신유기(用神有氣)하고 무타고(無他故)이면 소작(所作)이 개성(皆成)하고 주상(主象)이 도존(徒存)하고, 경피상(更被傷)이면 범모(凡謀)가 불수(不遂)니라.

용신(用神)이 강한데 다른 문제가 없으면 일하는 바가 모두 이루어지고, 중심이 되는 효가 도움없이 존재하고 변하여 피상되면 꾀하는 모든 일이 이루어지지 않는다.

용신(用神)이 생부(生扶)를 받고 다른 문제가 없으면 모든 일이 잘 되고, 용신(用神)이 생부(生扶) 받지 못하고 홀로 있거나 형충극제(刑沖剋制)를 당하면 도모하는 일이 이루어지기 어렵다.

14. 유상(有傷)이면 수구(須救)요, 무고(無故)이면 물공(勿空)하라.

상함이 있으면 모름지기 치료해야 하고, 공망(空亡)도 어떤 문제가 없으면 공망(空亡)이 아니다.

용신(用神)이 월건(月建)이나 일진(日辰) 그리고 동효(動爻)의 충극(沖剋)을 받아 손상되었을 때는 상처가 치유될 시기가 되면 구원되고, 용신(用神)이 공망(空亡)이라도 월건(月建)이나 일진(日辰) 그리고 동효(動爻)의 극상(剋傷)을 받지 않을 때는 공망(空亡)에서 풀리면 회복된다. 즉 유용의 공망(空亡)인지 무용의 공망(空亡)인지를 잘 살펴 판별해야 한다는 말이다.

15. 공봉충이유용(空逢沖而有用)이요, 합조파이무공(合遭破以無功)이니라.

공망(空亡)이 충되면 공망(空亡)이 아니어서 쓰임이 있고, 합이 파를 만나면 쓰임이 없어진다.

공망(空亡)된 효가 유기할 때 일진(日辰)의 충을 받으면 충기가 되어 공망(空亡)에서 깨어난다. 즉 공망(空亡)의 작용이 해소된다

는 것이다. 예를 들어 인(寅)이 공망(空亡)인데 인해합(寅亥合)이
된 상태에서 신(申)의 작용이 생겨 인신충(寅申沖)으로 깨지는 것
이다. 육효에서는 충파(沖破) 작용을 깨지는 것으로 생각해야 한다.

16. 자공화공(自空化空)이면 심성흉구(心成凶咎)요, 형충극합(刑沖剋合)이면 종견괴음(終見乖淫)이라.

　동효(動爻)가 공망(空亡)인데 변효(變爻)까지 공망(空亡)인 것을
자공화공(自空化空)이라 하는데, 좋지 않은 일이 생긴다. 형작용으
로 합이 되거나 극작용으로 합이 되면 처음에는 해가 없는 것 같
으나 끝내는 어그러지고 만다.

　예를 들어 신유(申酉)가 공망(空亡)인데 동효(動爻)가 신(申)이고
변효(變爻)가 유(酉)이면 자공화공(自空化空)이 된다. 사신형(巳申
刑) 극합(剋合)은 사화(巳火)와 신금(申金)은 화극금(火剋金) 작용
이 묶인 합이다.

17. 동치합이반주(動值合而絆住)하고, 정득충이암흥(靜得衝而暗興)이라.

　동효(動爻)가 합을 만나면 그 작용이 묶여 움직이지 못하고, 정효
(靜爻)가 충을 만나면 몰래 움직이고 있다는 뜻이다.

　본괘의 효가 움직여 어떤 결과를 만들려고 하는데 일진(日辰)이
나 월건(月建) 또는 다른 동효(動爻)와 합되면 풀릴 때까지 정지되
고, 정효(靜爻)가 충을 만나 보이지 않게 작용하는 것은 암동(暗

動)을 말한다.

18. 입묘난극(入墓難剋)이요 대왕비공(帶旺匪空)이라.

진술축미(辰戌丑未) 묘(墓)에 들어간 효는 극하기 어렵고, 월건(月建)의 생부(生扶)를 받은 왕상한 효는 공망(空亡)이라도 공망(空亡) 작용이 일어나지 않는다는 것이다.

포태법(胞胎法)을 생각하면 쉽게 이해할 수 있다. 포태법(胞胎法) 중 묘(墓)에 들어간 효가 유기할 때는 단단한 공간에서 보호받는 형국이므로 극할 수 없고, 묘(墓)에서 풀린다는 것은 단단한 공간에서 빠져나오는 형상과 같으며, 유기하여 힘이 왕성한 것은 십이운성(十二運星)의 대궁(帶宮)이나 왕궁(旺宮)의 작용과 출묘(出墓)되었을 때 본격적으로 작용한다는 것이다.

19. 유조유부(有助有扶)에 쇠약휴수(衰弱休囚)라도 역길(亦吉)하고, 탐생탐합(貪生貪合)에 형충극해(刑冲剋害)는 개기(皆忌)라.

용효(用爻)가 월건(月建)과 일진(日辰)에 휴수(休囚)되어 쇠약해도 회두생(回頭生)을 받으면 끝내는 길하고, 용신(用神)을 극하는 기신(忌神)이 생되어 극을 잊어버리거나 합을 만나 극을 잊어버리면 끝내는 길하니, 형충극해(刑冲剋害)를 당하는 것은 모두 나쁘다.

예를 들어 수극화(水剋火)하려고 하는데 목(木)이 있어 수생목(水生木)하면 목생화(木生火)로 돌아가니 수극화(水剋火)를 잊어버리고 길작용을 하므로 수(水)를 형충극해(刑冲剋害)하는 것은 나쁘다는 것이다.

20. 별 쇠 왕(別衰旺)하야 이명 극합(以明剋合)하고, 변 동 정(辨動靜)하
야 이정 형 충(以定刑沖)하라.

용신(用神)이 왕한지 쇠한지를 구별하고, 극하는지 합하는지를 밝
히며, 정효(靜爻)와 동효(動爻)를 나누어 형충(刑沖) 관계에서 일
어나는 작용으로 길한지 흉한지를 정해야 한다.

21. 병불병(倂不倂)과 충불충(衝不衝)은 인다자안(因多字眼)이요,
형불형(刑不刑)과 합비합(合非合)은 위소지신(爲少支神)이라.

합이나 합이 안되고, 충이나 충이 안되는 것은 같은 글자가 많기
때문이고, 형이나 형이 아니고 합이나 합이 아닌 것은 지지(地支)
의 신(神)이 부족하기 때문이다.

여기서 병(病)이란 일진(日辰)과 같은 오행일 때를 말하고, 충이
란 극충(剋沖)을 받은 것을 말한다.

22. 효우영성(爻遇令星)이면 물난아해(物難我害)요, 복거공지(伏居
空地)이면 사여심위(事與心違)니라.

세효(世爻)가 월령(月令)의 생부(生扶)를 얻으면 기신(忌神)이 나
를 해하지 못하고, 복신(伏神)으로 공망(空亡)되면 하고자 하는 일
이 마음대로 되지 않는다.

23. 복무제발(伏無提拔)이면 종도이(終徒爾)요, 비불추개(飛不推開)이면 역왕연(亦枉然)이라.

복신(伏神)은 뽑아서 끌어 일으키지 못하면 있으나 마나하고, 비신(飛神)은 밀려 열려 있지 않으면 기운이 꺾여 쓰임이 없다.

복신(伏神)은 비신(飛神)의 힘에 눌려 있음으로 비신(飛神)이 충을 당하여 제거되어야 눌려 있던 복신(伏神)이 올라와 그 기능을 다한다. 아무리 복신(伏神)이 왕해도 비신(飛神)이 충거(沖去)되지 않으면 쓰임이 없다는 뜻이다.

24. 공하복신(空下伏神)은 이어인발(易於引發)이요, 제중약주(制中弱主)는 난이유지(難以維持)라.

용신(用神)이 공망(空亡) 아래에서 복신(伏神)으로 있으면 쉽게 끌어올려 쓸 수 있고, 쇠약한 가운데 극제(剋制)되면 어떤 상태로든 지탱하기 어렵다.

25. 일(日)이 상효(傷爻)는 진리기화(眞罹其禍)나 효(爻)가 상일(傷日)은 도수기명(徒受其名)이라.

일진(日辰)이 용신(用神)을 상하게 하면 재앙이 걱정되고, 용신(用神)이 일진(日辰)을 극하면 명분만 있어 한낱 제스처에 지나지 않는다.

26. 묘중인(墓中人)은 불충(不沖)이면 불발(不發)이요, 신상귀(身上

鬼)는 불거(不去)하면 불안(不安)이라.

묘(墓)에 들어 있는 오행은 충을 받아야 작용이 살아난다. 만일 충을 받지 못하면 끝내 묘(墓)에서 나오지 못하여 일어나지 못하고, 신(身)이나 세효(世爻)에 귀(鬼)가 앉으면 걱정과 근심과 질병이 염려되니 제거하지 않으면 안심할 수 없다.

관직에 있는 공무원은 관(官) 지세(持世)가 당연할 수 있지만, 평범한 서민에게 관(官)이 앉으면 귀살(鬼殺)이 되어 화를 의미한다.

27. 덕입괘이무모불수(德入卦而無謀不遂)하고, 기임신이다조무성(忌臨身而多阻無成)이라.

평소에 쌓은 덕이 있으면 괘가 순조로워 도모하는 일마다 이루어지고, 세효(世爻)나 신(身)에 기신(忌神)이 임하면 이루어지는 일이 하나도 없다.

28. 괘우흉성(卦遇凶星)이면 피지즉길(避之則吉)하고, 효봉기살(爻逢忌殺)이면 적지무상(敵之無傷)이니라.

괘가 흉성을 만났을 때 비켜가면 길하고, 효가 싫어하는 귀살(鬼殺)을 만났을 때는 귀살(鬼殺)의 적이 있으면 상함이 없으니 흉하지 않다.

효가 흉성을 만났는데 피해 간다는 것은, 순공(旬空)이거나 복신(伏神)이거나 입묘(墓)되어 있을 때 기신(忌神)이 제거된다면 출공(出空) · 출복(出伏) · 출묘(出墓)되었을 때 안심해도 된다는 뜻이다. 즉 기신(忌神)이 제거된 후에 나온다면 재앙을 피할 수 있는 것이다. 또 용신(用神)이 화극금(火剋金) 당하는데 수(水)가 동하면 수극화(水剋火)로 금(金)은 상하지 않는다는 것이다.

29. 주상(主象)이 휴수(休囚)이면 파견형충극해(怕見刑冲剋害)요, 용효변동(用爻變動)에 기조사묘절공(忌遭死墓絶空)이라.

 주상(主象)은 용신(用神)이 월령(月令)에 휴수(休囚)되었을 때 일진(日辰)의 형충극해(刑冲剋害)를 만나는 것을 두려워하고, 용효(用爻)가 동하여 변효(變爻)에 의하여 사묘절공(死墓絶空)을 만나는 것을 싫어한다.

30. 용화용(用化用)이면 유용(有用)이나 무용(無用)이요, 공화공(空化空)이면 수공(雖空)이나 불공(不空)이라.

 용신(用神)이 변하여 용신(用神)이 되어도 쓸 수 있는 것과 쓸 수 없는 것도 있고, 공망(空亡)이 변하여 공망(空亡)이 되어도 공망(空亡)이 아닌 것이 있다.

 용신(用神)이 동하여 용신(用神)이 되었을 때 진신(進神)이 되면 쓰임이 있지만 퇴신(退神)이 되거나 복음(伏吟) 또는 반음(反吟)이 되면 그 쓰임이 용이하게 이루어지지 못한다. 공망(空亡)이 동하여 화출(化出)한 변효(變爻)가 공망(空亡)일 때 월건(月建)과 일진(日辰)으로부터 극충(剋冲)받는 도저공(到低空)이 아니라면 공망(空亡)이라 하더라도 출공(出空)이 되면 회복하니 공망(空亡) 작용이 끝까지 가지 않기 때문에 공망(空亡)이 아닐 수도 있다는 것이다.

31. 양주호의(養主狐疑)요 묘다암매(墓多暗昧)라, 화병혜상손(化病兮傷損)하고 화태혜(化胎兮)여 순련(旬連)이라.

포태법(胞胎法)으로 양궁(養宮)은 주로 의심이 많음을 의미하고, 묘궁(墓宮)은 매우 어두워 암매한 상태를 의미하며, 변하여 병궁(病宮)이 되면 상하고 손해보는 상황을 의미하고, 변하여 태궁(胎宮)이 되면 이어지고 연결되지 못하여 열흘간 지연되는 상태를 의미한다. 이 부분은 앞으로의 많은 연구와 임상실험이 필요한 부분이라 여겨진다.

32. 흉화장생(凶化長生)이면 치이미산(熾而未散)이요, 길련목욕(吉連沐浴)이면 패이불성(敗而不成)이라.

흉함이 변화하여 장생(長生)이 되면 흩어지지 않고 길작용이 목욕궁(沐浴宮)으로 되면 하고자 하는 일들이 패하여 이룸이 없다.

여기서는 용신(用神)을 말하고 있음직하다. 쇠약한 용신(用神)이 동하여 장생(長生)이 되면 하고자 하는 일이 흩어지다가도 이루어지고, 쇠약한 기신(忌神)이 동하여 장생(長生)이 되면 기신(忌神)의 작용이 쉽사리 없어지지 않는다.

목욕궁(沐浴宮)은 일명 욕궁(浴宮)이라고도 하고, 십이신살(十二神殺)에서는 도화살(桃華殺)이라고도 한다. 욕궁(浴宮)이나 도화살(桃華殺)은 혼인점이나 가출점 또는 병점에서는 의미가 크므로 가

녑게 넘어갈 때는 실력이 있어도 없는 것처럼 보일 수 있으니 숙지해야 한다. 도화살(桃華殺)이나 욕궁(浴宮)이라 하여 무조건 흉으로 판단하면 안되는 것은 생극제화(生剋制化)가 우선이므로 항상 생극제화(生剋制化)에 충실하면서 살펴야 한다.

■ 생(生)이 되면서 욕궁(浴宮)이 되는 경우

— 인(寅) 묘목(卯木)은 자수(子水)에 생이 되면서 욕궁이 된다.

— 해(亥) 자수(子水)는 유금(酉金)의 생을 받으면서 욕궁이 된다.

— 사(巳) 오화(午火)는 묘목(卯木)의 생을 받으면서 욕궁이 된다.

■ 주의사항

— 혼인점에서 세효(世爻)가 쇠약한 상태에서 재효(才爻)나 관효(官爻)가 동하여 욕궁(浴宮)의 생을 받아 세(世)를 극하면 남녀 간의 치정문제가 가정문제로 확대되어 파탄될 수 있다.

— 병점에서도 병의 원인이 주색이나 도화의 색정에서 얻어온 사실을 알 수 있다.

33. 계회두지극아(戒回頭之剋我)하고, 물반덕이부인(勿反德以扶人)하라.

용신(用神)이 발동하여 회두극(回頭剋)됨을 경계하고, 세효(世爻)가 회두극(回頭剋)을 받거나 타인을 생부(生扶)한다면 돌아오는 덕이 없으니 철저히 살펴야 한다. 용효(用爻)나 세효(世爻)가 회두극(回頭剋)을 당하면 흉작용을 면하지 못하고, 월건(月建)과 일진

(日辰) 또는 동효(動爻)가 타인을 생부(生扶)하면 본인에게 이롭지 못하다. 반덕이부인(反德而扶人)은 타인을 생해주어 베풀었던 덕이 배반당하는 경우를 말한다.

34. 악요(惡曜)는 고한(孤寒)이라야 한데 파일진지병기(怕日辰之併起)요, 용효(用爻)가 중첩(重疊)이면 희묘고지수장(喜墓庫之收藏)이라.

　악성이 미약하더라도 일진(日辰)으로부터 왕상해지는 날에는 그 흉폭성이 일어날까 두렵고, 용효(用爻)가 많이 나타났을 때는 묘고(墓庫)에 들어 있으면 좋다.

　기신(忌神)은 버려져야 하는데 일진(日辰)이나 월건(月建)과 동일하여 왕해지면 흉하니 두려울 뿐이다. 구재점에서 세효(世爻)에 재(財)의 묘(墓)가 지세(持世)하였고, 용효(用爻)＝재효(才爻)가 여러 개 동한 상태라면 돈이 모두 세효(世爻)＝자신의 금고에 날아들어가는 형상이므로 얼마나 기쁜가. 그야말로 대박터지는 즐거움이다. 예를 들면 세효(世爻)에 진토(辰土)가 앉은 상태에서 재효(才爻)이자 응효(應爻)인 자수(子水)와 해수(亥水)가 동하여 진토(辰土)에 입묘(入墓)되는 현상을 말한다.

35. 사조격혜간발(事阻隔兮間發)이요, 심퇴소혜세공(心退消兮世空)이니라.

　매사 장애가 있는 것은 간효(間爻)가 발동하여 용신(用神)을 극하기 때문이요, 마음이 약해져 이럴까 저럴까 망설이는 것은 세효(世爻)가 공망(空亡)된 까닭이다.

　어떤 사건이나 사안에서 성사되기 어려운 것은 아주 작은 요인이거나 아니면 세효(世爻)와 응효(應爻) 사이에 있는 간효(間爻)의 방해일 수도 있는 것이요, 세효(世爻)가 공망(空亡)되어도 마음이 무력해져 매사에 흥미를 잃어 소극적이 된다. 더구나 무용의 공망(空亡)일 때는 매우 난감한 상태를 나타내는 것으로, 돌아가 쉬면서 근신하는 자세로 자중해야 할 것이다.

36. 괘효발동(卦爻發動)이어든 수간교중(須看交重)하고, 동변(動變)이 비화(比和)이거든 당명진퇴(當明進退)하라.

　괘효가 발동되면 모름지기 교중(交重)을 살피고, 동효(動爻)가 변하여 비화(比和)되면 나아간 것인지 물러난 것인지를 분명히 밝혀야 한다. 효가 동하면 양효가 동한 건지 음효가 동한 건지 살피는 것을 교중(交重)이라 한다. 양효가 동하면 지나간 일을 나타내는 것일 수 있고, 음효가 동하면 앞으로 다가올 일을 나타내는 수가 있으니 참고하라. 동효(動爻)가 변하여 비화(比和)되었을 때 진신(進神)과 퇴신(退神)을 분명히 가려야 한다.

37. 살성(殺星)이 생신(生身)이라도 막장길단(莫將吉斷)하고, 용효극세(用爻剋世)라도 물작흉간(勿作凶看)하라. 개생중(蓋生中)에 유형해지양방(有刑害之兩防)이요, 합처(合處)에 유극상지일려(有剋

傷之一慮)라.

 살성이 용신(用神)을 생하더라도 길하다고만 판단하지 말고, 용신(用神)이 세(世)를 극하더라도 흉하다고만 보지 말라. 대개 용신(用神)이 생을 받아도 형하고 해하는 두 가지 방해가 있고, 합하는 가운데도 극을 받아 손상하는 한 가지 근심이 있다.

 귀살(鬼殺)이 세효(世爻)나 용신(用神)을 생부(生扶)하는 것을 길하다고만 단정할 수 없고, 용신(用神)이 세효(世爻)를 극한다 해서 무조건 흉하게만 볼 수 없다. 대개 생부(生扶)를 받는 가운데 합이 된 상태에서라도 형해(刑害)작용과 극상(剋傷)작용이 있으면 하는 일들이 흐트러지니라.

38. 형해(刑害)도 불의임용(不宜臨用)인데, 사절(死絶)이 기가지신(豈可持身)가.

 형과 해작용이 용신(用神)에 임하는 것은 마땅하지 않다. 더하여 사(死)와 절(絶)이 어찌 신(身)이나 世(세)에 임하는 것이 가하랴. 세효(世爻)나 용신(用神) 괘신(卦身) 등 주효(主爻)에 형과 해의 작용이 임한다면 흉하다. 흉한 상태에서 사궁(死宮)이나 절궁(絶宮)이 되면 안된다. 흉작용에 흉작용을 더하는 것이니 불난 집에 부채질하는 형상이다.

39. 동봉충이사산(動逢衝而事散)이요, 절봉생이사성(絶逢生而事成)이라.

용신(用神)이 동한 가운데 일진(日辰)의 충을 만나면 도리어 일이 분산되는 것이요, 용효(用爻)가 절지(絶地)에 임하였어도 일월이나 동효(動爻)의 생을 받으면 절처봉생(絶處逢生)으로 일이 성취된다.

효가 동했을 때는 전후를 잘 살펴 분별해야 된다. 동한 효가 일진(日辰)의 충을 만나면 산산이 부서지고, 십이운성(十二運星)의 절궁(絶宮)에 있는 효가 생부(生扶)를 만나면 원하는 일을 이룰 수 있다. 절박한 상황에서 지팡이라도 잡고 일어나는 현상을 의미한 것이다.

40. 여봉합주(如逢合住)에 수충파이성공(須沖破以成功)하고, 약우휴수(若遇休囚)이면 필생왕이성사(必生旺而成事)라.

용효(用爻)나 주효(主爻)가 합을 만나면 모름지기 충하는 날이 되어야 성공하고, 만약 효가 휴수(休囚)를 만났다면 필히 생부(生扶)를 받아야 왕해져 일을 이룰 수 있느니라.

효가 합이 되었다는 것은 묶여서 제기능을 할 수 없다는 것으로, 충되면 자유로워져 제역할을 다 할 수 있게 된다. 모든 효는 무기한 상태에서는 어떤 일도 이루어지기 어렵다. 그러므로 항상 생부(生扶)를 받아 유기했을 때만 가능성이 있다.

41. 속즉동성극세(速則動聖剋世)하고, 완즉정이생신(緩則靜而生

身)이라.

 동한 즉 세(世)를 극하면 성패간에 일이 속히 결정되고, 동하지
않은 효가 세(世)나 신(身)을 생하면 성패간에 일이 느리다. 동하
여 세(世)를 극하면 빠르게 진행되고, 안정된 상태에서 세(世)를
생하면 느리게 진행된다. 여러 개가 동했을 때는 빠르게 급진전될
조짐이다.

42. 부공망(父空亡)이면 사무두서(事無頭緖)하고, 복덕(福德)이 은
복(隱伏)이면 사불칭정(事不稱情)이라.

 부모는 문서이니 부모가 공망(空亡)이면 일의 실마리가 풀리지
않고 손효(孫爻)가 은복(隱伏)되면 일이 뜻대로 되지 않는다. 어떤
사건이나 사안에서 부효(父爻)가 파극(破剋)이나 공망(空亡)되면
일의 순서가 잡히지 않아 뒤죽박죽이기 십상이다. 복(福) → 수복
지신(壽福之神) = 손효(孫爻)이다. 복이 숨었다는 것은 손효(孫爻)
가 복신(伏神)이 되었을 때를 말하고, 손효(孫爻)가 복신(伏神)이
되었을 때는 매사가 마음먹은대로 되기 어렵다는 것이다.

43. 귀수화앙(鬼雖禍殃)이나 복유무기(伏猶無氣)요, 자수복덕(子雖
福德)이나 다반무공(多反無功)이라.

 귀살(鬼殺)은 재앙을 일으키는 흉신이로되 은복(隱伏)되어 있으
면 해가 없고, 손효(孫爻)를 모름지기 복덕의 신이라 하나 여러 개
가 나타나면 공로가 없다.

관(官)이나 귀살(鬼殺)은 유기한 상태로 나타나 있어야 길흉작용을 한다. 왜냐하면 관살은 구관점·시험점·실물점 등에서 용신(用神)이나 원신(元神)으로 직접 또는 간접적으로 역할을 하기 때문이다. 육친관계상 식신(食神) 상관(傷官)이 손효(孫爻)가 되는데, 식상(食傷)은 재성(財星)을 생해주므로 복덕지신이라 한다. 복덕지신인 손효(孫爻)가 파극(破剋)되어도 공로가 없어진다.

44. 구부모(究父母)하여 추위체통(推爲體統)하고, 논관귀(論官鬼)하여 단작화앙(斷作禍殃)하라. 재위녹신(財爲祿神)이요 자위복덕(子爲福德)이라. 형제교중(兄第交重)이면 필지모위다조체(必至謀爲多阻滯)하고.

부모효의 상태를 파악해서 미루어 일의 체통을 삼고 관귀(官鬼)의 유기와 무기를 가려 재앙의 있고 없음을 단정하라. 재성(財星)은 녹신(祿神)이요 자손은 복덕을 말한다. 형(兄)이 발동하거나 중첩되면 필히 꾀하는 일에 장애가 많다.

본인의 부모를 보면 가문을 알 수 있으므로 부효(父爻)로 출신을 참고한다. 재앙의 화는 관귀(官鬼) 작용이므로 관귀(官鬼)를 보고 말한다. 봉록을 알고자 하면 재효(才爻)를 보고, 자손과 복덕의 근원을 알고자 하면 손효(孫爻)를 보고, 형제효는 경쟁자이며 방해자의 작용이 되므로 여러 개 중첩되면 도모하는 일이 어렵게 된다.

45. 괘신중첩(卦身重疊)이면 수지사체교관(須知事體交關)이라.

괘신(卦身)이 중첩되면 일이 몇 갈래로 얽힌다. 모름지기 두 사람 이상이 관련되었다는 뜻이다. 괘신(卦身)은 어떤 사건이나 사안의 주체자이므로 두 개 나타나면 주체자가 둘 이상이라는 뜻이다.

46. 호여이우길신(虎與而遇吉神)이면 불해기위길(不害其爲吉)이요, 용동이봉흉요(龍動而逢凶曜)면 난엄기위흉(難掩其爲凶)이라.

 백호가 왕하거나 발동하여 길신을 만나면 해를 끼치지 아니하고, 청룡이 발동하여 흉성을 만나면 흉작용을 감추지 못한다.

현무쟁송도적지사(玄武爭訟盜賊之事)니 역필관효(亦必官爻)요, 주작(朱雀)은 본구설지신(本口舌之神)이나 혹칭형제(或稱兄弟)라.

 현무는 시비 송사 및 도적을 의미하는 흉신이니 어찌 관귀(官鬼)만 나쁘다고 하랴, 주작은 본시 구설을 일으키는 성질이 있고, 형효(兄爻)처럼 경영에 방해로 작용한다.

질병(疾病)에 대의천희(大宜天喜)라 하나 약임흉살(若臨凶煞)이면 필생비(必生悲)요, 최파왕망(最怕往亡)이나 여계길신(如係吉神)이면 종획리(終獲利)라.

 질병점에는 천희(天喜)를 매우 마땅하게 여기는 것이지만 만일 흉살이 또 임하면 반드시 슬픈 일이 생기고, 출행점에는 왕망(往亡)을 가장 두려워하나 길신이 같이 임하면 처음에는 불리하여도 결국에는 유리하다.

시고(是故)로 길흉신살지다단(길흉神殺之多端)라 하여 생극제화
지일리(生剋制化之一理)리요?

이러하므로 길신이나 흉신 등이 작용하는 변화가 무궁한 것이지
만 어찌 생극제화(生剋制化)의 이치만 하겠는가?

47. 오호(嗚呼), 복역자(卜易者)는 지전즉역(知前則易)하고, 구점자
(求占者)는 감후즉령(鑒後則靈)이라.

아아, 복역에 뜻이 있어 연구하며 활용하는 자들이여, 앞에서 설명
한 내용들을 잘 익혀두면 활용하기가 한결 쉽다. 단편에 치우쳐 집
착하지 말고 자연의 기본이치를 통달하여 활용하기 바라고, 작은
점을 보러다니는 자는 다음에 이어지는 내용을 잘 참고하면 영험
이 있어 도움이 될 것이다.

점을 칠 때는 반드시 정성스런 마음으로 하라. 이 복역은 성인들
이 자연의 심오한 이치를 밝혀놓은 것이다. 문점자는 궁금해 하는
일에 대하여 오로지 전일한 마음으로 정신을 가다듬어 조금도 흩
어짐이 없어야 그 현상이 똑바로 나타나 도움이 된다.

만약 몸과 마음을 정결하게 하지 않고 산만하거나 거만한 생각으
로 하거나, 또는 체면이 손상되거나 나쁘다는 핑계로 다른 사람을
대신 보내거나, 점하는 이유를 정확하게 알리지 않으면 맞지 않는
다. 이러한 사람은 자연을 대하는 순수와 정직함이 부족하기 때문
에 자연의 혜택을 받을 자격조차 없고, 허욕에 차 있으니 괘의 내
용을 불신하게 된다. 고로 문점자는 먼저 자신이 자연과 부끄러움

없이 진실을 주고받으며 따를 수 있는가를 확인해야 한다.

48. 서필성심(筮必誠心)이면 하방자일(何防子日)이리오.
점을 치는데 있어 정성된 마음으로 괘를 얻고 슬기롭게 추리한다면 어찌 자일(子日)에는 점을 치지 않는다 하랴. 자문불복(子不問卜)이라 하여 자일(子日)에는 점을 치지 않는다는 글이 있다.

지성지도(至誠之道)는 가이전지(可以前知)니 국가장흥(國家將興)에 필유정상(必有禎祥)하며, 국가장망(國家將亡)에 필유요얼(必有妖孽)하야 견호시귀(見乎蓍龜)하며 동호사체(動乎四體)라. 화복장지(禍福將至)에 선(善)을 필선지지(必先知之)하며 불선(不善)을 필선지지(必善知之)니 고(故)로 지성(至誠)은 여신(如神)이니라.

지극한 정성의 도는 가히 앞 일을 알 수 있으니 국가가 장차 흥하매 반드시 상서로움이 있으며, 국가가 장차 망하매 반드시 요망함과 재앙이 있어 시초점과 거북점에 나타나며 사지에 움직이니라. 화와 복이 장차 이름에 선함을 반드시 먼저 알며 선하지 못함을 반드시 먼저 알지니 지극한 정성은 신과 같으니라(중용 제24장).

중용은 주역 대학과 더불어 삼위일체를 이룬다. 즉 대학으로 입덕(入德)하여 중용으로 수행하고 주역으로 완성한다는 의미를 갖는 것이다(대산 중용강의록 중에서).

시이군자장유위야(是以君子將有爲也) 장유행야(將有行也) 문언
이 이언(問焉而以言) 기수명야여향(其受命也如嚮) 무유원근유심
(无有遠近幽深) 수지래물(遂知來物) 비천하지지정(非天下之至精)
기숙능여어차(其孰能與於此)

옳은 일을 군자가 장차 하고자 하거나 행하려 하면 말로써 물어
보거나 메아리처럼 울리는 명을 받아들일 것이다. 없거나 있거나
멀거나 가깝거나 그윽하거나 깊거나 미래에 다가올 물상을 알아서
이르니 천하에 지극한 정성이 아니면 누구와 더불어 능히 하겠는
가(계사상전 중에서).

■ 참고문헌

권오달 역, 『점복전서』(서울: 소강, 2004)

김석진, 『주역강해上・下』(서울: 대유학당, 1993)

김영진, 『육효요해(서울: 역술인협회, 1987)

백운곡, 『주역신단』(서울: 명문당, 1996)

백운곡, 『역리로 본 소설삼국지上・中・下』(서울: 명문당, 1996)

백운비, 『육효학 전서』(서울: 동양서적, 1991)

소백산인, 『소백육효』(서울: 고려기문학회)

신성수, 『주역통해』(서울: 대학서림, 2005)

신하령・김태완 역, 『상수역학』(서울: 신지서원, 1994)

沈雨晟 역, 『역과 점의 과학』(서울: 동문연, 1992)

예광해, 『십팔문답』(서울: 지남, 2000)

유덕선, 『주역과의 산책』(서울: 동반인, 1994)

이석영, 『자강진결』

이용준, 『명리학사』(서울: 경기대 교재)

임미오 역, 『알렉산드리아』(서울: 생각의나무, 2004)

최 명, 『삼국연의인물평전』(서울: 조선일보사, 1993)

추송학, 『증산복역』(서울: 생활문화사)

한중수, 『역술전서』(서울: 명문당, 2002)

홍몽선, 『역의 모든 것』(서울: 동양서적, 2001)

홍몽선, 『역점실화』(서울: 동양서적, 1994)

찾기 쉬운 명당

신비한 동양철학 44

풍수지리의 모든 것!

이 책은 가능하면 쉽게 풀려고 노력했고, 실전에 도움이 되도록 했다. 특히 풍수지리에서 방향측정에 필수인 패철(佩鐵)사용과 나경(羅經) 9층을 각 층별로 간추려 설명했다. 그리고 이 책에 수록된 도설, 즉 오성도, 명산도, 명당 형세도 내거수 명당도, 지각(枝脚)형세도, 용의 과협출맥도, 사대혈형(穴形) 와겸유돌(窩鉗乳突) 형세도 등은 국립중앙도서관에 소장된 문헌자료인 만산도단, 만산영도, 이석당 은민산도의 원본을 참조했다.

· 호산 윤재우 저

명리입문

신비한 동양철학 41

명리학의 필독서!

이 책은 자연의 기후변화에 의한 운명법 외에 명리학도들이 궁금해 했던 인생의 제반사들에 대해서도 상세하게 기술했다. 따라서 초보자부터 심도있게 공부한 사람들까지 세심히 읽고 숙독해야 하는 책이다. 특히 격국이나 용신뿐 아니라 십신에 대한 자세한 설명, 조후용신에 대한 보충설명, 인간의 제반사에 대해서는 독보적인 해설이 들어 있다. 초보자들에게는 더할 수 없이 훌륭한 길잡이가 될 것이다.

· 동하 정지호 편역

사주대성

신비한 동양철학 33

초보에서 완성까지

이 책은 과거 현재 미래를 모두 알 수 있는 비결을 실었다. 그러나 모두 터득한다는 것은 어려울 것이다.역학은 수천 년간 동방의 석학들에 의해 갈고 닦은 철학이요 학문이며, 정신문화로서 영과학적인 상수문화로서 자랑할만한 위대한 학문이다.

· 도관 박흥식 저

해몽정본

신비한 동양철학 36

꿈의 모든 것 !

막상 꿈해몽을 하려고 하면 내가 꾼 꿈을 어디다 대입시켜야 할지 모를 경우가 많았을 것이다. 그러나 이 책은 찾기 쉽고, 명료하며, 최대한으로 많은 갖가지 예를 들었으니 꿈해몽을 하는데 어려움이 없을 것이다.

· 청암 박재현 저

기문둔갑옥경

신비한 동양철학 32

가장 권위있고 우수한 학문!

우리나라의 기문역사는 장구하지만 상세한 문헌은 전무한 상태라 이 책을 발간하기로 했다. 기문둔갑은 천문지리는 물론 인사명리 등 제반사에 관한 길흉을 판단함에 있어서 가장 우수한 학문이며 병법과 법술방면으로도 특징과 장점이 있다. 초학자는 포국편을 열심히 익혀 설국을 자유자재로 할 수 있도록 하고 개인의 이익보다는 보국안민에 일조하기 바란다.

· 도관 박흥식 저

정본·관상과 손금

신비한 동양철학 42

바로 알고 사람을 사귑시다

이 책은 관상과 손금은 인생을 행복으로 이끌기 위해 있다는 관점에서 다루었다. 그야말로 관상과 손금의 혁명이라고 할 수 있을 것이다. 여러분도 관상과 손금을 통한 예지력으로 인생의 참주인이 되기 바란다. 용기를 불어넣어 주고 행복을 찾게 하는 것이 참다운 관상과 손금술이다. 이 책으로 미래의 좋은 예지력을 한번쯤 발휘해 보기 바란다. 이 책이 일상사에 고민하는 분들에게 해결방법을 제시해 줄 것이다.

· 지창룡 감수

조화원약 평주

신비한 동양철학 35

명리학의 정통교본!

이 책은 자평진전, 난강망, 명리정종, 적천수 등과 함께 명리학의 교본에 해당하는 것으로 중국 청나라 때 나온 난강망이라는 책을 서낙오 선생께서 설명을 붙인 것이다. 기존의 많은 책들이 격국과 용신으로 감정하는 것과는 달리 십간십이지와 음양오행을 각각 자연의 이치와 춘하추동의 사계절의 흐름에 대입하여 인간의 길흉화복을 알 수 있게 했다.

· 동하 정지호 편역

龍의 穴·풍수지리 실기 100선

신비한 동양철학 30

실전에서 실감나게 적용하는 풍수지리의 길잡이!

이 책은 풍수지리 문헌인 조선조 고무엽(古務葉) 태구승(泰九升) 부집필(父輯筆)로 된 만두산법(巒頭山法), 채성우의 명산론(明山論), 금랑경(錦囊經) 등을 알기 쉬운 주제로 간추려 풍수지리의 길잡이가 되고자 했다. 그리고 인간의 뿌리와 한 사람의 고유한 이름의 중요성을 풍수지리와 연관하여 살펴보아야 하기 때문에 씨족의 시조와 본관, 작명론(作名論)을 같이 편집했다.

· 호산 윤재우 저

천직·사주팔자로 찾은 나의 직업

신비한 동양철학 34

역경없이 탄탄하게 성공할 수 있는 방법!

잘 되겠지 하는 막연한 생각으로 의욕만 갖고 도전하는 것과 나에게 맞는 직종은 무엇이고 때는 언제인가를 알고 도전하는 것은 근본적으로 다르고, 결과 또한 다르다. 더구나 요즈음은 I.M.F.시대라 하여 모든 사람들이 정신까지 위축되어 생기를 잃어가고 있다. 이런 때 의욕만으로 팔자에도 없는 사업을 시작했다고 하자, 결과는 불을 보듯 뻔하다. 그러므로 이런 때일수록 침착과 냉정을 찾아 내 그릇부터 알고, 생활에 대처하는 지혜로움을 발휘해야 한다.

· 백우 김봉준 저

통변술해법

신비한 동양철학 ㉑

가닥가닥 풀어내는 역학의 비법!

이 책은 역학에 대해 다 알면서도 밖으로 표출되지 않아 어려움을 겪는 사람들을 위한 실습서다. 특히 틀에 박힌 교과서적인 역술의 고정관념에서 벗어나, 한차원 높게 공부할 수 있도록 원리통달을 설명하는데 중점을 두었다. 실명감정과 이론강의라는 두 단락으로 나누어 역학의 진리를 설명했기 때문에 누구나 쉽게 이해할 수 있다. 역학계의 대가 김봉준 선생의 역서 「알기쉬운 해설·말하는 역학」의 후편이다.

· 백우 김봉준 저

주역육효 해설방법 上·下

신비한 동양철학 38

한 번만 읽으면 주역을 활용할 수 있는 책!

이 책은 주역을 해설한 것으로, 될 수 있는 한 여러 가지 사설을 덧붙이지 않고 주역을 공부하고 활용하는데 필요한 요건만을 기록했다. 따라서 주역의 근원이나 하도낙서, 음양오행에 대해서도 많은 설명을 자제했다. 다만 누구나 이 책을 한 번 읽어서 주역을 이해하고 활용할 수 있도록 하는데 중점을 두었다.

· 원공선사 저

사주명리학의 핵심

신비한 동양철학 ⑲

맥을 잡아야 모든 것이 보인다!

이 책은 잡다한 설명을 배제하고 명리학자들에게 도움이 될 비법만을 모아 엮었기 때문에 초심자가 이해하기에는 다소 어려운 부분도 있겠지만 기초를 튼튼히 한 다음 정독한다면 충분히 이해할 것이다. 신살만 늘어놓으며 감정하는 사이비가 되지말기를 바란다.

· 도관 박흥식 저

술술 읽다보면 통달하는 사주학

신비한 동양철학 ㉗

술술 읽다보면 나도 어느새 도사 !

당신은 당신 마음대로 모든 일이 이루어지던가. 지금까지 누구의 명령을 받지 않고 내 맘대로 살아왔다고, 운명 따위는 믿지도 않고 매달리지 않는다고, 이렇게 말하는 사람들이 많다. 그러나 그것은 우주법칙을 모르기 때문에 하는 소리다.

· 조철현 저

참역학은 이렇게 쉬운 것이다

신비한 동양철학 ㉔

음양오행의 이론으로 이루어진 참역학서 !

수학공식이 아무리 어렵다고 해도 1, 2, 3, 4, 5, 6, 7, 8, 9, 0의 10개의 숫자로 이루어졌듯이, 사주도 음양과 목, 화, 토, 금, 수의 오행으로 이루어졌을 뿐이다. 그러니 용신과 격국이라는 무거운 짐을 벗어버리고 음양오행의 법칙과 진리만 정확하게 파악하면 된다. 사주는 단지 음양오행의 변화일 뿐이고, 용신과 격국은 사주를 감정하는 한가지 방법에 지나지 않는다.

· 청암 박재현 저

나의 천운 운세찾기

신비한 동양철학 ⑫

놀랍다는 몽골정통 토정비결 !

이 책은 역학계의 대가 김봉준 선생이 놀랍다는 몽공토
정비결을 연구 ·분석하여 우리의 인습 및 체질에 맞게
엮은 것이다. 운의 흐름을 알리고자 호운과 쇠운을 강
조했으며, 현재의 나를 조명해보고 판단할 수 있도록
했다. 모쪼록 생활서나 안내서로 활용하기 바란다.

· 백우 김봉준 저

쉽게푼 역학

신비한 동양철학 ❷

쉽게 배워서 적용할 수 있는 생활역학서 !

이 책에서는 좀더 많은 사람들이 역학의 근본인 우주
의 오묘한 진리와 법칙을 깨달아 보다 나은 삶을 영위
하는데 도움이 될 수 있도록 가장 쉬운 언어와 가장 쉬
운 방법으로 풀이했다. 역학계의 대가 김봉준 선생의
역작이다.

· 백우 김봉준 저

역산성명학

신비한 동양철학 ㉕

이름은 제2의 자신이다 !

이름에는 각각 고유의 뜻과 기운이 있어서 그 기운이 성격을 만들고 그 성격이 운명을 만든다. 나쁜 이름은 부르면 부를수록 불행을 부르고 좋은 이름은 부르면 부를수록 행복을 부른다. 만일 이름이 거지 같다면 아무리 운세를 잘 만나도 밥을 좀더 많이 얻어 먹을 수 있을 뿐이다. 이 책의 저자는 신학대학을 졸업하고 역학계에 입문했다는 특별한 이력을 갖고 있기 때문에 더 많은 화제가 되고 있다.

·역산 김찬동 저

작명해명

신비한 동양철학 ㉖

누구나 쉽게 배워서 활용할 수 있는 체계적인 작명법 !

일반적인 성명학으로는 알 수 없는 한자이름, 한글이름, 영문이름, 예명, 회사명, 상호, 상품명 등의 작명방법을 여러 사례를 들어 체계적으로 분석하여 누구나 쉽게 배워서 활용할 수 있도록 서술했다.

·도관 박홍식 저

관상오행

신비한 동양철학 ⑳
한국인의 특성에 맞는 관상법 !

좋은 관상인 것 같으나 실제로는 나쁘거나 좋은 관상이 아닌데도 잘 사는 사람이 왕왕있어 관상법 연구에 흥미를 잃는 경우가 있다. 이것은 중국의 관상법만을 익히고, 우리의 독특한 환경적인 특징을 소홀히 다루었기 때문이다. 이에 우리 한국인에게 알맞는 관상법을 연구하여 누구나 관상을 쉽게 알아보고 해석할 수 있도록 자세하게 풀어놓았다.

· 송파 정상기 저

물상활용비법

신비한 동양철학 31
물상을 활용하여 오행의 흐름을 파악한다 !

이 책은 물상을 통하여 오행의 흐름을 파악하고, 운명을 감정하는 방법을 연구한 책이다. 추명학의 해법을 연구하고 운명을 추리하여 오행에서 분류되는 물질의 운명 줄거리를 물상의 기물로 나들이 하는 활용법을 주제로 했다. 팔자풀이 및 운명해설에 관한 명리감정법의 체계를 세우는데 목적을 두고 초점을 맞추었다.

· 해주 이학성 저

운세십진법 · 本大路

신비한 동양철학 ❶

운명을 알고 대처하는 것은 현대인의 지혜다 !

타고난 운명은 분명히 있다. 그러니 자신의 운명을 알고 대처한다면 비록 운명을 바꿀 수는 없지만 충분히 향상시킬 수 있다. 이것이 사주학을 알아야 하는 이유다. 이 책에서는 자신이 타고난 숙명과 앞으로 펼쳐질 운명행로를 찾을 수 있도록 운명의 기초를 초연하게 설명하고 있다.

· 백우 김봉준 저

국운 · 나라의 운세

신비한 동양철학 ㉒

역으로 풀어본 우리나라의 운명과 방향 !

아무리 서구사상의 파고가 높다하기로 오천년을 한결같이 가꾸며 살아온 백두의 혼이 와르르 무너지는 지경에 왔어도 누구하나 입을 열어 말하는 사람이 없으니 답답하다. IMF라는 특수한 상황에서 불확실한 내일에 대한 해답을 이 책은 명쾌하게 제시하고 있다.

· 백우 김봉준

명인재

신비한 동양철학 43

신기한 사주판단 비법 !

살(殺)의 활용방법을 완벽하게 제시하는 책!
이 책은 오행보다는 주로 살을 이용하는 비법이다. 시중에 나온 책들을 보면 살에 대해 설명은 많이 하면서도 실제 응용에서는 무시하고 있다. 이것은 살을 알면서도 응용할 줄 모르기 때문이다. 그러나 이 책에서는 살의 활용방법을 완전히 터득해, 어떤 살과 어떤 살이 합하면 어떻게 작용하는지를 자세하게 설명하고 있다.

· 원공선사 지음

사주학의 방정식

신비한 동양철학 18

가장 간편하고 실질적인 역서 !

이 책은 종전의 어려웠던 사주풀이의 응용과 한문을 쉬운 방법으로 터득할 수 있게 하는데 목적을 두었고, 역학의 내용이 어떤 것이며 무엇이 어디에 속하는지를 알고자 하는데 있다.

· 김용오 저

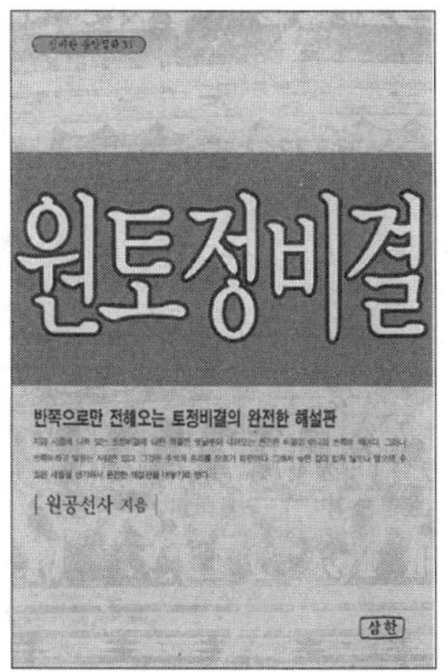

원토정비결

신비한 동양철학 53

반쪽으로만 전해오는 토정비결의 완전한 해설판

지금 시중에 나와 있는 토정비결에 대한 책들을 보면 옛날부터 내려오는 완전한 비결이 아니라 반쪽의 책이다. 그러나 반쪽이라고 말하는 사람이 없다. 그것은 주역의 원리를 모르기 때문이다. 따라서 늦은 감이 없지 않으나 앞으로의 수많은 세월을 생각하면서 완전한 해설본을 내놓기로 한 것이다.

· 원공선사 저

내가 보고 내가 바꾸는 DIY사주

신비한 동양철학 40

내가 보고 내가 바꾸는 사주비결!

이 책은 기존의 책들과는 달리 한 사람의 사주를 체계적으로 도표화시켜 한 눈에 파악할 수 있고, DIY라는 책 제목에서 말하듯이 개운하는 방법을 제시하고 있다. 초심자는 물론 전문가도 자신의 이론을 새롭게 재조명해 볼 수 있는 케이스 스터디 북이다.

· 석오 전 광 지음

남사고의 마지막 예언

신비한 동양철학 29

이 책으로 격암유록에 대한 논란이 끝나기 바란다

감히 이 책을 21세기의 성경이라고 말한다. 〈격암유록〉
은 섭리가 우리민족에게 준 위대한 복음서이며, 선물이
며, 꿈이며, 인류의 희망이다. 이 책에서는 〈격암유록〉
이 전하고자 하는 바를 주제별로 정리하여 문답식으로
풀어갔다. 이 책으로 〈격암유록〉에 대한 논란은 끝나기
바란다.

· 석정 박순용 저

진짜부적 가짜부적

신비한 동양철학 7

부적의 실체와 정확한 제작방법

인쇄부적에서 가짜부적에 이르기까지 많게는 몇백만원
에 팔리고 있다는 보도를 종종 듣는다. 그러나 부적은
정확한 제작방법에 따라 자신의 용도에 맞게 스스로
만들어 사용하면 훨씬 더 좋은 효과를 얻을 수 있다.
이 책은 중국에서 정통부적을 연구한 국내유일의 동양
오술학자가 밝힌 부적의 실체와 정확한 제작방법을 소
개하고 있다.

· 오상익 저

한눈에 보는 손금

신비한 동양철학 52

논리정연하며 바로미터적인 지침서

이 책은 수상학의 연원을 초월해서 동서합일의 이론으로 집필했다. 그야말로 완벽하리만치 논리정연한 수상학을 정리한 것이다. 그래서 운명적, 철학적, 동양적, 심리학적인 면을 예증과 방편에 이르기까지 아주 상세하게 기술했다. 이 책은 수상학이라기 보다 한 인간의 바로미터적인 지침서 역할을 해줄 것이다. 독자 여러분의 꾸준한 연구와 더불어 인생성공의 지침서가 될 수 있을 것이다.

· 정도명 저

만세력 | 사륙배판 · 신국판
사륙판 · 포켓판

신비한 동양철학 45

찾기 쉬운 만세력

이 책은 완벽한 만세력으로 만세력 보는 방법을 자세하게 설명했다. 그리고 역학에 대한 기본적인 내용과 결혼하기 좋은 나이 · 좋은 날 · 좋은 시간, 아들 · 딸 태아감별법, 이사하기 좋은 날 · 좋은 방향 등을 부록으로 실었다.

· 백우 김봉준 저

수명비결

신비한 동양철학 14

주민등록번호 13자로 숙명의 정체를 밝힌다

우리는 지금 무수히 많은 숫자의 거미줄에 매달려 허우적거리며 살아가고 있다. 1분 · 1초가 생사를 가름하고, 1등 · 2등이 인생을 좌우하며, 1급 · 2급이 신분을 구분하는 세상이다. 이 책은 수명리학으로 13자의 주민등록번호로 명예, 재산, 건강, 수명, 애정, 자녀운 등을 미리 읽어본다.

· 장충한 저

운명으로 본 나의 질병과 건강상태

신비한 동양철학 9

타고난 건강상태와 질병에 대한 대비책

이 책은 국내 유일의 동양오술학자가 사주학과 더불어 정통명리학의 양대산맥을 이루는 자미두수 이론으로 임상실험을 거쳐 작성한 표준자료다. 따라서 명리학을 응용한 최초의 완벽한 의학서로 질병을 예방하고 치료하는데 활용한다면 최고의 의사가 될 것이다. 또한 예방의학적인 차원에서 건강을 유지하는데 훌륭한 지침서로 현대의학의 새로운 장을 여는 계기가 될 것이다.

· 오상익 저

오행상극설과 진화론

신비한 동양철학 5

인간과 인생을 떠난 천리란 있을 수 없다

과학이 현대를 설정하여 설명하고 있으나 원리는 동양 철학에도 있기에 그 양면을 밝히고자 노력했다. 우주에서 일어나는 모든 일을 과학으로 설명될 수는 없다. 비과학적이라고 하기보다는 과학이 따라오지 못한다고 설명하는 것이 더 솔직하고 옳은 표현일 것이다. 특히 과학분야에 종사하는 신의사가 저술했다는데 더 큰 화제가 되고 있다.

· 김태진 저

사주학의 활용법

신비한 동양철학 17

가장 실질적인 역학서

우리가 생소한 지방을 여행할 때 제대로 된 지도가 있다면 편리하고 큰 도움이 되듯이 역학이란 이와같은 인생의 길잡이다. 예측불허의 인생을 살아가는데 올바른 안내자나 그 무엇이 있다면 그 이상 마음 든든하고 큰 재산은 없을 것이다.

· 학선 류래웅 저

쉽게 푼 주역

신비한 동양철학 10

귀신도 탄복한다는 주역을 쉽고 재미있게 풀어놓은 책

주역이라는 말 한마디면 귀신도 기겁을 하고 놀라 자빠진다는데, 운수와 일진이 문제가 될까. 8×8＝64괘라는 주역을 한 괘에 23개씩의 회답으로 해설하여 1472괘의 신비한 해답을 수록했다. 당신이 당면한 문제라면 무엇이든 해결할 수 있는 열쇠가 이 한 권의 책 속에 있다.

· 정도명 저

핵심 관상과 손금

신비한 동양철학 54

사람을 볼 줄 아는 안목과 지혜를 알려주는 책

오늘과 내일을 예측할 수 없을만큼 복잡하게 펼쳐지는 현실에서 살아남기 위해서는 사람을 볼줄 아는 안목과 지혜가 필요하다. 시중에 관상학에 대한 책들이 많이 나와있지만 너무 형이상학적이라 전문가도 이해하기 어렵다. 이 책에서는 누구라도 쉽게 보고 이해할 수 있도록 핵심만을 파악해서 설명했다.

· 백우 김봉준 저

진짜궁합 가짜궁합

신비한 동양철학 8

남녀궁합의 새로운 충격

중국에서 연구한 국내유일의 동양오술학자가 우리나라 역술가들의 궁합법이 잘못되었다는 것을 학술적으로 분석·비평하고, 전적과 사례연구를 통하여 궁합의 실체와 타당성을 분석했다. 합리적인 「자미두수궁합법」과 「남녀궁합」 및 출생시간을 몰라 궁합을 못보는 사람들을 위하여 「지문으로 보는 궁합법」 등을 공개한다.

· 오상익 저

좋은꿈 나쁜꿈

신비한 동양철학 15

그날과 앞날의 모든 답이 여기 있다

개꿈이란 없다. 꿈은 반드시 미래를 예언한다. 이 책은 프로이드의 정신분석학적인 입장이 아닌 미래판단의 근거에 입각한 예언적인 해몽학이다. 여러 형태의 꿈을 체계적으로 정리했으니 올바른 해몽법으로 앞날을 지혜롭게 대처해 보자. 모쪼록 각 가정에서 한 권씩 두고 이용하면 생활하는데 많은 도움이 될 것이다.

· 학선 류래웅 저

완벽 만세력

신비한 동양철학 58

착각하기 쉬운 썸머타임 2도 인쇄

시중에 많은 종류의 만세력이 나와있지만 이 책은 단순한 만세력이 아니라 완벽한 만세경전으로 만세력 보는 법 등을 실었기 때문에 처음 대하는 사람이라도 쉽게 볼 수 있도록 편집되었다. 또한 부록편에는 사주명리학, 신살종합해설, 결혼과 이사택일 및 이사방향, 길흉보는 법, 우주천기와 한국의 역사 등을 수록했다.

· 백우 김봉준 저

周易·토정비결

신비한 동양철학 40

토정비결의 놀라운 비결

지금 시중에 나와 있는 토정비결에 대한 책들을 보면 옛날부터 내려오는 완전한 비결이 아니라 반쪽의 책이다. 그러나 반쪽이라고 말하는 사람이 없다. 그것은 주역의 원리를 모르기 때문이다. 따라서 늦은 감이 없지 않으나 앞으로의 수많은 세월을 생각하면서 완전한 해설본을 내놓기로 했다.

· 원공선사 저

현장 지리풍수

신비한 동양철학 48

현장감을 살린 지리풍수법

풍수를 업으로 삼는 사람들이 진(眞)과 가(假)를 분별할 줄 모르면서 24산의 포태사묘의 법을 익히고는 많은 법을 알았다고 자부하며 뽐내고 있다. 그리고는 재물에 눈이 어두워 불길한 산을 길하다 하고, 선하지 못한 물(水)을 선하다 하면서 죄를 범하고 있다. 이는 분수 밖의 것을 망녕되게 바라기 때문이다. 마음 가짐을 바로 하고 고대 원전에 공력을 바치면서 산간을 실사하며 적공을 쏟으면 정교롭고 세밀한 경지를 얻을 수 있을 것이다.

· 전항수 · 주관장 편저

완벽 사주와 관상

신비한 동양철학 55

사주와 관상의 핵심을 한 권에

자연과 인간, 음양(陰陽)오행과 인간, 사계와 절후, 인상(人相)과 자연, 신(神)들의 이야기 등등 우리들의 삶과 관계되는 사실적 관계로만 역(易)을 설명해 누구나 쉽게 이해할 수 있도록 썼으며 특히 역(易)에 대한 관심과 흥미를 갖게 하고자 인상학(人相學)을 추록했다. 여기에 추록된 인상학(人相學)은 시중에서 흔하게 볼 수 있는 상법(相法)이 아니라 생활상법(生活相法) 즉 삶의 지식과 상식을 드리고자 했으니 생활에 유익함이 있기를 바란다.

· 김봉준 · 유오준 공저

해몽·해몽법

신비한 동양철학 50

해몽법을 알기 쉽게 설명한 책

인생은 꿈이 예지한 시간적 한계에서 점점 소멸되어 가는 현존물이기 때문에 반드시 꿈의 뜻을 따라야 한다. 이것은 꿈을 먹고 살아가는 인간 즉 태몽의 끝장면인 죽음을 향해 달려가고 있는 인간이기 때문이다. 꿈은 우리의 삶을 이끌어가는 이정표와도 같기에 똑바로 가도록 노력해야 한다.

· 김종일 저

역점

신비한 동양철학 57

우리나라 전통 행운찾기

주역을 무조건 미신으로 치부해버리는 생각은 버려야 한다. 주역이 점치는 책에만 불과했다면 벌써 그 존재가 없어졌을 것이다. 그러나 오랫동안 많은 학자가 연구를 계속해왔고, 그 속에서 자연과학과 형이상학적인 우주론과 인생론을 밝혀, 정치·경제·사회 등 여러 방면에서 인간의 생활에 응용해왔고, 삶의 지침서로써 그 역할을 했다. 이 책은 한 번만 읽으면 누구나 역점가가 될 수 있으니 생활에 도움이 되길 바란다.

· 문명상 편저

명리학연구

신비한 동양철학 59

체계적인 명확한 이론

이 책은 명리학 연구에 핵심적인 내용만을 모아 하나의 독립된 장을 만들었다. 명리학은 분야가 넓어 공부를 하다보면 주변에 머무르는 경우가 많아, 주요 내용을 잃고 헤매는 경우가 많다. 그러므로 뼈대를 잡는 것이 중요한데, 여기서는 「17장. 명리대요」에 핵심 내용만을 모아 학문의 체계를 잡는데 용이하게 하였다.

· 권중주 저

쉽게 푼 풍수

신비한 동양철학 60

현장에서 활용하는 풍수지리법

산도는 매우 광범위하고, 현장에서 알아보기 힘들다. 더구나 지금은 수목이 울창해 소조산 정상에 올라가도 나무에 가려 국세를 파악하는데 애를 먹는다. 그러므로 사진을 첨부하니 많은 도움이 되길 바란다. 물론 결록에 있고 산도가 눈에 익은 것은 혈 사진과 함께 소개하니 참고하기 바란다. 이 책을 열심히 정독하면서 답산하면 혈을 알아보고 용산도 할 수 있을 것이다.

· 전항수 · 주장관 편저

올바른 작명법

신비한 동양철학 61

세상의 부모들에게 가장 소중한 것이 무엇이냐고 물으면 누구든 자녀라고 할 것이다. 그런데 왜 평생을 좌우할 이름을 함부로 짓는가. 이름이 얼마나 소중한지를. 이름의 오행작용이 사람의 일생을 어떻게 좌우하는지를 모르기 때문이다. 세상만물은 음양오행의 영향을 받지 않는 것이 없다. 봄이 가면 여름이 오고, 여름이 가면 가을이 오고, 가을이 가면 겨울이 오고, 겨울이 가면 봄이 오는 것 또한 음양오행의 원리다.

· 이정재 저

신수대전

신비한 동양철학 62

흉함을 피하고 길함을 부르는 방법

신수를 보는 방법은 여러 가지가 있는데 대부분이 주역과 사주추명학에 근거를 둔다. 수많은 학설 중에서 몇 가지를 보면 사주명리, 자미두수, 관상, 점성학, 구성학, 육효, 토정비결, 매화역수, 대정수, 초씨역림, 황극책수, 하락리수, 범위수, 월영도, 현무발서, 철판신수, 육임신과, 기문둔갑, 태을신수 등이다. 역학에 정통한 고사가 아니면 제대로 추단하기 어려운데 엉터리 술사들이 넘쳐난다. 그래서 누구나 자신의 신수를 볼 수 있도록 몇 가지를 정리했다.

· 도관 박흥식

음택양택

신비한 동양철학 63

현세의 운·내세의 운

이 책에서는 음양택명당의 조건이나 기타 여러 가지를 설명하여 산 자와 죽은 자의 행복한 집을 만들 수 있도록 했다. 특히 죽은 자의 집인 음택명당은 자리를 옳게 잡으면 꾸준히 생기를 발하여 흥하나, 그렇지 않으면 큰 피해를 당하니 돈보다도 행·불행의 근원인 음양택명당에 관심을 기울여야 한다.

· 전항수 · 주장관 지음

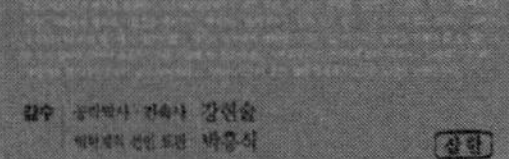

이런 집에 살아야 잘 풀린다

신비한 동양철학 64

운이 트이는 좋은 집 알아보는 비결

힘든 상황에서 내 가족이 지혜롭게 대처하고 건강을 지켜주는, 한마디로 운이 트이는 집은 모두의 꿈일 것이다. 가족이 평온하게 생활할 수 있는 집, 나가서는 발전을 가져다 줄 수 있는 그런 집이 있다면 얼마나 좋을까? 그런 소망에 한 걸음이라도 가까워지려면 막연하게 운만 기대해서는 안 된다. '호랑이를 잡으려면 호랑이 굴로 들어가라' 는 속담이 있듯이 좋은 집을 가지려면 그만한 노력이 있어야 한다.

· 강현술 · 박흥식 감수

사주에 모든 길이 있다

신비한 동양철학 65

사주를 간명하는데 조금이라도 도움이 되었으면 하는 바람에서 이 책을 쓰게 되었다. 간명의 근간인 오행의 왕쇠강약을 세분해서 설명했다. 그리고 대운과 세운, 세운과 월운의 연관성과, 십신과 여러 살이 운명에 미치는 암시와, 십이운성으로 세운을 판단하는 방법을 설명했다.

· 정담 선사 편저

사주학

신비한 동양철학 66

5대 원서의 핵심과 실용

이 책은 사주학을 체계적으로 공부하려는 학도들을 위해 꼭 알아야 할 내용과 용어를 수록하는데 중점을 두었다. 이 학문을 공부하려고 찾아온 사람들에게 여러 가지 질문을 던져보면 거의 기초지식이 시원치 않다. 그런 상태로 사주를 읽으려니 제대로 될 리가 없다. 이 책으로 용어와 제반지식을 터득하면 빠른 시일에 소기의 목적을 이룰 수 있을 것이다.

· 글갈 정대엽 저

주역 기본원리

신비한 동양철학 67

주역의 기본원리를 통달할 수 있는 책

이 책에서는 기본괘와 변화와 기본괘가 어떤 괘로 변했을 경우 일어날 수 있는 내용들을 설명하여 주역의 변화에 대한 이해를 돕는데 주력하였다. 그러나 그런 내용을 구분할 수 있는 방법을 전부 다 설명할 수는 없기에 뒷장에 간단하게설명하였고, 다른 책들과 설명의 차이점도 기록하였으니 참작하여 본다면 조금이나마 도움이 될 것이다.

· 원공선사 편저

사주특강

신비한 동양철학 68

자평진전과 적천수의 재해석

이 책은 『자평진전(子平眞詮)』과 『적천수(滴天髓)』를 근간으로 명리학(命理學)의 폭넓은 가치를 인식하고, 실전에서 유용한 기반을 다지는데 중점을 두고 썼다. 일찍이 『자평진전(子平眞詮)』을 교과서로 삼고, 『적천수(滴天髓)』로 보완하라는 서낙오(徐樂吾)의 말에 깊이 공감한다.

청월 박상의 편저

복을 부르는방법

신비한 동양철학 69

나쁜 운을 좋은 운으로 바꾸는 비결

개운하는 방법은 여러 가지가 있으나, 이 책의 비법은 축원문을 독송하는 것이다. 독송이란 소리내 읽는다는 뜻이다. 사람의 말에는 기운이 있는데, 이 기운은 자신에게 돌아온다. 좋은 말을 하면 좋은 기운이 돌아오고, 나쁜 말을 하면 나쁜 기운이 돌아온다. 이 책은 누구나 어디서나 쉽게 비용을 들이지 않고 좋은 운을 부를 수 있는 방법을 실었다.

· 역산 김찬동 편저

인터뷰 사주학

신비한 동양철학 70

쉽고 재미있는 인터뷰 사주학

얼마전까지만 해도 사주학을 취급하는 사람들은 미신을 다루는 부류로 취급되었다. 그러나 지금은 하루가 다르게 이 학문을 공부하는 사람들이 폭증하고 있는 것으로 보인다. 젊은 층에서 사주카페니 사주방이니 사주동아리니 하는 것들이 만들어지고 그 모임이 활발하게 움직이고 있다는 점이 그것을 증명해준다. 그뿐 아니라 대학원에는 역학교수들이 점차로 증가하고 있다.

· 글갈 정대엽 편저

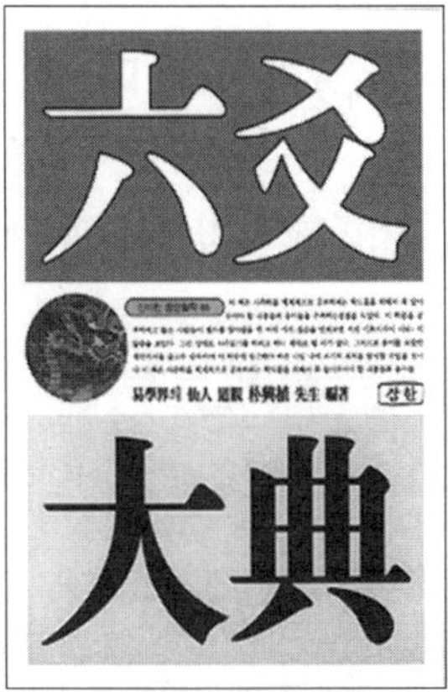

육효대전

신비한 동양철학 37

정확한 해설과 다양한 활용법

동양의 고전 중에서도 가장 대표적인 것이 주역이다. 주역은 옛사람들이 자연의 법칙을 거울삼아 인간이 생활을 영위해 나가는 처세에 관한 지혜를 무한히 내포하고, 피흉추길하는 얼과 슬기가 함축된 점서)인 동시에 수양·과학서요 철학·종교서라고 할 수 있다.

· 도관 박흥식 편저

사람을 보는 지혜

신비한 동양철학 73

관상학의 초보에서 완성까지

현자는 하늘이 준 명을 알고 있기에 부귀에 연연하지 않는다. 사람은 마음을 다스리는 심명이 있다. 마음의 명은 자신만이 소통하는 유일한 우주의 무형의 에너지이기 때문에 잠시도 잊으면 안된다. 관상학은 사람의 상으로 이런 마음을 살피는 학문이니 잘 이해하여 보다 나은 삶을 삶을 영위할 수 있도록 노력해야 한다.

· 이부길 편저

명리학 | 재미있는 우리사주

신비한 동양철학 74

사주 세우는 방법부터 용어해설 까지!!

몇 년 전 『사주에 모든 길이 있다』가 나온 후 선배 제현들께서 알찬 내용의 책다운 책을 접했다면서 매월 한 번만이라도 참 역학의 발전을 위하여 학술세미나를 열자는 제의를 받았다. 그러나 사주의 작성법을 설명하지 않아 독자들에게 많은 질타를 받고 뒤늦게 이 책을 출판하기로 결심했다. 이 책은 한글만 알면 누구나 역학과 가까워질 수 있도록 사주 세우는 방법부터 실제 간명, 용어해설에 이르기까지 분야별로 엮었다.

· 정담 선사 편저

성명학 | 바로 이 이름

신비한 동양철학 75

사주의 운기와 조화를 고려한 이름짓기

사람은 누구나 타고난 운명, 즉 숙명이라는 것이 있다. 숙명인 사주팔자는 선천운이고, 성명은 후천운이 되는 것으로 이름을 지을 때는 타고난 운기와의 조화를 고려함이 중요하다. 따라서 역학에 대한 깊은 이해가 선행되어야 함은 지극히 당연한 일이다. 부연하면 작명의 근본은 타고난 사주에 운기를 종합적으로 분석하여 부족한 점을 보강하고 결점을 개선한다는 큰 뜻이 있다고 할 수 있다.

· 정담 선사 편저

운을 잡으세요 | 改運秘法

신비한 동양철학 76

염력강화로 삶의 문제를 해결한다!

염력(念力)이 강한 사람은 운명을 개척하며 행복하게 살고, 염력이 약한 사람은 운명의 노예가 되어 불행하게 살아간다. 때문에 행복과 불행은 누가 주는 것이 아니라 자기 자신이 만든다고 할 수 있다. 한 마디로 말해 의지의 힘, 즉 염력이 운명을 바꾸는 것이다. 이 책에서는 이러한 염력을 강화시켜 삶에서 일어나는 문제를 해결하는 방법을 알려준다. 누구나 가벼운 마음으로 읽고 실천한다면 반드시 목적을 이룰 수 있을 것이다.

· 역산 김찬동 편저

작명정론

신비한 동양철학 77

이름으로 보는 역대 대통령이 나오는 이치

사주팔자가 네 기둥으로 세워진 집이라면 이름은 그 집을 대표하는 문패라고 할 수 있다. 사람은 태어나면서 사주를 통해 운을 타고나고 이름이 주어진 순간부터 명(命)이 작용한다. 사주와 이름이 곧 운명을 결정한다는 것이다. 따라서 이름을 지을 때는 사주의 격에 맞추어야 한다. 사주 그릇이 작은 사람이 원대한 뜻의 이름을 쓰면 감당하지 못할 시련을 자초하게 되고 오히려 이름값을 못할 수 있다. 즉 분수에 맞는 이름으로 작명해야 하기 때문에 사주의 올바른 분석이 필요하다.

· 청월 박상의 편저

원심수기 통증예방 관리비법

신비한 동양철학 78

쉽게 배워 적용할 수 있는 통증관리법

이 책을 세상에 내놓는 것은 우리 전통 민중의술도 세상의 그 어떤 의술에 못지 않게 아주 훌륭한 치료술이 있고 그 전통이 수백 년, 또는 수천 년을 내려오면서 전해지고 있는데 현재 사회를 보면 무조건 외국에서 들어온 것만이 최고라고 하는 식으로 하여 우리의 전통 민중의술을 뿌리째 버리려고 하는데 문제가 있는 것 같기에 우리것을 지키고자 하는데 그 첫째의 목적이 있다 할 수 있을 것이다.

· 원공 선사 저

사주비기

신비한 동양철학 79

역학으로 보는 대통령이 나오는 이치 ! !

이 책에서는 고서의 이론을 근간으로 하여 근대의 사주들을 임상하여, 적중도에 의구심이 가는 이론들은 과감하게 탈피하고 통용될 수 있는 이론만을 수용했다. 따라서 기존 역학서의 아쉬운 부분들을 충족시키며 일반인도 열정만 있으면 누구나 자신의 운명을 감정하고 피흉취길할 수 있는 생활지침서로 활용할 수 있을 것이다.

청월 박상의 편저

음파메세지(氣) 성명학

신비한 동양철학 51

새로운 시대에 맞는 새로운 성명학

지금까지의 모든 성명학은 모순의 극치를 이루고 있다. 이제 새로운 시대에 맞는 음파메세지(氣) 성명학이 탄생했으니 차근차근 읽어보고 복을 계속 부르는 이름을 지어 사랑하는 자녀가 행복하고 아름다운 삶을 살아갈 수 있도록 하는데 도움이 되었으면 한다.

· 청암 박재현 저

정법사주

신비한 동양철학 49

독학과 강의용 겸용의 책

이 책은 사주추명학을 연구하고자 하는 분들에게 심오한 주역의 이해를 돕고자 하는 의도에서 시작되었다. 음양오행의 상생상극에서부터 육친법과 신살법을 기초로 하여 격국과 용신 그리고 유년판단법을 활용하여 운명판단에 첩경이 될 수 있도록 했고, 추리응용과 운명감정의 실례를 하나 하나 들어가면서 독학과 강의용 겸용으로 엮었다.

· 원각 김구현 저